高等职业教育"十三五"规划教材

高职体育与健康

王　容　林祥芸　主编

科学出版社

北　京

内 容 简 介

本书共十六章，主要内容包括体育精神与健康，大学生体质健康与心理健康，篮球运动，排球运动，足球运动，乒乓球运动，羽毛球运动，网球运动，游泳运动，武术，健美运动，健美操，体育舞蹈，拳击，余暇体育，医务监督、运动损伤与运动处方。

本书既可作为高等职业院校体育专业的教学用书，也可作为体育爱好者参加体育比赛、日常锻炼与健身的参考用书。

图书在版编目（CIP）数据

高职体育与健康/王容，林祥芸主编. —北京：科学出版社，2017
（高等职业教育"十三五"规划教材）
ISBN 978-7-03-054362-2

Ⅰ. ①高… Ⅱ. ①王… ②林… Ⅲ. ①体育-高等职业教育-教材
②健康教育-高等职业教育-教材 Ⅳ. ①G807.4②G717.9

中国版本图书馆 CIP 数据核字（2017）第 215226 号

责任编辑：李 海 陈将浪 / 责任校对：刘玉靖
责任印制：吕春珉 / 封面设计：东方人华平面设计部

科学出版社 出版
北京东黄城根北街 16 号
邮政编码：100717
http://www.sciencep.com
三河市骏杰印刷有限公司 印刷
科学出版社发行 各地新华书店经销
＊

2017 年 9 月第 一 版 开本：787×1092 1/16
2019 年 9 月第四次印刷 印张：14
字数：340 000
定价：35.00 元
（如有印装质量问题，我社负责调换〈骏杰〉）
销售部电话 010-62136230 编辑部电话 010-62135927-2014

前　言

近年来高等职业教育在我国发展迅速，现已成为我国高等教育体系的"半壁江山"。高等职业院校以创新精神和实践能力为重点培养高素质的专业人才，其中完善的课程体系发挥着重大作用。"体育教育"作为高等职业院校人才培养的课程之一，是一门实践性和操作性很强的学科，与其他学科有着十分密切的联系，大学生学好并运用好体育知识，可为以后的各项发展打下坚实的身体基础。因此，编者依据《中共中央国务院关于加强青少年体育增强青少年体质的意见》《学校体育工作条例》《国家学生体质健康标准》等文件，结合高等职业院校体育课程改革和发展的需要，以"健康第一"为指导思想，以培养基本运动技能、促进身心和谐发展为主线，以"实用、有用、够用"为原则编写了本书，力求满足不同体质学生的学习需要。

本书的特色如下。

1）体系新颖。本书摒弃了以往教材"以竞技体育为主"的指导思想，树立"健康第一"的观念，围绕体育锻炼与增进健康的关系安排内容，使学生在学习过程中能充分认识体育锻炼的益处，领悟终身体育锻炼的重要性与必要性。

2）内容丰富。本书内容丰富，图文并茂，通俗易懂，力求做到语言简洁、理论精当。

3）实用性强。本书注重理论联系实际，贴近大学生的生活实际，体现当代大学生的身心特点，力图使他们学以致用，且方便其自学。

本书由王容、林祥芸担任主编，张鹏、李洪洲也参与了本书的编写工作。

由于编者水平有限，书中不足之处在所难免，恳请广大读者批评指正。

编　者

2017 年 5 月

目　　录

第一章　体育精神与健康

第一节　体育精神的内涵

　　体育作为人类的一种社会活动，是在人们的社会生产及生活中产生和演变的，它与社会的政治、经济、科学、文化、教育、军事等领域密切相关。它以人的全面发展为研究对象，通过身体锻炼增强人的体质，通过体育的社会实践促进社会发展和文明进步。在体育运动中不断产生和积淀的规范人类行为和思想的体育文化是体育工作的指导思想和灵魂，是社会主义精神文明建设的重要组成部分，对提升人的道德素质、提高社会文明起到非常重要的作用。

　　何谓体育精神？体育精神是一种文化意识形态，是通过体育运动而形成并集中体现人类的力量、智慧与进取心理等最积极意识的总和，是体育运动的最高级产物。它是体育运动的灵魂与核心，反映人类的价值追求，是人类优秀品格和崇高理想的生动映现，是人类社会珍贵的精神财富，其内涵主要体现为运动家风范、公平竞争精神、爱国主义情怀、拼搏进取精神、团队精神、探索创新精神。

　　体育精神对体育实践活动起着导向作用，并规定着体育文化模式的选择。作为一种具有能动作用的意识，它是体育行为的动力源泉，是一种心理资源。作为一种规范力量，它又具体表现为体育面貌、体育风范、体育心态、体育期望等。体育精神就是"健康向上"的精神，体育运动往往能反映出一个人不懈奋斗的精神，还可以改变个人的命运。

　　体育精神是由体育运动所孕育出来的意识形态。它超出了体育运动本身，内化为人类心中的一种信念和追求。奥林匹克旗帜上的五环象征着五大洲，展示一种世界大团结的精神。奥林匹克的口号"更快、更高、更强"，强调拼搏与进取的精神。中国申奥标志中的太极拳形象，展示中国文化与世界文化的相融。中国申奥口号"新北京，新奥运"，是在改革开放中富强起来的中国面向世界的宣言，每当五星红旗在奥运赛场上冉冉升起，多少中国人心潮澎湃、热泪盈眶，这些体现的就是体育精神。

　　爱因斯坦坚持体育锻炼、邓亚萍连连获得世界冠军和雷·尤瑞命运改变的故事，都体现出了体育精神。邓亚萍克服自身条件的不足，在赛场上勇敢拼搏，获得了世界人民的尊敬。国际奥林匹克委员会（以下简称国际奥委会）前主席萨马兰奇对邓亚萍有着很高的赞誉。马燕红克服伤病困扰，获得奥运会冠军的故事，也很好地体现了奥运会"更快、更高、更强"的核心精神。牙买加运动员奥蒂被称为"永远的伴娘"，她参加过 7 届奥运会，却从未获得过金牌，但她坚持不懈，50 岁仍然奔跑在竞技场上。人们称她为"失利者"而不是"失败者"，她的身上集中体现了奥运会提倡的"重在参与、永不放弃、永不气馁、永不低头"的精神。

　　体育是一种国际语言，人们甚至不需要翻译、解释，就可以自由交流，它为世界和平做出了贡献。奥运会承载了友谊与团结、和平与公平、关爱与尊重等精神内涵。奥林匹克是体育精神的代名词，是现代社会文明的标志。"神圣休战"、以追求和平与友谊为特征的精神，为我们所向往；尊崇公正、平等、竞争的精神，成为人们追求的理想；锻炼体能、展示健与美成为人们追求的目标。奥林匹克精神是现代社会文明的奇迹。体育精神让人们之间更容易沟通，让合作更广泛，让一切皆有可能。

高等院校的体育教学、体育竞赛、体育社团等活动，应重视体育精神的培养与教育，以培养体育精神为出发点，强化体育的育人功能，培养学生的爱国爱校精神、群体意识、竞争意识、合作精神、坚韧不拔的意志品质和探索创新精神，真正发挥体育精神强大的价值导向、群体凝聚、激励育人的功能。

第二节　健康概述

一、健康的概念

什么是健康？世界卫生组织早在 1948 年就在《组织法》中指出了"健康不仅是免于疾病或虚弱，而是保持体格方面、精神方面和社会方面适应良好和道德健康的一种完美状态"的健康观。从此视角，健康可分为身体健康、心理健康、道德健康和社会适应能力 4 个方面。

二、身体健康的标准

世界卫生组织提出了衡量人体健康的 10 条标准。

1）精力充沛，能从容不迫地担负日常生活和工作而不感到紧张与疲劳。

2）处世乐观，态度积极，乐于承担任务而不挑剔。

3）善于休息，睡眠良好。

4）应变能力强，能适应外界环境的各种变化。

5）对一般感冒和传染病有一定抵抗力。

6）体重适当，体形匀称，站立时，头、臂、臀比例协调。

7）眼睛明亮，反应敏捷，眼睑不发炎。

8）牙齿清洁，无缺损和龋齿，不疼痛，牙龈无出血，颜色正常。

9）头发有光泽，无头皮屑。

10）肌肉丰满，皮肤有弹性，走路轻松。

这 10 条标准有利于人们对健康概念的全面理解和按其要求创造健康，可以为提高人们的健康水平和促进社会经济发展打下坚实的基础。

第三节　体育对健康的影响

一、体育锻炼对身体健康的影响

体育锻炼对身体健康具有重要的作用。经常参加体育锻炼，会促进各组织和器官的新陈代谢，使人体的结构和机能得到改善和提高，从而增强体质，促进健康。在体育锻炼中，适宜的运动负荷对人体的刺激，会使机体各组织、器官、系统产生一系列的适应性变化。这些变化能有效地增强生理功能，从而提高人的生命质量。

1. 体育锻炼对心血管系统的影响

经常参加体育锻炼有利于心脏功能的改善和提高，主要表现在以下几个方面。

（1）心脏运动性肥大

经常参加体育锻炼的人，可使心肌壁增厚，心肌力增强，心脏体积和容积增大。一般人与经常参加体育锻炼的人的心脏对比，一般人的心脏重量为 300 克，经常参加体育锻炼的人的心脏重量为 400～450 克；一般人的心脏容积为 700～780 毫升，经常参加体育锻炼的人的心脏容积为 1000～1025 毫升；一般人的心肌横切面周长为 11～12 厘米，经常参加体育锻炼的人的心肌横切面周长为 13～15 厘米。

（2）运动性心动徐缓

经常参加体育锻炼的人，由于心肌收缩强而有力，每搏输出量多，因而其安静时的心跳频率比一般人低。一般人安静时的心跳频率为 70～80 次/分，经常参加体育锻炼的人安静时的心跳频率为 50～60 次/分。由于经常参加体育锻炼的人的心脏收缩有力，每搏输出量增加，如果一般人每搏输出量为 60 毫升，而经常参加体育锻炼的人的每搏输出量为 90～120 毫升，由此可显示出经常参加体育锻炼的人具备良好的心脏机能。

（3）血管弹性增加

体育锻炼可以增加血管壁的弹性，延缓心肌老化。

2. 体育锻炼对呼吸系统的影响

呼吸系统由呼吸道（鼻、咽、喉、气管和各级支气管）和肺组成。其中肺是气体交换的主要场所，呼吸道是气体交换的通道。

一般人肺活量只有 3000～4000 毫升，而经常参加体育锻炼的人，肺活量能达到 5000 毫升。经常参加体育锻炼的人，肺活量大是因为肺脏能扩大到最大限度，空气无处不到，"死角"就会消除，因而细菌的生存条件就不存在，这样的肺脏就能保持健康。根据瑞典学者安德森等人的研究，在青春期接受游泳训练的女孩，较一般女孩肺总容量可增长 12%，肺活量可增长 13.4%，最大吸氧量可增长 10.2%。

3. 体育锻炼对神经系统的影响

进行体育锻炼，能使人的神经系统得到锻炼，提高神经工作过程的强度、均衡性、灵活性和神经细胞工作的耐久力，能使神经细胞获得更充足的能量物质和氧气的供应，从而使神经系统在紧张的工作过程中获得充分的能量物质保证。研究表明，当脑细胞工作时，大脑耗氧量占全身耗氧量的 20%～25%。体育锻炼能使大脑的兴奋与抑制过程合理交替，避免神经系统过度紧张，可以消除疲劳，使头脑清醒、思维敏捷。

4. 体育锻炼对运动系统的影响

人体的运动系统是由骨骼、关节和肌肉组成的。骨骼是人体运动的杠杆，关节是运动的枢纽，肌肉提供运动中收缩的动力。

（1）体育锻炼对骨骼的积极影响

人体长期从事体育锻炼，通过改善骨的血液循环，加强骨细胞的新陈代谢，使骨径增粗，骨质增厚，骨质的排列规则、整齐，并对骨形态结构有积极影响，表现在骨的抗折、抗弯、抗压缩等方面的能力有较大提高。

（2）体育锻炼对关节的积极影响

科学、系统的体育锻炼，既可以提高关节的稳定性，又可以增加关节的灵活性和运动幅度。体育锻炼可以增加关节面软骨和骨密质的厚度，使关节周围的肌肉发达、力量增强、关节囊和韧带增厚，进而可使关节的稳固性加强，使关节能承受较大的负荷。

（3）体育锻炼对肌肉的积极影响

1）肌肉体积增加。体育锻炼可使肌纤维变粗，体积增大，弹性增加，肌肉活动的能力和耐力相应提高，经常锻炼的人的肌肉比较发达。一般人的肌肉只占体重的40%左右，而经常参加体育锻炼的人可达50%。

2）肌肉力量增加。体育锻炼可以增加肌肉力量已被大量实验所证实，而且体育锻炼增加肌肉力量的效果也是非常明显的，数周的力量练习就会引起肌肉力量的明显增加。

3）肌肉弹性增加。有良好体育锻炼习惯的人，在运动时经常从事一些牵拉性练习，从而可使肌肉的弹性增加，这样可以避免人体在日常活动和体育锻炼过程中由于肌肉的剧烈收缩而造成各种运动损伤。

5. 体育锻炼对消化系统的影响

经常参加体育活动，对胃肠及消化腺功能有极为良好的增强作用。它可使胃容量增加，排空时间缩短，使胃肠蠕动增强，促使消化液分泌增多，食欲增加，提高消化吸收能力，有利于人体的生长发育。

二、体育锻炼对心理健康的影响

体育锻炼既是身体活动，又是心理活动和社会活动，因此，人们要达到身体、心理和社会适应的完美状态，追求高品质的生活，有规律的体育锻炼是必不可少的一种健康的生活方式。

1. 心理健康的标准

1946年，国际心理卫生联合会曾经给心理健康做了如下定义："心理健康是指在身体、智能及情感上保持同他人的心理不矛盾，并将个人心理发展为最佳状态。"

人们对心理健康的理解存在一定的差异，并且对心理健康的评价规范也受社会风俗习惯的影响，因此，心理健康标准也迥然不一。

我国心理学工作者提出了5条心理健康的标准：正常的心理、正常发育的智力、健全的人格、充沛的精力、丰富的情感生活。

我们认为大学生心理健康的标准主要包括以下几个方面。

1）智力正常。智力是人的各种能力的总和，包括观察能力、记忆能力、思维能力、想象能力和实际操作能力。

2）适当的情绪控制能力。心理健康的大学生能经常保持愉快、开朗、乐观、满足的心境，对生活和未来充满希望。虽然也有悲伤、哀愁等消极体验，但能主动调节，同时能适度地表达和控制情绪。

3）对自己能做出恰当的评价。正确认识和客观评价自己，是对自我目前所处状态和环境、自我未来的发展方向有清醒的认识，摆正自我的位置，自信、自觉地发展自我。

4）能保持良好的人际关系。心理健康的学生乐于与他人交往，能用尊重、信任、友爱、宽容、理解的态度与人相处，能接受、给予爱和友谊，与集体保持协调的关系，能与他人同心协力、合作共事，乐于助人。

5）心理行为符合年龄特征。心理健康的人，其认识、情感、言行、举止都符合他所处的年龄段。心理健康的大学生应该是精力充沛、勤学好问、反应敏捷、喜欢探索的。过于老成、过于幼稚、过于依赖都是心理不健康的表现。

2. 体育锻炼对心理健康的作用

大量研究表明，体育锻炼是一种低经济支出、低风险和低副作用的有效改善心理健康的手段。体育锻炼对心理健康的积极影响主要表现在以下几个方面。

（1）改善不良情绪状态

不良情绪是导致生理和心理不健康的重要因素之一，而体育锻炼能直接给人带来愉快和喜悦，并能缓解紧张和不安，从而调控人的情绪，改善心理健康状况。体育锻炼的情绪效应有短期效应和长期效应两种。温伯格等人研究报道，一次 30 分钟的跑步可以显著地改善紧张、困惑、焦虑、愤怒和抑郁等不良情绪状态。同时，温伯格研究认为，长期有规律的中等强度的体育锻炼有助于情绪的改善。大学生常因学习的压力、同学间的竞争、人际关系的复杂及对未来前程的担忧而持续产生紧张、焦虑和不安，经常参加体育锻炼可以使这些不良情绪得到改善，心理承受能力增强。

（2）培养坚强的意志品质

意志品质是指一个人的果断性、坚韧性、自制力，以及勇敢顽强和主动独立等精神。意志品质既是在克服困难的过程中表现出来的，又是在克服困难的过程中培养起来的。在体育锻炼中要不断克服客观困难（如气候环境条件的变化、身体素质与能力的限制或意外等）和主观困难（如紧张、畏惧心理、失意、疲劳等），锻炼者越能努力克服困难，也就越能培养良好的意志品质。从锻炼中培养起来的坚强意志品质能够迁移到日常的学习、生活和工作中去。

（3）协调人际关系

我国著名医学心理学教授丁瓒指出，人类的心理适应最主要的就是对于人际关系的适应，人际关系是影响一个人的心理是否健康的重要因素之一。在生活中，我们常常可以发现，那些人际关系好的人总是心情愉快、精神饱满，对什么事情都充满兴趣，这些人生活得很愉快、很舒畅；人际关系不好的人常常无精打采、抑郁寡欢，缺乏生活的乐趣。而体育锻炼可改变这一现象，因为体育锻炼总是在一定的社会环境中进行的，它总是与人群发生着交往和联系，人们在运动中能够较好地克服孤僻，忘却烦恼和痛苦，协调人际关系，扩大社会交往，提高社会适应能力。著名学者麦亦尼认为，游戏和运动具有启发独创、消除紧张和保持友谊等心理保健价值。

第四节　体育精神与人格塑造

一、人格的概念

在心理学中，人格是探讨完整个体与个体差异的领域。到目前为止，由于心理学家各自的研究取向不同，因而对人格的看法也有很大的差异。综合各家的看法，可以将人格的概念界定为：人格是构成一个人的思想、情感及行为的特有统合模式，这个独特模式包含一个人区别于他人的稳定而统一的心理品质。人格是一个具有丰富内涵的概念，其中反映了人格的多种特征。人格是一个复杂的结构系统，具有独特性、稳定性、统合性的特征。它包括许多成分，其中主要包括气质、性格、认知风格、自我调控等方面。我们认为，当代大学生健康人格的标准应包括以下几个方面：①和谐的人际关系；②良好的社会适应能力；③乐观向上的生活态度；④正确的自我意识；⑤良好的情绪调控能力；⑥创造力。

健康人格的各个标准都是相关的，人格健康的人，其人格的各个方面是统一的、平衡的。这个标准不仅是衡量大学生人格健康的尺度，而且为大学生改善自己的人格提供了具体的努力目标。

二、体育精神对人格塑造的影响

在学校教育中，培养人文精神表现为培养学生对人的价值追求，对人的尊严关注，对人的命运维护，对全面发展理想人格的肯定。培养人文精神就是培养学生如何塑造自我、如何对待他人、如何认识社会的能力。体育精神是人文精神的重要组成部分，人文精神是精神文明的主要内容。不畏难道、勇攀高峰，团队合作、配合默契；自强不息、战胜自我、超越自我的体育精神，也是社会主义核心价值观的具体要求和体现。《奥林匹克宪章》倡导"相互理解、友谊长久、团结一致和公平竞争"的奥林匹克精神，是重要的人文精神。体育精神是学校体育整体面貌的反映，是学校体育的理想、信念、情操的表现，是学校体育的支柱和灵魂。培育体育精神，就是培养人文精神。

现代学校教育以培养德、智、体、美、劳全面发展的人才为目标，它是培养学生素质的导向，也是学校教育要塑造学生全面发展的理想人格的要求。体育教学是实施素质教育的有效载体，尤其对培养学生的体育精神具有独特优势。体育是学校教育的基础学科，学校体育以培养学生的人文精神为基本理念，从贯彻培养学生全面发展的素质教育观出发，体育教学不仅帮助学生锻炼强健的体魄，训练学生的生存能力和运动能力，还培养学生健全的认知能力、独立能力和合作精神，也是塑造全面发展的理想人格的有效措施，而这正是培养高素质、综合型人才所需要的。

学校体育教学，其指导思想是人的全面和谐发展，健康是基础，发展是目的。在学校体育教学中加强人文精神的培养，以人文精神引导学校体育教学，用人文精神培养推进体育教学的进步，在体育活动中贯彻人文精神的内涵是体育教学改革的方向。

第二章　大学生体质健康与心理健康

第一节　体质健康

周恩来在《我的修养要则》中写道："健全自己身体，保持合理的规律生活，这是自我修养的物质基础。"身体素质带有先天因素，但后天锻炼尤为重要。现在的大学生就是今后的祖国栋梁，如果没有强健的体魄、良好的身体素质，就难以胜任以后的各种工作。因此，大学生在完成自己的学业过程中还应积极参加体育锻炼，合理安排生活，注意劳逸结合，保持旺盛精力。

一、体质

1. 体质的概念

体质，是人的生命活动和劳动工作能力的物质基础。简要地说，体质是指人的有机体的质量。它是在遗传的基础上由变异而造成的人体在形态、生理、生化和行为上相对稳定的特征，既反映人体的生命活动的水平，也反映人体的身体运动的水平。生命活动是身体运动的基础，反映人的自然属性，身体运动又是生命活动得以充分发展的必要条件，相当程度上反映人的社会属性，二者是统一的。

满足于生命活动的自然发展，会限制身体运动的发展水平；听任身体运动的任意发展，也会损害人体的生命运动和身体运动的对立统一。只有科学地把握和处理生命运动与身体运动的矛盾统一，才能达到身体发展的最高成就，也就是体育工作的根本目的。由此我们可以进一步加深对"发展体育运动，增强人民体质"深刻意义的理解。

2. 评价体质的指标

评价体质强弱的综合指标有以下5个方面：①身体形态发育水平，即体格、体形、姿势、营养状况及身体组成成分等；②生理生化功能水平，即机体的新陈代谢功能及各系统、器官的工作效能；③身体素质和运动能力水平，即身体在运动中表现出来的力量、速度、耐力、灵敏性、柔韧性等素质，以及走、跑、跳、投、攀等身体运动能力；④心理发展状态，包括本体感知能力、个体意志力、判断能力；⑤适应能力，如对外界环境条件的抗寒、抗热能力和对疾病的抵抗力。

影响体质强弱的因素是多方面的，它与遗传、环境、营养、体育锻炼有着密切的关系。遗传性状只为体质的发展提供了可能性或前提条件，而体质强弱的现实性则有赖于后天环境、营养、卫生和身体锻炼等因素。因此，有计划、有目的地进行科学的锻炼，是增强体质最积极有效的手段。

3. 体质测定

体质测定一般包括如下内容和指标。

1）形态指标，包括身高、体重、胸围、上臂围、坐高和身体组成（皮脂厚度、体脂比重、去脂体重等）。

2）功能指标，包括安静时心率、血压、肺功能及心血管运动试验等。

3）身体素质指标。

① 力量指标，包括握力、背肌力、腹肌力、腿肌力、仰卧起坐、单杠引体向上（男）、单杠屈臂悬垂、双杠双臂屈伸、俯卧撑。

② 爆发力指标，包括纵跳（垂直跳）、立定跳远。

③ 悬垂力指标，包括单杠屈臂悬垂、单杠斜身屈臂悬垂（女）。

④ 柔韧性，包括站立体前屈、俯卧仰体。

⑤ 灵活和协调性，包括反复转跨、14 米往返慢跑。

⑥ 平衡性，包括闭眼单足立。

⑦ 耐力项目，包括耐力跑或快走 1500 米（男）、1000 米（女）、蛙泳或自由泳 200 米、滑冰 1500 米。

⑧ 速度滑雪，包括 1000 米（女）、1500 米（男）。

4）运动能力指标。

① 跑，包括快速跑（50 米、100 米）。

② 跳，包括急行跳远、跳高、摸高（弹跳力）。

③ 投，包括投实心球、投手球、掷垒球、推铅球、投掷手榴弹。

二、大学生的体质特点及体育锻炼对其的影响

大学生的年龄一般为 18～22 岁，大部分大学生基本上经历了人生最后一个生长发育的高峰期（男孩为 10～14 岁，女孩为 9～13 岁），身高、体重、胸围、肩宽、头围、骨盆等外部形态逐步转入缓慢发展阶段。

此时由于性激素作用，肌肉纤维变粗，肌肉纤维横截面加大，肌肉中水分逐渐减少，蛋白质、脂肪、糖和无机物含量逐渐增多，肌肉力量和肌肉重量明显增加，接近成年人水平。

男女生在外部形态上出现明显差异。男生喉结突出，声带加宽，发音低沉，肩增宽，胸呈前后扁平。女生乳房突出，声带变长，嗓音尖细，臀部增大，肢体柔软而丰满。第二性征的出现，表明女生的生理发育已逐渐成熟，为大学生担负繁重的脑力和体力劳动，适应环境，适应社会和心理素质的健康发展奠定了物质基础。

1. 心血管系统的生理特点及体育锻炼对大学生的影响

人体的心脏、血管组成了心血管系统，担负着人体新陈代谢的运输任务。心脏是血液循环的总称，其机能主要是运输体内新陈代谢过程中所需要的氧气、营养物质和排出二氧化碳等代谢物质。

大学生的心脏，无论是在形态结构上，还是在功能作用上，均已达到成人水平。大多数学生的心肺系统可以适应各种激烈的体育锻炼活动。

某些人由于青年时期之前心脏发育速度增快，血管发育相对落后，加上内分泌变化的影

响出现青春期高血压，收缩压接近 150 毫米汞柱，但舒张压保持在正常范围，而且时有起伏。如果过去一直参加体育锻炼，而且运动后无不良反应，依然可以正常从事体育锻炼和体力劳动，但要注意运动量并做医务监督。随着身体内环境的平衡，这种现象会自然消失。

科学的体育锻炼对心血管结构和机能会产生不同程度的良好影响，运动时由于肌肉的紧张活动，心脏的工作量增加，心脏毛细血管开放增多，心肌的血液供应和新陈代谢增强，增加了心肌中蛋白质和糖原的储备，心肌纤维变粗，心肌增厚，心肌的收缩力增大，心脏容量增加，从而使心脏每搏输出量和每分输出量增加。

由于每搏输出量不同，因此经常运动的人安静时心率较低，训练有素的运动员心率可低于 60 次/分，个别可低达 36 次/分，而在剧烈运动时可达到 220 次/分，可见频率低而有力的心脏搏动不易疲劳。安静时心率低，一般活动时心率升高少，紧张活动时心率升高很多，活动后心率能较快恢复到安静状态，这些是心血管系统能力增强的表现。

锻炼还能影响血管壁的结构，改变血管在器官中的分布，使冠状动脉口径增粗、心肌毛细血管的数目增加。因此，体育锻炼是预防心血管系统疾病和保护心脏健康的积极手段。

2. 呼吸系统的生理特点及体育锻炼对大学生的影响

呼吸系统由呼吸道（包括鼻、咽、喉、气管、支气管）和肺组成。呼吸道是气体的通道，大学生的呼吸系统发育已接近或达到成年人的水平。肺的结构和机能迅速生长发育，呼吸肌力量逐渐加强，呼吸频率（每分钟约 16 次）逐渐减慢，呼吸深度相应增加。

体育运动可以促进呼吸系统的健全和完善，使其结构和机能发生良好变化。运动可保持肺组织弹性，改进胸廓活动度，加深呼吸深度，增大肺活量，提高呼吸系统的通气和换气功能。在定量工作时，呼吸机能还能表现出节省化现象，保持工作能力下降，具有较大的机能贮备力，能适应和满足较强运动对呼吸系统的要求。

3. 神经系统的生理功能及体育锻炼对大学生的影响

神经系统包括中枢神经系统和周围神经系统，是人体生理活动和思维活动的物质基础，其基本功能是整合。整合是指中枢神经系统将来自各个方面的刺激经过协调、加工处理得出一个完整的活动，做出适应性反应，包括协调作用和做出完整的适应性反应两个方面。

神经系统是人体发育最快、成熟最早的系统。大学生处于脑细胞建立联系上升期，大脑神经细胞分化机能迅速发展，达到成人水平。此时虽然大脑基本成熟，体积和重量增加较慢或不再增加，但在学习、生活等复杂环境条件的影响下，大脑皮层细胞活动数量迅速增加，大脑两半球各个部分之间的联络神经纤维也大量增加，神经元联系扩大，脑回深化，第二信号系统最高调节能力大大增强，第一系统和第二系统的联系完善起来，为思维发展创造了良好的物质条件。

人体中枢神经系统的活动有兴奋、抑制两个过程，二者相互影响、相互加强。人的一切功能活动都是兴奋、抑制的不同表现形式。脑力劳动的分析、思维、推理、综合都在大脑兴奋中进行的，长时间的学习，单调的刺激会使大脑皮层产生疲劳进入抑制状态，此时学习效率下降，如不及时调节，将会导致疲劳过度，产生神经衰弱，严重影响身体健康和学习。

休息可以调节大脑皮层的兴奋和抑制，而体育锻炼是最积极有效的休息方式。在锻炼时，神经系统由抑制转为兴奋，兴奋的神经系统能促进机体的代谢能力，改善供能和供氧，缓解神经系统和机体的疲劳。体育运动时中枢神经系统加紧工作，要对场上的复杂变化做出协调反应，这对神经系统是极好的锻炼。经常锻炼，大脑皮层兴奋和抑制进行有节奏的转换，大脑皮层神经过程的均衡性得到改善，脑神经细胞的工作能力与神经系统调节机能提高，反应灵敏迅速、准确协调、不易疲劳。经常锻炼也会改善神经系统对心血管系统、呼吸系统、运动系统等器官系统的调节功能，从而增强记忆功能，发展抽象思维，提高综合分析能力。

4. 体育锻炼对女生生理特点的影响

女生的生理特点与男生有一定差异。女生脊柱软骨仍较厚，各关节韧带的弹性较大，关节的灵活性和柔韧性好，心脏重量较男生轻，容积小，收缩力差，每搏输出量少，心率快，运动时每搏输出量的增加靠心跳频率的提高来保证；女生呼吸差，肺活量小于男生，肺通气量仅为男子的70%～80%，血压也比男生低，运动后恢复时间长。

更重要的是女生有独特的生理特征——月经周期。发育成熟的女生月经周期大约28天，在月经期由于内分泌的变化，子宫和盆腔充血，子宫内膜脱落出血，可能会有腰酸、肚子痛等不舒服的感觉。

有些学生认为这时不能参加任何运动，其实适度的体育活动可以改善骨盆腔的血流循环。运动可使腹肌、盆底肌的收缩与放松交替进行，对子宫起到按摩作用，有利于经血的排出；运动可减轻盆腔部位的充血，消除下腹痉挛性疼痛和腰酸等不舒服的感觉，并能调节大脑皮层的兴奋和抑制过程，增强机体适应能力。因此，应鼓励女学生在经期积极参加适量的体育活动。

三、大学生体质健康标准

1. 学生体质健康标准

为了贯彻《中共中央国务院关于深化教育改革全面推进素质教育的决定》提出的"学校教育要树立健康第一的指导思想，切实加强体育工作"的精神，促进学生积极参加体育锻炼，养成经常锻炼身体的习惯，提高自我保健能力和体质健康水平，特制定《学生体质健康标准（试行方案）》（以下简称《标准》）。

1）《标准》适用于全日制小学、初级中学、普通高中、中等职业学校和普通高等学校的在校学生。

2）《标准》从身体形态、身体机能、身体素质等方面综合评定学生的体质健康状况，按百分制记分。

3）《标准》根据学生的生长发育规律，将测试对象划分为以下组别：小学一、二年级为一组，小学三、四年级为一组，小学五、六年级为一组；初中及以上年级每年级为一组；大学为一组。

2. 《标准》的测试项目

1）小学一、二年级测试项目为身高、体重、坐位体前屈3项。

2）小学三、四年级测试项目为身高、体重、50米跑、立定跳远4项。

3）小学五、六年级测试项目为6项，其中身高、体重、肺活量为必测项目。选测项目为3项：从台阶试验、50米×8往返跑中选测一项；从50米跑、立定跳远中选测一项；男生从坐位体前屈、握力中选测一项，女生从坐位体前屈、握力、仰卧起坐中选测一项。

4) 初中及以上各年级（含大学）测试项目为 6 项，其中身高、体重、肺活量为必测项目，选测项目为 3 项：从 50 米跑、立定跳远中选测一项；男生从台阶试验、1000 米跑中选测一项，女生从台阶试验、800 米跑中选测一项；男生从坐位体前屈、握力中选测一项，女生从坐位体前屈、仰卧起坐和握力中选测一项。

3. 测试与评分标准

《标准》中的选测项目由各地（市）级教育行政部门在测试前随机确定。考虑到城乡的不同情况，《标准》中的台阶试验项目农村学校可选测相应项目，城市学校统一进行台阶试验的测试。

《标准》中的身体形态、身体机能和身体素质的测试方法按人民教育出版社出版的《学生体质健康标准（试行方案）解读》中的有关要求进行。

4. 等级评定与登记

各个测试项目的得分之和为《标准》的最后得分，根据最后得分评定等级；86 分以上为优秀，76～85 分为良好，60～75 分为及格，59 分及以下为不及格。每学年评定一次成绩并记入学生体质健康标准登记卡片，小学按照组别两年评定一次，其他年级每学年评定一次。学生毕业年级的等级评定，按毕业当年的成绩和其他学年平均成绩（各占 50%）之和评定。

5.《标准》相关规定

1)《标准》实施办法。

①《标准》的实施工作在教育部、国家体育总局的领导下，由各级教育行政部门管理，由体育行政部门指导。《标准》由学校负责组织实施。各学校、各地教育行政部门应按照教育部、国家体育总局的统一部署和要求，采集、汇总、上报《标准》的有关数据。

②《标准》应在校长领导下，由教务处（科）、体育教研部（体育组）、校医院（医务室）、学生工作部、辅导员（班主任）协同配合，共同组织实施。《标准》的测试应与学生的健康体检有机结合，避免重复测试。各测试项目的成绩，由体育教研室（体育组）汇总，并按照《标准》的要求评定成绩、确定等级，记入学生体质健康标准登记卡，在毕业时放入学生档案。

③ 学生达到《标准》良好等级以上者，方可评为"三好学生"、获奖学金（高等学校）；达到优秀成绩者，方可获奖学分（高等学校或实验新高中课程标准的学校）。对《标准》测试成绩不及格者，在本学年度准予补考一次，补考仍不及格，则学年评定成绩为不及格。学生毕业时《标准》成绩达到 60 分为及格，准予毕业；《标准》成绩不及格者，高等学校按肄业处理。

2) 奖励与降低分数的办法。属下列情况之一者，奖励 5 分，不同项可累计加分：①早操、课间操和课外体育锻炼出勤率达到 98%以上，并认真锻炼者；②获"等级运动员"称号者；③参加校运动会及以上体育比赛获奖名次者；④学生体育干部在组织各项体育活动中，工作认真负责者。

3) 对体育课、早操、课间操、课外体育锻炼无故缺勤，一年累计超过应出勤次数 1/10 或因病假、事假缺勤，一学年累计超过 1/3 者，其《标准》成绩应记为不及格，该学年《标准》成绩最高记为 59 分。

4）因病或残疾学生，可向学校提交免予执行《标准》的申请，经医生证明，体育教研室（体育组）核准后，可以免予执行《标准》，所填表格存入学生档案。

5）各地教育、体育行政部门对本地各级各类学校实施《标准》的情况，要认真检查监督，定期抽查，并进行通报，对弄虚作假、徇私舞弊者，给予批评教育，情节严重者，给予行政处分。

6）为使《标准》的实施更加科学、准确、简便易行，各学校选用的测试器材必须是经国家质量监督部门检测达到测试要求的合格产品，同时应积极创造条件使用计算机，努力做到管理的科学化、现代化。

7）各级各类学校在试行《标准》时，《大学生体育合格标准》《中学生体育合格标准》《小学生体育合格标准》即不再施行。与此同时，《标准》成绩即作为《国家体育锻炼标准》达标成绩。

8）各省、自治区、直辖市教育行政部门，可以根据《标准》，制定具体实施意见。

9）《标准》由教育部负责解释。

四、测验及标准

学校应当组织学生在经常锻炼的基础上按照规则进行测验，以确保《国家体育锻炼标准》执行。测验规则由国家体育总局颁布。

学生按其性质从每类项目中各选一项参加测验，五类项目的测验必须在一年内完成（自秋季开始至第二年暑假结束日）。测验成绩采用百分制评分法（由国家体育总局制定），根据参加者完成五类项目测验后的总分确定其达标等级。达标等级分及格、良好、优秀三级；总分达 250～345 分为及格，350～415 分为良好，420～500 分为优秀。

如未能在一年内完成规定的五类项目测验，或有一类项目的测验成绩低于 30 分，则不计算达标等级。

五、奖励

对施行《国家体育锻炼标准》成效显著的学校和个人应给予表彰和奖励。向达到优秀标准者发放证书，向连续两年以上（学校为一个学段）达到优秀教师标准者发奖章。

六、大学生提高体质状况的途径

1. 保证良好的饮食习惯

膳食平衡的基本原则如下。

1）学会计算每日需要摄入多少热量的方法。尽量做到摄入热量和消耗热量均衡，做到"收支"平衡，保持体重，警惕肥胖。

2）每日饮食中三大营养成分所提供热量最佳比例为：50%的热量应来自碳水化合物，20%的热量应来自蛋白质，30%的热量应来自脂肪。这条原则简称为"50-20-30 最佳热量来源比例原则"。

3）一日三餐的时间要准时，掌握"早餐饱、午餐好、晚餐少"的进食原则。节假日不可暴饮暴食。为了保持现有体重，一日三餐热量的分配：早餐占全天热量的25%，午餐占30%，晚餐占45%。如果为了减轻体重则为"25-50-25"的分配原则。

4）摄取食物要求多样化，因为任何一种营养食物都不能完全提供机体所需的全部营养物质。

5）为减肥而进行节食时，不要压缩含有丰富维生素的食物，如水果及蔬菜类。为了防止肌肉总量和促使沉积脂肪燃烧，还要参加运动锻炼。

6）参加耐力性运动的人，当运动量较大时，可适当补充一些碳水化合物食品。一般的健身运动只需多加一杯低糖饮料即可。

7）除心、肾功能不良者以外，每人每日都要饮水 3 升左右。饮水次数要多，每次以 350 毫升为宜。

8）学会计算理想体重的方法（见"肥胖症的运动处方"部分）。

9）了解一些烹调知识。尽量少用热油炒、炸等烹调方法（营养素破坏多），要多用清蒸等烹调方法。还要注意坚持低盐（每日 10 克以内）、清淡饮食原则。

10）饮酒适度。过量的酒精会直接损害人的高级中枢系统功能，但适量的酒精却能软化血管，减轻血管硬化程度，对心脑血管病有预防作用。

2. 坚持适当的锻炼

大学生在进行体育锻炼时，应该掌握体育锻炼的基本理论，遵循体育锻炼的基本原则，了解体育锻炼的科学方法，才能达到增强体质的目的。

（1）体育锻炼的基本原则

体育锻炼以增进健康、增强体质、丰富文化生活为目的，使身体朝着更完美的方向发展。所以体育锻炼必须与掌握的体育知识、技能相结合，以科学理论为依据，遵循人体发展规律，否则会适得其反。体育锻炼应遵循如下基本原则。

1）自觉性原则。人体的发展、身体素质的提高都是一个长期的积累过程，只靠一朝一夕的努力是难以达到的，因此体育锻炼需要自觉性，没有自觉性就难以坚持，尤其是遇到困难时就会退缩。例如，有的学校要求学生每天进行早锻炼，这是在学生尚未养成自觉锻炼习惯的情况下做出的规定，其目的是培养学生锻炼的习惯。学生刚开始还有一定的积极性，但当天气变冷、备考期间、学习任务加重时，就会退缩，自觉性仍欠缺。只有提高对体育的认识，明确锻炼的目的，把自己的个人需要与对社会承担的责任紧密结合起来，才会自觉将自己塑造成为德、智、体全面发展的人。经过努力锻炼，从中得到益处，如娱乐身心、提高健康水平等，才会逐渐将体育锻炼作为个人需要而自觉参加。

人体的活动由中枢神经系统指挥和控制。长期从事脑力劳动时，中枢神经系统主管思想的大脑皮层长期处于兴奋状态，会产生疲劳，效率下降，此时如适当进行体育锻炼，让其得到抑制、休息，兴奋点转移到运动中枢，然后继续学习，其效率会大大增加。从一天正常的 8 小时学习工作中抽出 1 小时进行体育锻炼，其效果大于 8 小时不间断地学习与工作。

2）全面性原则。人体是统一的有机体，各个组织、器官、系统之间相互联系、相互制约。体育锻炼的主要目的是促进人体体质的全面发展。尽管体育锻炼的形式、内容、手段是多种多样的，但在选择和使用上不能脱离全面性原则，否则，将会导致身体发展不协调。例如，目前有很多年轻人注重塑造自己的体形，喜欢健美运动，利用各种力量练习，发展身体各部分肌肉，使肌肉结实、比例匀称，但他们往往忽视心肺功能耐力的练习，造成心肺功能的发展落后于体形发展，这种锻炼是不科学的，也是不全面的。

《国家体育锻炼标准》在贯彻体育锻炼全面性原则方面有一定的要求，每一个参加者必须在速度、耐久力、弹跳、投掷、力量等方面均达到最低标准，如果有一项没有达到最低标准，其他方面分数再高也不能评定达标等级。其指导思想就是要求参加者要进行全面身体锻炼，全面发展。

全面锻炼不是要求每人从事所有项目的锻炼，而是通过某些项目的锻炼，使身体得到全面均衡的发展，尤其应当注意身体薄弱环节的锻炼。

3) 渐进性原则。人体为适应体育锻炼的需要，在组织和功能上会发生一系列变化，这是一个逐步适应、提高的过程。人体这一生理特点要求人们在进行身体锻炼时要遵守循序渐进的原则，如果违背这一原则，不仅收不到预期的锻炼效果，反而会有损身体健康，甚至会发生伤害事故。人体由静止状态进入运动时，不可能一开始就能发挥机体的最高工作能力，需要一个逐步提高的适应过程，这是人体的基本活动规律。在体育锻炼时，运动负荷要由小到大，动作要由易到难、由简到繁。不仅在一次锻炼中如此，在长期锻炼中也要体现循序渐进原则，既不能急于求成、拼命蛮干，也不能长期保持原状、停滞不前。

4) 经常性原则。"用进废退"同样适于人类。人体锻炼要"持之以恒""贵在坚持"，是人们总结出来的宝贵经验。人体结构和功能的变化是逐渐积累、逐渐提高和逐渐完善的，只有坚持经常性的体育锻炼，才能使这些变化巩固和扩大。骨骼的坚实、韧带的牢固、肌肉的粗壮、肺活量的增大等都是通过肌肉活动进行反复多次的强化而实现的，只靠一两次锻炼难以实现。如果断断续续地锻炼，前次的作用痕迹已经消失，后一次积累性影响就小了。研究证明，肌肉组织 72~96 小时不进行适当的超负荷训练，肌肉就会逐渐变弱变小；每周一次训练只能保持原有力量，每周两次训练可以增加力量。持之以恒才能取得良好的锻炼效果。学生每周坚持两课两操、两活动，即每人每天有 1 小时的体育活动，这是有科学根据的，符合经常性原则。相反，突击性锻炼和比赛对身体无益，容易产生运动损伤和过度疲劳。

5) 差异性原则。人体生理结构虽然基本相同，但由于年龄、性别、身体功能、基本活动能力等方面存在个体差异，因此进行体育锻炼时，在选择锻炼的内容、方法、运动负荷等方面也应有所区别，要因人而异，区别对待。例如，采取男女生分班上课，就是根据男女之间的差异而采取的区别对待；再如，为体质较差的学生开设素质班，采取选项课等也是按照差异性原则进行区别对待的具体体现。个人进行体育锻炼时，也应注意这点，特别是体育能力较强和锻炼基础较差的学生更应如此。

体育锻炼的五项原则是相互联系、相互制约的，不能片面强调某一原则，而应把五项原则紧密联系起来，体育锻炼才能收到显著的效果。

(2) 健身方式的选择

健身方式有很多种，一般要综合考虑自身体质的特点和运动的项目特点，最终选择那些既能提高身体素质又能在其中感受到乐趣的项目。例如，足球、篮球、网球、游泳、轮滑等是现代年轻人愿意参加的活动，但是在普通大学的校园中，由于受到锻炼场地的限制，许多项目无法充分开展。下面简要介绍几种在校园中简便易行、比较流行的锻炼方式。

1) 跳绳。这项运动无需烦琐的器械，更无需同伴的合作。手执一绳，在方寸间尽情挥洒激情，当然，还有燃烧脂肪的作用。从运动量来说，持续跳绳 10 分钟，与慢跑 30 分钟和跳健身舞 20 分钟相差无几，可谓耗时少、耗能多的有氧运动。所以国外一些运动学家近年来格外推崇跳绳运动。这对于那些急于减肥又苦于没有时间的大学生来说，就是一副速成良方。

2) 街舞。这种运动只需一块空场地，配上动感十足的流行音乐，就可以很随意地动起来。它节奏分明，动作随意夸张，非常适合生活紧张的现代年轻人。常见的街舞有欧美和日韩两大风格，日韩风格相对容易普及，而欧美风格则更以漂亮潇洒的动作博取更多年轻人的认可。

街舞以其特有的轻松、随意和个性化，成为年轻人的新宠。有人说街舞是"唯一带着笑容去训练的项目"，因为它的趣味性容易让人集中和专注，从而忽视运动带来的疲劳。

街舞也是有氧瘦身的好方法。机械舞和健美操通过循环练习来刺激肌肉，以局部为主；而街舞对肌肉的刺激则是全面性的，甚至对小关节、小肌肉也进行充分的运动，且连贯的动作节奏很快，对乐感和灵巧度的锻炼很有帮助。

3）跆拳道。这项运动渐渐受到大都市年轻人，包括大学生的喜爱。在很多人眼中跆拳道只是用来防身的技术之一，但除了威力与技术，它更是一门艺术，同时教给人们思考和生活的方法。

跆拳道练习推崇"以礼始、以礼终"的精神；练习中以"礼义廉耻、百折不屈"为宗旨，可以培养顽强与果断、积极与坚韧、礼让且宽容的美好品质。即使以格斗的形式进行，不管怎样激烈都要求双方各自内心深处必须持有向对方表示敬意与学习的心理，因此是练习者精神与身体的双重修炼，更可以将礼节意识带入生活与学习中，使人深深受益。

4）跑步。它是最简单也是最实用的运动，适量的锻炼可增强体质。

第二节　心理健康

人的心理素质，是在先天遗传素质的基础上，经过后天的教育、环境的影响而逐渐形成的。随着年龄的增长、知识经验的积累及个人主观的努力和有计划的教育，人的心理素质不断成长和发生着变化。由于每个人的先天资质、成长环境与经历各不相同，所以，由此形成的心理素质也高低有别。

对于在校大学生而言，面对压力和挑战，心理素质好的学生往往能克服困难，迎接挑战，迅速获得成长；心理素质差的学生却不能很好地把握自己，成长缓慢，甚至出现种种心理问题和心理障碍，从而不同程度地影响和制约其个人的成长与发展。为了帮助在校大学生扫除成长过程中遇到的各种障碍，从而使其得到充分发展，首先应该了解大学生的心理发展规律和特点，及时准确地发现其心理问题。

一、心理问题的概念及表现

1. 心理问题的概念

心理问题，也称心理障碍，是指一个人在其成长过程中由于自身或环境的影响，在没有认知过程障碍和智力障碍的情况下，形成一种不协调的心理状态，以及相伴随的异常情绪反应、动机和行为活动。

根据严重程度和持续时间的长短，心理问题可分为一般性心理问题和心理疾病两类，心理障碍主要指后者。一般性心理问题是短期的心理困扰，如焦虑问题、人际关系不协调等，主要是适应不良、突发性事件及挫折等因素所引起的；心理疾病包括神经症、人格障碍、性心理与行为异常等，一般持续时间较长，形成原因较为复杂。

心理问题有轻有重，它是一个由正常逐渐向异常、由量变到质变的相互依存和转化的连续谱。连续谱的两端，一端是正常心理，另一端是精神异常的极端（精神崩溃）。因此，对于一般心理问题若不及时处理，就有可能逐渐转化成严重的心理障碍；对于患有心理障碍者，通过心理咨询和治疗，也可以使他们重新获得健康的心理状态。

2. 大学生心理问题的表现

大学生中常见的心理问题主要表现在以下几个方面。

1) 生活适应问题。这一问题在刚入大学的新生中较为常见。新生来自全国各地，以往的家庭环境、受教育环境、成长经历、学习生活基础等相差很大。来到大学后，在自我认知、同学交往、自然环境等方面面临着全面的调整适应。由于目前大学生的自理能力、适应能力和调整能力普遍较弱，因此在大学生中生活适应问题广泛存在。例如，一名女大学生刚入校不到一周就申请退学，原因是不能适应集体生活，晚上睡不着，白天在学生食堂吃饭没有胃口，时常感到精神紧张，心情烦躁，不能再坚持下去。

2) 学习问题。大学生的主要任务是学习，学习上的困难与挫折对大学生的影响是最为显著的。大量的事实表明，学习成绩差是引起大学生焦虑的主要原因之一。虽然大学生在学业方面是同龄人中的优秀者，但由于大学学习与中学学习存在很大差异，因此很多学生存在学习问题，包括学习方法、学习态度、学习兴趣上的不良表现及考试焦虑等。例如，有一位学生因对专业不满而提不起学习兴趣，经常想着转系或回家重考，就这样在矛盾中度过了大学生活的第一个学期，期末考试中两门课不及格。

3) 人际关系问题。进入大学后，如何与周围的同学友好相处，建立和谐的人际关系，是大学生面临的一个重要课题。由于每个人的待人接物的态度不同，个性特征不同，加上青春期心理有的闭锁、羞怯、敏感和冲动，都使大学生在人际交往过程中不可避免地遇到各种困难，从而产生困惑、焦虑等心理问题，这些问题甚至会严重影响他们的健康成长。例如，有一名大学三年级女生，由于与舍友发生口角，心理很不平衡，总想找机会报复，便故意偷来那位学生的东西并扔掉，后来被发现受到了校纪处分。

4) 恋爱与性心理问题。大学生处于青年中期，性发育成熟是重要特征，恋爱与性问题是不可回避的。总的来说，大学生接受青春期教育远远不够，对性发育成熟缺乏心理准备，对异性的神秘感、恐惧感和渴望交织在一起，由此产生了各种心理问题，严重的会导致心理障碍。

5) 性格与情绪问题。性格障碍是较为严重的心理障碍，其形成与成长经历有关，原因也较复杂，主要表现为自卑、怯懦、依赖、猜疑、神经质、偏激、敌对、孤僻、抑郁等。例如，有的学生或者认为自己相貌不佳，或者认为自己能力比别人低，或者认为自己知识面窄等而自卑，用有色眼镜看自己及周围环境，影响了正确的"自我认识"，使得自己事事处处都认为赶不上别人，总觉得"低人一等。"

6) 神经症。神经症是一种非器质性的、大脑神经机能轻度失调的心理疾病，在大学生中较为常见，神经衰弱、焦虑、抑郁、强迫、疑病、恐怖等是其临床表现特征。例如，一位学生总是害怕别人的目光，不管是在宿舍还是在教室，他只要一感觉到别人的目光，就十分不自在。他总是尽力克制自己，但却无济于事，为此他非常苦恼，以致严重影响了自己的正常学习和生活。

二、大学生心理问题产生的原因

心理问题产生的原因是复杂的，既有遗传因素和生理因素，又有心理因素、社会与环境因素。大学生的心理问题主要是由生理因素、社会与环境因素造成的。

1. 生理因素

生理因素包括遗传素质、生理病变、神经内分泌等。

国内外大量的资料表明，大学生的许多心理健康问题多与遗传相关。以轻微脑功能失调（MBD）为例，国内资料报道患有 MBD 的儿童中，家庭成员中有 MBD 病史的占 13.5%，其中父辈或同辈有类似的病史者各占 50%；在国外，坎特维尔应用 MBD 诊断标准衡量了50 例 MBD 儿童患者家属，发现其亲属在幼年时具有多动症表现的比例较高，其中父亲占16%，母亲占 4%，兄弟占 20%，姐妹占 8%，叔伯舅父占 10%，堂表兄弟占 12%。总体来讲，男性亲属占 12%，女性为 6.3%，上述研究充分说明了心理健康问题的家族性倾向，从而说明了遗传因素对大学生心理健康的影响。除此以外，母亲妊娠时的营养不良，生病、服药或产伤等因素而导致的神经系统脆弱性，也会使其后代易于产生紧张反应，并且造成他们对精神创伤及疾病感染的免疫力较低。另外，神经内分泌功能的平衡与否也会间接地对人的心理产生影响。例如，甲状腺功能不足会引发智力迟钝、记忆衰退、语言迟缓、情绪淡薄等功能障碍。

2. 社会与环境因素

（1）家庭因素

对人的心理产生重要影响的因素，最初来自家庭。一个人从出生到成年有漫长的时间在家庭中度过。人生活在家庭中这一时期的心理卫生具有特别意义，因为其将奠定人一生心理健康的基础。家庭结构是否完整，家庭成员关系是否和谐，父母的教育方式是否得当，家庭的社会、经济地位，家庭心理气氛，以及住宅条件等多方面因素，都在不同程度上对大学生的心理健康产生很大影响。例如，相关研究表明，离异家庭学生的心理健康问题检出率高于正常家庭学生，其差异（72%）有显著的统计学意义。

还有研究表明，家庭关系比较和谐的学生中，正常学生所占的百分数大于有心理健康问题学生所占的百分数。反之，家庭人际关系较差的学生中，正常学生所占的百分数小于有心理健康问题的学生所占的百分数。其差异也有显著统计学意义。另外，在家庭中经常受打骂、歧视的学生，其心理问题出现率高于具有良好家庭教育氛围的学生，其差异同样具有显著统计学意义。

（2）学校因素

现今有相当一部分学校为了抓升学率，而忽视对学生进行必要的人生观、价值观教育和良好的行为训练，致使一些大学生缺乏理智感。他们既不能对自己的行为做出客观评价，也不能对复杂的社会现象做出恰当的反应。许多学生为了在激烈的高考竞争中取胜，"两耳不闻窗外事，关起门来死读书"。家长的呵护备至、班主任的过度宠爱、学校的保护性教育和生活阅历的缺乏，使这些"天之骄子"心理异常脆弱，心理承受力不堪一击。特别是近年来，我国计划生育政策实施后一批批独生子女迈入大学殿堂，养尊处优、唯我独尊的特点，与大学生独立自主、公平竞争、优胜劣汰的环境要求形成强烈的反差。有的学生消极地把自己封闭起来，逃避现实，在陌生的环境中形单影只，自暴自弃；甚至有的同学因在竞争中失败而悲观失望而选择自杀。

（3）社会因素

当代改革开放大潮冲击着每个人的心灵，致使许多大学生的行为方式和思维方式随之变化。时代的变迁把各种纷繁复杂、扑朔迷离的矛盾呈现在大学生的面前，如职业选择的矛盾、理想与现实之间的矛盾、竞争意识与平均分配之间的矛盾、自强意识与攀附欲望之间的矛盾、合理需要与现实条件之间的矛盾等。由于他们缺乏社会生活的锻炼，心理承受力差，面对这样的问题，不知所措，无所适从，极易产生严重的心理失衡现象，甚至导致心理疾患。

三、大学生的心理特点

大学生的心理过程和心理状态是动态发展的。年龄的增长及社会生活各方面的影响，特别是大学生本身固有的个性，使他们的心理表现出以下特点。

1. 个性基本形成

通过青年期的社会生活，大学生的个性趋于定型。他们有不同层次的理想，对未来抱有美好的希望和幻想；精力充沛，兴趣广泛，乐于探索科学的各个领域，具有明显的方向性和选择性；意志和各种品质得到了较大的发展，性格逐步形成，朝着稳定的方向发展；人生观、世界观基本确立，对自然和社会现象有自己独立的见解和意向，已形成比较常见的观念和认识。他们一方面关心祖国和社会的发展，不满足于社会现状，勇于改变；另一方面，缺乏社会实践经验，对事物的认识表现出一定程度的轻率和片面性，不能客观、全面、深入、准确地分析和认识问题。

2. 智力发展的重要时期

大学阶段是大学生智力发展的黄金时期，其注意力已达到相当水平，有意注意占主导地位，观察力显著提高，想象力极为丰富，记忆力和理解力突出发展。其思维方式逐步转向理论型逻辑思维，并占主导地位。他们在思考和讨论问题时，不满足于现象罗列，要求揭示事物的本质规律，要求有理论深度。他们思维的独立性、批判性、创造性大大增强。但是由于心理成熟度还较低，他们的认识结构和思维方法比较简单，社会经验不够丰富，对所观察和接触的事物难免出现主观片面、固执己见、盲目自信的现象。

3. 情感日益丰富，情绪易于激动

大学生热情奔放，容易激动，有着丰富、复杂而强烈的情感世界，但并不稳定，容易偏激和冲动。这种特点使大学生既可以做出轰轰烈烈的英雄业绩，也可以因一时莽撞而发生某些过激行为。

大学生这种丰富而复杂的情感世界与中学生比较，在情感的体验及情绪上可以有更长的延续性，甚至外显的形式和内隐的体验有时完全不一致，与成人相比显得动荡多变，具有不稳定性。大学生情绪和情感所具有的二重性是在实施教育过程中需要认真注意的，要支持和鼓励他们豪情满怀、为真理而献身的积极情感和行动，同时要教育和疏导他们不冷静、易冲动等消极方面的情感和行为。

4. 自我意识进一步增强

大学生对自我形象的理解是丰富多彩的，面对社会对他们的期望，深思自己的情况，设计自己未来的发展，人际关系意识增强，力求了解别人对自己的评价；自我评价能力有较大发展且有一定的自我教育能力；自尊心、自信心和独立感明显增强，喜欢发表自己的见解，表现其才能；唯父母、师长之命，人云亦云的现象大为减少，要求别人尊重自己，厌恶他人对自己言行的干涉，希望成为自己命运的主人；顽强、坚毅、做竞争中的强者等优良的心理品质获得较大发展。但是大学生中自我意识的发展有着很大的个体差异，甚至有不少人表现为自命不凡、脱离集体、追求虚荣、个人主义倾向及形成逆反心理，导致做出一些蠢事或坏事。

四、大学生心理健康的标准

大学生处在身心发展的关键时期，生活在竞争氛围很浓的大学环境之中，遇到挫折和困扰，出现情绪波动，这是正常的。大多数学生在面临心理冲突时通过朋友帮助、老师指导、同学协助、自我调整可以得到及时调节而保持健康的心理状态，能愉快地学习、交往和生活，顺利完成大学学业。但是，也有部分学生依靠自己的力量难以调节改善，持续下去便会发展成不同程度的心理问题，对正常的学习与生活产生严重的消极影响。

心理问题的评定与鉴别从某种意义上说就是心理诊断，即专业人员运用心理学的技术、方法和手段评定人的心理问题、心理障碍或疾病，确定其性质和程度，从而对其做出判定的过程。心理诊断在大学生心理健康教育工作中处于重要地位，无论在个别心理咨询门诊，还是在群众心理普查中都被广泛应用。如何评定或鉴别是否有心理问题，原则上讲应该由临床主理学家根据严格的程序和方法去诊断，但是，在日常生活中，通过观察一个人的情绪与行为表现，以及判断与社会生活相适应的程度、人际关系状况、自我成就感和生活幸福感等方面的情况，也可以对一个人的心理状态做出基本的判断，尤其是对情绪持续低落和行为出现异常的学生应予以高度的重视。

根据近年来的研究，当代大学生的心理健康的标准主要体现在以下 6 个方面。

1）能正确认识自我。一个心理健康的大学生能面对自己的能力、性格和优缺点做出恰当的客观的评价，给自己确立的理想目标较为适合实际情况。即使在最困难的条件下，也能理智地对待自我，使自己的心理状态在运动变换中达到平衡。

2）保持和谐的人际关系。一个心理健康的大学生往往乐于与人交往，不仅能保持自我，而且能接受他人，能认识到他人存在的重要性和作用，也能被其他同学所理解和接受，与其他同学较好地沟通和交往，使人际关系达到和谐状态。

3）有良好的适应能力。大学生对自然环境和社会环境应该具有较强的适应能力，不仅能面对现实和接受现实，而且能进一步地改造现实，而不是逃避现实。

4）具有顽强的意志。一个心理健康的大学生具有坚强的意志和强大的耐挫能力，在大学生活中能够较长时间保持对某一目标的兴趣，并具有克服困难的信心和勇气。

5）具有良好的情绪状态。一个心理健康的大学生虽然也会出现悲伤、忧愁等消极情绪，但是不会长久，能很快地让愉快、乐观、开朗等积极情绪所替代。

6）具有完整和谐的健康人格。一个心理健康的大学生，其人格结构包括气质、能力、性格和理想、信念、需要、动机、兴趣等各方面都能得到合理的平衡发展。

第三章　篮球运动

篮球运动是一项由跑、跳、投等动作所组成的技术巧妙、战术多变的综合性运动项目。它具有较高的锻炼价值，不仅能够促进人体发育，增进身心健康，还可以培养团结协作的集体主义精神，丰富校园生活。

第一节　概　述

一、篮球运动的起源与发展

篮球运动是美国马萨诸塞州青年基督教学校体育教师奈史密斯博士于 1891 年冬天发明的。当时，天气特别寒冷，奈史密斯博士为了使学生不受寒冷天气的影响，能够在室内开展有益的活动，便想出将竹篮钉在墙上，用向篮子里投球的方式进行游戏的运动，从而兴起了篮球运动。

最初，篮球游戏无明确的竞赛规则，场地大小不等，活动人数不限，时间也不做具体规定，只要率先得到预定的分数就算胜利。当时的比赛方式是，双方队员分别站在球场两端线外，裁判员鸣哨后将球掷入场中，双方队员跑向场内抢球，得球后运用传球、运球的方法向前推进，投球中篮得 1 分。犯规不罚球，但犯规 3 次算负 1 分。由于参加的人数不限，又没有具体的规则限制，所以在比赛中推、拉、绊、撞、打的现象经常发生。为了限制粗暴抢球的犯规行为，也为了篮球游戏的健康发展，1892 年，奈史密斯博士制定出世界上第一套篮球竞赛规则，共 13 条。其中包括：每队上场人数为 15 人，不能带球跑；争夺中不能发生粗野的身体冲撞等。

1896 年首届现代奥运会上，篮球即被列为表演项目。1936 年，国际奥委会决定将男子篮球正式列为比赛项目。1976 年，女子篮球也被列为奥运会比赛项目。篮球运动由于竞争性强，锻炼价值高，已经成为世界上最受人们喜爱的运动项目之一。

随着篮球运动的发展，科学化训练程度的不断提高，现代篮球运动已进入一个崭新的阶段。世界各国涌现出大批体质强、素质好、速度快、技术全面的优秀球员。篮球运动在向着高速度、高空优势、高超技巧和激烈对抗的方向不断发展。

美国的 NBA（美国男子职业篮球联赛）球员，以强壮的身体、惊人的弹跳和高超的技巧，代表了当今世界篮球的运动水平。特别是 1992 年美国"梦之队"参加的奥运会篮球比赛，将完美的篮球技术展示在世人面前。这些超级球星们将速度、力量、弹跳与技巧完美地结合在一起，将智慧、意志与多变的战术巧妙地运用在一起，使人们从篮球运动中得到了莫大的艺术享受。

二、我国的篮球运动

近代篮球运动于 1895 年传入我国，先在天津、北京、上海、广州等地的基督教青年会中传开，后来逐渐扩大到教会学校和一般学校。

1910 年，在南京举行的第 1 届全国运动会（以下简称"全运会"）上，男子篮球被列为表演项目。1913 年，我国组队参加了第 1 届远东运动会的篮球比赛，这也是我国篮球队第一次参加国际比赛。1914 年，在北京举行的第 2 届全运会上，篮球作为正式比赛项目展现在观众面前。1936 年，我国第一次选派篮球队参加了第 11 届奥运会，结果以 1 胜 3 负的成绩在预赛中遭淘汰。

中华人民共和国成立后，在党和政府的倡导支持下，篮球运动普及最快，开展面最广，同时也取得了丰硕的成果。

1949 年，我国大学生篮球队参加了在布达佩斯举行的第 10 届世界大学生运动会，由此揭开了中华人民共和国成立后我国篮球队进行国际交往的序幕。

1956 年，我国建立了全国联赛的竞赛制度，试行了运动员、教练员和裁判员的等级制度。这些制度的建立，对我国篮球运动的发展和提高具有深远意义。

20 世纪 90 年代以来，我国男子、女子篮球队的整体水平都有了很大提高。女子篮球队在 1992 年第 25 届奥运会和 1994 年第 12 届世界女子篮球锦标赛中两次夺得亚军，成为世界强队之一。男子篮球队在第 25 届奥运会和第 12 届世界男子篮球锦标赛中，均取得第 8 名的历史最好成绩。

但是，我们必须清醒地看到，我国篮球与欧美一流强队相比还存在相当的差距，因此，我们一定要认真总结我国篮球运动发展的历史经验，坚定不移地贯彻"积极、灵活、准确、全面"的训练指导思想以及"以小打大""以快制大"的战略方针，吸收国外强队的先进经验，扬长避短，形成自己独特的风格和打法，完善中国男子篮球职业联赛（CBA），争取在最短的时间内使我国篮球运动达到世界先进水平。

第二节　篮球的基本技术

篮球的基本技术是篮球运动的基础，是进行篮球运动所必需的专门技术动作的总称，分为进攻技术和防守技术两大部分：进攻技术有传球、接球、运球、投篮和持球突破；防守技术有防守无球队员、防守有球队员和抢球、打球、断球。在进攻与防守中都含有移动和抢篮板球技术。

一、移动

移动技术是篮球基本技术的基础，是通过各种快速、突然的脚步动作达到进攻时摆脱防守，防守时盯住对手，以争取攻守主动的一种手段。

1. 基本站立姿势

基本站立姿势是两脚自然开立，屈膝降低重心，上体稍前倾，两臂屈肘自然垂于体侧，两眼注视场上情况。

2. 起动

起动时，重心迅速前倾，后脚用力蹬地，起动的前几步要求步幅小而频率快。

3. 跑

篮球运动中的跑不同于田径运动中的赛跑，它既要求跑得快，又要求在快速中观察场上攻守情况，及时变换动作和方向。

1）侧身跑。侧身跑时，脚尖和外侧肩对着跑的方向，重心内倾，头和上体向球的方向侧转。

2）变向跑。变向跑时，跑动中间向左变方向，最后一步右脚落地脚尖向左转，迅速屈膝，上体向左转移重心，同时左脚向左用力蹬地迈出，右脚迅速随之向左侧前方跨出，继续迅速前进。向右变方向时，动作相反。

3）变速跑。变速跑时，用前脚掌向后用力蹬地，上体迅速前倾，两臂快速摆动，减速时步幅稍大，用前脚掌抵地减缓向前冲力。

4. 急停

跑动中突然急停，可以甩开防守对手，各种脚步动作的变化几乎都可用急停动作来衔接和过渡。因此，急停动作的好坏，直接影响其他脚步动作的质量。

1）跨步（两步）急停。在快速跑时做跨步急停，先向前跨出一大步，用脚跟先着地，然后过渡到全脚掌抵地，迅速屈膝，同时上体稍后仰。第二步落地时脚尖稍向内扣，腰胯用力，两膝深屈，重心下降，用全脚掌内侧蹬地，身体稍内转，以减缓向前的冲力。两臂弯曲，自然，保持身体平衡。

2）跳步（一步）急停。在跑动中做跳步急停时，用单脚或双脚起跳（腾空要低），两脚左右分开，与肩同宽同时落地；用全脚掌着地，两脚内侧稍用力，屈膝降重心，重心落在两脚之间，两臂弯曲，自然张开，保持身体平衡。

5. 转身

转身是利用跨步和身体的转动来改变站立的位置和方向，进攻时用以摆脱防守或在防守时抢占有利位置。

1）前转身。绕中枢脚脚尖方向转动的叫前转身，向左做前转向时，左脚为中枢脚，重心移向左脚，左脚前脚掌用力碾地，右脚掌内侧碾地，以头、肩和腰胯配合向左转动，右脚蹬地后迅速绕左脚脚尖方向转动落地，重心在两脚之间，两臂自然张开，维持身体平衡。

2）后转身。绕中枢脚脚跟方向转动的叫后转向，向右做后转身时，左脚为中枢脚，重心移向左脚，左脚前脚掌用力碾地，右脚前脚掌内侧碾地，以头、肩和腰胯配合向右后转动，右脚蹬地后迅速绕左脚脚跟方向落地，重心在两脚之间，两臂自然张开，维持身体平衡。

3）跨步。跨步是突破中超越防守对手起步时的步法，也是原地做假动作，以引诱防守对手错位或重心偏离的一种步法。

6. 滑步

滑步是防守队员使用的主要步法，是防守中抢占有利位置、阻挠进攻者行动的有效手段。

1）侧滑步。侧滑步时，两脚平行开立与肩同宽，屈膝降低重心，双臂张开。向左侧滑步时，左脚向左跨出一步，落地的同时，右腿前脚掌内侧迅速用力蹬地，并几乎贴着地面滑步，跟随左脚移动，重心保持在两脚之间。向左滑步时，动作相反。

2）前滑步。前滑步时，两脚前后开立，脚尖向前，屈膝降重心，前脚同侧臂在前举，后脚同侧臂侧举。向前滑步时，后脚脚掌内侧蹬，前脚几乎贴着地面跨出，重心保持在两脚之间。

7. 移动技术的练习方法

1）呈基本站立姿势，看信号做突然快速起动练习。
2）原地做各种脚步动作，听到信号做突然快速起动练习。
3）全场徒手一对一做变向、变速、侧身跑摆脱防守练习。
4）慢跑 3～5 步做跨步急停、跳步急停练习。
5）自抛自接连续做持球跨步、前后转身练习。

二、运球

持球队员在原地或行进间用手连续按拍借助地面反弹起来的球的动作叫运球。运球是控制球、支配球，组织战术配合及突破防守的重要手段，是一项重要的进攻技术，也是熟悉球性、增强手对球的感应能力的一种有效的练习方法。

1. 高运球

高运球一般是在无防守队员阻挠的情况下，用来加快向前推进的速度的运球技术。做高运球时，两腿微屈，抬头目视前方，用手指按拍球的后上方，使球反弹高度约在腰胸之间，落地的位置在身体的侧前方，手脚协调配合，使球有节奏地向前运行。

2. 低运球

低运球一般是在有防守阻挠的情况下，用来做保护球或连接其他技术来摆脱防守的运球技术。运动员两腿深屈，身体半蹲，抬头目视前方，运球在膝关节以下，手按拍球的上部，另一手臂架起保护球。

3. 急停急起运球

急停急起运球是当运球队员被对方紧逼时，运用速度的快慢变化来摆脱防守的运球技术。做急停急起运球，当运球队员降低速度时，运球要低，使球与地面垂直反弹，双膝深屈，注意保护球。用上体和头部做虚晃动作，使防守队员重心移位，然后突然起动，运球手的异侧脚前脚掌内侧用力蹬地，按拍球的后上方，加快运球的速度以超越对手。

4. 运球技术的练习方法

1）做全场直线、曲线高运球练习。
2）原地做左右前后低运球练习。
3）看信号做直线高运球、低运球练习。
4）绕障碍物做体前变向换手运球练习。

5）全场沿边线、端线做高运球、低运球、急停急起、体前变向、转身的综合练习。

三、传、接球

传、接球是篮球比赛中队员之间有目的地转移球的一种方法，是篮球运动中的重要技术之一。全面地、熟练地掌握传、接球技术，才能把每个队员联成一个整体，充分发挥集体的力量，这是实现战术、组织配合的纽带和桥梁。

1. 双手胸前传球

双手胸前传球是篮球比赛中最基本、最常用的传球方式。持球时两手五指自然分开，持在球的横轴处侧后下方，拇指相对呈"八"字形，用指根以上部分接触，掌心空出，两臂自然弯曲于体侧，持球置于胸腹之间，两腿微屈，上体稍前倾。传球时，前臂短促地向前伸，手腕由下向上、由内向外翻转，最后用食指、中指拨球和手腕的抖动力量将球传出，球传出后，手心和拇指向下，其余四指向前。

2. 单手肩上传球

单手肩上传球一般在抢到后场篮球后发动快攻时使用的一种中、远距离的传球方式。它与双手胸前传球的持球方法相同，均两脚平行开立。右手传球时，左脚向传球方向或侧前方跨出大半步。同时转身将球引至肩侧，左手扶球，右手持球后下方，上臂与地面几乎平行，手腕后屈，重心在后脚。传球时，在右脚蹬地的同时转腰、转肩，带动右肘向前摆臂，当右肘摆过体侧时，前臂加速前摆，并迅速向前扣腕，用食指、中指、无名指拨球，将球传出。

3. 反弹传球

反弹传球是一种具有着地点低、不易被对方抢断、间接通过防守人的传球方式。做反弹传球时，单手向前反弹传球与单手胸前传球的手法基本相同，只是持球者向地面击球传出，击球地点是在持球队员与接球队员 2/3 处，反弹的高度一般在接球队员的胸前位置。

4. 双手胸前接球

双手胸前接球时注视来球，两臂伸出引球，手指自然张开，两拇指呈"八"字形，手指向前上方，掌心向前，两手呈半圆形；当手指触球后，两臂随球后引，两手持球于胸前，双腿弯曲，保持身体平衡。

5. 单手接球

以右手接球为例：两眼注视来球方向，右脚向来球方向迈出，右手自然伸出，五指分开，手掌呈勺形，当指端触球时，手臂顺势将球引至后下方，左手即协助控球，双手持球于胸前，保持持球的基本姿势。

6. 传、接球技术的练习方法

1）原地两人一组一球做各种传、接球练习。
2）全场两人一组做行进间传、接球练习。
3）两人一组抢篮板后做双手头上传球练习。

4）做四角多球跑动的各种传、接球练习。

5）做一防二、二防三的传、接球练习。

6）全场三人呈"8"字形做传、接球练习。

7）半场三对三、四对四做传、接球练习。

四、投篮

投篮是将篮球投入篮筐的各种技术动作的总称，是篮球比赛中主要的进攻技术，是唯一的得分手段。投篮得分的多少决定一场比赛的胜负，任何技术战术的运用，都是为了创造有利的投篮机会。

1. 原地单手肩上投篮

原地单手肩上投篮是篮球运动中最基本的投篮方法，一般在中、远距离投篮和罚球时运用较多。右手投篮为例：右手五指自然张开，用指根以上的部分握球，掌心空出，左手扶球的左下侧，持球于肩上；右脚在前，左脚稍后，两腿微屈，重心落在两脚之间，上体自然放松，目视投篮目标。投篮时，双脚用力蹬地，伸展腰腹，抬肘屈臂，手腕前屈，食指、中指用力拨球，通过指端将球投出；球出手后，身体继投篮动作向上伸展，脚跟微提起。

2. 跳起投篮

跳起投篮是在比赛中常用的投篮方法，一般是摆脱防守后，及时调整脚步和重心，利用身体在腾空到最高点时投篮的一种常用的方式。以右手为例：两手持球于胸腹之间，两脚自然开立，两腿弯曲，重心落在两脚之间，脚尖对准篮筐，目视投篮目标。跳起投篮时，两脚掌用力蹬地，垂直向上跳起，上体伸展，同时双手迅速引球至肩上，右手托球，左手扶球的左侧方。当身体腾空到最高点时，左手离球，右臂向前上方伸展，手腕前屈，食指、中指指端将球拨出，落地时屈膝缓冲，保持身体的站立姿势。

3. 行进间单手低手投篮

进攻队员在快速突破中已超越对手时，一般运用低手投篮。以右手为例：右脚跨出一大步腾空接球落地，第二步继续加快速度，降低重心，用左脚向前上方起跳，腾空时间要短；持球右手五指自然分开，托球的下部；拉长起跳距离、控制好球、掌握好手腕上挑时机。手臂向上充分伸展，接近球筐时，手腕柔和上抬，食指、中指、无名指向上拨球，碰板或空心入筐，落地时双腿屈膝缓冲，如图 3-1 所示。

图 3-1　行进间单手低手投篮

4. 行进间单手高手投篮

　　行进间单手高手投篮是进攻队员在突破中受到防守队员阻挠，利用腾空时后仰动作而运用的投篮方式。以右手投篮为例：右脚跨出一大步接球，接球后的第二步要小，以便起跳时把向前的冲力改为向上起步的力量；腾空后，上体稍后仰；投篮时，把球送到最高点时，手腕前屈，食指、中指的指端用力将球投出，一般采用碰板投篮方式，如图 3-2 所示。

图 3-2　行进间单手高手投篮

5. 双手胸前投篮

　　动作方法：双手持球于胸前，肘关节自然下垂，两脚前后或左右开立，两膝微屈，重心落在两脚之间，目视瞄准点。投篮时，两脚蹬地，两臂向前上方伸出；同时，两手腕旋内，使球通过拇指、食指、中指端投出。球出手后，两手心自然向下向外翻，脚跟提起，身体随投篮出手方向自然伸展。

6. 投篮技术的练习方法

1）原地和行进间做投篮的各种模仿性练习。
2）做半场多点、多球移动投篮练习。
3）做全场各种运球投篮或传、接球投篮练习。
4）做半场对抗中一对一、二对二投篮练习。

五、持球突破

　　持球突破是持球队员综合运用脚步动作和运球技术快速越过防守者的一项攻击性很强的进攻技术。

1. 原地交叉步突破

　　以左脚为中枢脚为例：两脚平行开立，两腿微屈，重心降低，持球于胸前，突破前做瞄篮或跨步假动作。突破时，重心移到左脚，右脚脚内侧迅速蹬地并向左前方跨出一大步，上体向左转探肩，在左脚离地前，左手放球于迈出的脚的侧前方，同时左脚充分蹬地，重心右移迅速超越对手。

2. 原地顺步突破

　　以左脚为中枢脚为例：准备姿势与交叉步相同，突破时，右脚内侧蹬地，右脚迅速向右前方跨出一大步；同时向左转体探肩，重心前移，在左脚离地前用右手放球于右脚侧前方；同时左脚迅速蹬地向右前方迈出，超越对手。

3. 持球突破技术的练习方法

1）徒手或持球做交叉步、顺步突破练习。
2）全场自抛自接做交叉步、顺步突破练习。
3）摆脱防守接球做交叉步、顺步突破练习。
4）半场一对一做交叉步、顺步突破练习。

六、个人防守

防守技术是在篮球比赛中防守者运用合理的脚步动作、身体和手臂的动作限制进攻者活动以及制造进攻者失误、违例而运用的一种方法。防守的目的是主动破坏对方的进攻，最大限度地降低对手的得分率，主动抢断球，转守为攻。

1. 防守无球队员

防守队员以全力破坏对手接球为目的，站在对手、篮筐和球的位置的不规则的三角形范围内，并根据球的转移、攻者的移动及时调整防守位置，以控制对手为原则，利用合理的防守技术做到人球兼顾，极力阻挠对手接球。

2. 防守有球队员

防守队员应最大限度地阻挠和干扰进攻者投篮、突破及传球。当对手接到球时，防守队员应该迅速调整位置，站在对手与球篮之间。防守的距离应根据离篮板的远近而合理地选择。利用脚步移动、身体姿势和手臂动作极力破坏进攻者的投篮、突破和传球。

3. 个人防守技术的练习方法

1）看信号做前后左右滑步练习。
2）徒手做全场一对一防守滑步练习。
3）做半场一对一摆脱接球的防守练习。
4）做半场一对一的攻、守练习。
5）做半场三对三的攻、守练习。

七、抢篮板球

抢篮板球是一项复杂的综合技术动作，由判断方向、抢占有利的位置、起跳动作、空中抢球动作和落地后的攻击技术动作组成。

1. 抢进攻篮板球

进攻队员抢篮板球要突出一个"冲"字，当自己或同伴投篮时，要及时判断球反弹的方向，及早地绕过防守者，抢占有利位置，用单脚或双脚起跳争取时间冲抢或补篮。

2. 抢防守篮板球

防守队员抢篮板球要突出一个"挡"字，当对手投篮球出手时，不能只去看球，应该首先运用移动的各种脚步动作抢占有利位置，合理地"挡"住对手向篮下冲抢的路线。同时，要判断球反弹的落点，及时起跳，抢到球后立即组织反攻。

3. 抢篮板球技术的练习方法

1）对墙做自抛自抢篮板球练习。

2）自己投篮、自己冲抢篮板球补篮练习。

3）做一对一投篮后防守挡人抢篮板球练习。

4）做半场二对二、三对三攻守抢篮板球练习。

第三节　篮球的基本战术

篮球的基本战术是在比赛中队员按照基本的落位阵势、移动路线、进攻地点、防守范围和一定的变化规律而确定的集体协同配合的组织形式。其目的是使个人能够合理地运用和更好地发挥技术水平，取得协同配合、整体作战的效应，力争比赛的主动和获胜。

本节图例说明如表 3-1 所示。

表 3-1　本节图例说明

图形符号	含义	图形符号	含义
。	球	→⫶→	投篮
④	进攻队员	—⏋	掩护
❹	防守队员	⤳	掩护后移动
→	移动路线	→⊣⊢	夹击
⋯⋯▶	传球路线	⩔	关门
⤳	运球路线	—	—

一、攻防的基础配合

基础配合是组成全队整体攻防战术的主要基础，是由两三人组成的一种简单配合。

1. 进攻的基础配合

1）传、切配合。传、切配合是两三个队员之间利用传球和切入组成的简单配合，包括一传一切和空切等形式，对进攻人盯人防守、区域紧逼及联防等均有较好效果。

传切配合的基本要求：①队员配合的距离要拉开，切入路线要合理；②切入队员要利用假动作迷惑对手，掌握好摆脱时机，切入时紧贴对手，动作快速突然；③传球队员动作要隐蔽，传球及时准确。

2）突分配合。突分配合是指进攻队员利用持球或运球突破技术吸引防守队员"关门""补位"，从而打乱防守阵势，给同伴创造无人防守的机会，及时将球分给同伴的简单配合。

突分配合的基本要求：①突破队员突破时要突然、快速，突破过程中在准备投篮的同时要观察攻防队员位置的变化，及时准确地传球；②接球队员应把握时机，及时摆脱对手，迅速抢占有利位置接球投篮。

3）掩护配合。掩护配合就是"挡人"的方法，它是进攻队员有目的地选择适当的位置，用身体挡住同伴对手的去路，使同伴能摆脱防守并获得进攻机会的一种配合。一般有前掩护、侧掩护、后掩护、反掩护等形式。

掩护配合的基本要求：①掩护时身体的姿势要正确，两脚开立，上体稍前倾，两手屈肘放于体侧或胸前，距离要适当，掩护时身体保持静止，避免掩护犯规；②掩护时摆脱队员要用投篮和压切等动作，诱使对手贴近自己并吸引对手的注意力，为配合创造有利条件；③掩护时同伴之间的配合应掌握好配合时机及其变化方法；④组织掩护配合时要创造中投和突破机会，要注意与内线进攻相结合。

4）策应配合。策应配合是指处在内线的队员背对或侧对球篮接球后，以他为枢纽，通过多种传球方式与其他队员的空切、绕切相结合，借以摆脱防守，创造各种进攻机会的一种配合方法。

策应配合的基本要求：①策应队员要突然起动摆脱对手占据有利位置，接球时两脚开立，两膝弯曲，两肘外展，用身体保护球，同时注意观察场上攻、防的变化，及时把球传给进攻机会最好的同伴投篮进攻；②外围传球队员要根据策应者的位置和机会，及时准确地传给策应队员，做到人到球到，传球后迅速摆脱切入篮下，创造进攻机会。

2. 防守的基础配合

1）穿过配合。穿过配合主要是在对方采用掩护配合时使用。防守队员为了避免对方形成的掩护，从另一同伴之间穿过继续防守自己的对手。

2）绕过配合。绕过配合主要是在对方采用掩护配合时，防守队员为了避免对方形成掩护，从另一同伴身后绕过继续防守自己的对手。

3）挤过配合。挤过配合是一种积极的带有攻击性的破坏对方掩护配合的防守方法。当对手企图实施掩护时，防守队员抢步贴紧自己防守的对手挤过去并继续防住对手。这种方法一般在对手接近篮下或有投篮威胁的情况下使用。

4）"关门"配合。"关门"配合是防守者用来防守善于运球突破队员的一种防守配合。当一队员运球突破时，防守队员和邻近的同伴移动靠拢，堵住突破者的去路，形成"关门"。将突破者堵在"门"外，一般在对方突破能力较强、守方采用联防的情况下运用。成功的"关门"配合，往往会造成对方的失误和违例等。

5）交换防守配合。当进攻者采用掩护配合使防守者来不及的情况下，就要采用与同伴交换防守对象的方法。换防关键是两个防守者之间的默契。一般不轻易换防，以免造成实力上的差异导致防守失利。

6）补防配合。补防配合主要是当防守同伴被对手突破或同伴的防守位置出现漏人时，临近的队员放弃自己的对手去补防可能造成得分的对手。

7）夹击配合。夹击配合是一种带有攻击性的防守方法，主要体现在两个队员在特定的区域和位置上封堵和夹击持球进攻队员。

二、快攻与防快攻配合

1. 快攻

1）长传快攻的组织配合。长传快攻一般由一两个队员利用奔跑速度和**长传球**，超越防守来完成的快攻。

2）短传推进快攻的组织配合。短传快攻虽不如长传速度快，但易掌握和发动，短传快攻主要由发动、推进和结束 3 个阶段构成。

3）组织快攻战术的基本要求。

① 培养全队强烈快攻意识是组织的关键。要使场上 5 个队员明确，获球即是发动快攻的时机，得球后，全队突出一个"快"，即起动快、分散快、传球快、接应快、跟进快。

② 树立勇猛顽强、敢打敢拼的作风，是快攻战术运用的前提。采用攻击性的防守，甚至对进攻者连续紧逼，积极创造更多的快攻机会，一有获球机会就快速、准确、机动、灵活地展开猛烈的反击。

③ 良好的身体素质是快攻的保证。要使全队在竞赛中体力充沛，能保持持久的高速度快攻。

④ 全面熟练的基本技术是快攻的基础，并要做到运用技术既快又准。具体表现在"四快""两准"，即观察判断反应快、起动加速摆脱快、传球推进超越快、运球突破分球快及快速奔跑中的传球准、投篮准。

4）发动快攻的时机。主要有：抢获后场篮板球时；抢、断球和打球获球时；跳球时；对方投中篮后，掷端线界外球时。

2. 防守快攻

1）堵截对方抢篮板后的第一传和接应。

2）封堵对方的长传快攻。

3）提高以少防多的能力。

三、区域联防与进攻区域联防

1. 区域联防

1）"2-1-2"区域联防的防守方法。"2-1-2"区域联防的特点是防守队员分布比较均衡，它以中间一名高大队员为中心将其他 4 名队员有机地联系成梅花式整体阵形。这种阵形能有效地对付内外线攻击较强的队，适用于阻止正面突破和篮下威胁较大的队。

2）"2-1-2"区域联防的变化。"2-1-2"是各种区域联防的基本形式，根据对手的特点可变化出多种形式，如"3-2""2-3""1-3-1"等。由于站位形式不同，防守作用也各不相同，在比赛中如何运用则要根据对方特点有针对性地选用。

① "3-2"阵形。主要适用于对付外围中远投篮较准，但篮下进攻能力不强，控制、支配球和组织配合能力较差的队。

② "2-3"阵形。主要是为了加强篮下的防守，有效对付擅长篮下和底线进攻而外围相对较弱的队。

③ "1-3-1"阵形。主要是加强罚球区附近的防守，适用于对付中锋、前锋，在限制区和两腰进攻而底线进攻较弱的队。

2. 进攻区域联防

1）中锋策应进攻配合方法（图 3-3）。中锋⑧接球后形成不同的三角阵势（如⑧⑥⑦、

④⑧⑥、⑧⑦⑤等），利用准确、快速的传球，调动防守，寻找进攻机会。

2）传切、突破进攻配合方法（图3-4）。⑤传球给⑧后纵切至另一侧，行进间可接⑧回传球进攻，⑦空切篮下要球进攻，⑥同时背插至中区要球进攻；或⑧接球后沿底线突破上篮，根据防守，突破中可分球给移动⑦进攻，或传球给⑥攻击，或传给外围④进攻，如图3-5所示。

3）斜插负重进攻配合（图3-6）。进攻时呈双中锋落位，⑤传球给④后，斜插至另一侧底角，④传球给⑥，⑥传球给⑤，⑤接球后可投篮。

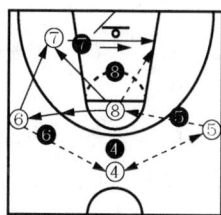

图3-3　中锋策应进攻配合方法

图3-4　传切、突破进攻配合方法1

图3-5　传切、突破进攻配合方法2

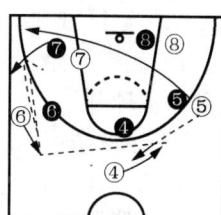

图3-6　斜插负重进攻配合

进攻区域联防方法很多，以上3种进攻区域联防方法是比较常用的进攻形式，使用时可根据对方不同形式区域联防的特点和弱点灵活运用。

第四节　篮球比赛的场地、设备及规则简介

一、场地、设备

篮球场呈长方形，无障碍物。球场长28米、宽15米，球场的丈量从界线的内沿量起。篮圈的内径最小为45厘米，最大为45.7厘米，基距离地面的高度为3.05米。篮球的外壳由皮革、橡胶或合成物质制成。球的圆周不得小于74.9厘米，不得大于78厘米；重量不得少于567克，不得多于650克。充气后，使球从1.80米的高度（从球的底部量起）落到球场的地面上，反弹起来的高度不得低于1.20米，也不得高于1.40米（从球的顶部量起）。

二、比赛规则

1. 比赛通则

每场比赛由两个队参加，每队出场5名队员。如果某队在场上准备比赛的队员不满5名，则比赛不能开始。

比赛由4节组成，每节12分钟。第1节和第2节、第3节和第4节之间的休息时间为2分钟；第2节和第3节之间的休息时间为15分钟。如果第4节终了时得分相等，要延长5分钟作为决胜期继续比赛，必要时可延长几个决胜期，直到分出胜负为止。

对于4×12分钟的比赛，每队每半时（两节）的比赛时间内可以允许请求3次暂停，每一决胜期内准许1次暂停。

2. 违例部分规则

违例是违犯规则，罚则是失去球权，将球判给对方队在最靠近发生违例的地点掷界外球。

（1）带球走规则

1）确定中枢脚。队员静立时接球或双脚同时着地接到球，可用任何一脚做中枢脚。一脚抬起的瞬间，另一脚就成为中枢脚。队员在移动或运球中接到球，如果脚分先后着地，只能用先着地的脚作为中枢脚。

2）确定中枢脚后。在传球或投篮时，可提起中枢脚，但必须球离手后，中枢脚才能落回地面。开始运球时，在球离手前，不能抬起中枢脚。

（2）运球规则

1）运球开始。队员控制球后，将球掷、拍或滚在地面上，并在球触及另一队员前再触及球为运球开始。

2）运球结束。运球过程中，队员用双手同时触球或使球在一手或两手中停留的瞬间运球即完毕。具体情形包括：①投篮；②球被对方队员拍击；③传球或漏接，然后球触及了另一队员或被另一队员触及。

（3）球回后场规则

1）如何划分前、后场：对方球篮的端线与中线之间的场区（不包括中线）是某队的前场；本方球篮的端线与中线之间的场区（包括中线）是某队的后场。

2）如何判断球回后场：①某队在前场控制活球；②前场控制活球队的队员使球进入后场；③球进入后场后，最先触球的是控制球队队员，则构成球回后场违例。

（4）罚球规则

1）罚球队员规则。

① 可用任何方式投篮，但在可处理球时，必须在 5 秒内投球离手；投篮的球必须从篮圈上方进入球篮或触及篮圈。

② 在球触及篮圈前不得触及罚球线或罚球线前的地面。

③ 不得做假动作罚球。

④ 当球已在飞向球篮的途中不得触及球。

⑤ 罚则：违犯规则，罚中不得分；如果是仅有的一次罚球或是最末一次罚球，则将球判给对方队员在罚球线的延长部分掷界外球。

2）非罚球队员规则。

① 不得占据自己无权占据的位置区。

② 在球离开罚球队员的手之间不得进入限制区、中区区域或离开位置区。

③ 不得干扰罚球队员（指非罚球队）。

④ 当球已在飞向球篮的途中不得触及球；当球与篮圈接触时，不得触及球篮或篮板。

⑤ 双方队同时违例，违例不究，球中篮计得分；罚球不成功，由双方任一队员跳球重新开始比赛。

⑥ 罚球队员的同队队员违例，球中篮计得分；罚球不成功，判给对方队员掷界外球。

⑦ 罚球队员的对方队员违例，球中篮计得分；罚球不成功，判给罚球队员重罚一次。

（5）时间规则

1）3 秒规则。某队在场上控制球并且比赛计时钟正在走动时，该队队员不得在对方的限制区内停留超过持续的 3 秒。

2）8 秒规则。当一名队员在后场获得控制活球时，该队必须在 8 秒内使球进入前场。

3）24 秒规则。当一名队员在场上获得控制一个活球时，该队应在 24 秒内设法投篮，并且投篮的球只有在进入篮圈或触及篮圈时，24 秒装置才能复位。

（6）干扰球规则

1）当投篮的球在飞行中下落，并完全在篮圈水平面之上时，进攻或防守队员不可触及球；在投篮中，当球碰击篮板后并完全在篮圈水平面之上时也不可触及球。

2）当投篮的球接触篮圈时，进攻或防守队员都不得触及球篮或篮板。

3）罚则：①如果进攻队员违例，不能得分，将球判给对方队员在球线的延长部分掷界外球；②如果防守队员违例，判给投篮队员得2分；如在3分投篮区投篮则判得3分。

3．犯规部分规则

犯规是违犯规则的行为，包括与对方队员的身体接触或有违反体育道德的举止。

（1）犯规的类型及其罚则

1）侵人犯规及其罚则。

① 一般性侵人犯规。主要有阻挡、非法用手、拉人、推人、非法掩护、带球撞人等。在所有情况下都要登记犯规队员的每一次侵人犯规。如果对没有做投篮动作的队员犯规，则由非犯规队在距犯规地点最近的界外掷界外球；如果对已在做投篮动作的队员犯规，投球中篮，要计得分并判给一次罚球；如果2分投篮没有成功，则判给两次罚球；如果3分投篮没有成功，则判给3次罚球；如果是控制球队的队员发生犯规，由非犯规队在距犯规地点最近的界外掷界外球。

② 双方犯规。这是指两名对抗的队员大约同时发生接触犯规的情况。登记每个犯规队员一次侵人犯规，不判给罚球；如果犯规时，某队已经控制球或虽尚未控制球，但已拥有球权，则应判给该队掷界外球；如果双方犯规时，两队都不控制球，则由有关的队员在距违犯最近的圆圈内跳球；如果双方犯规的同时投篮有效并得分，则由得分队的对方队员在端线掷界外线。

③ 违反体育道德的犯规。这是指队员蓄意地、过分地对对方队员造成侵人犯规。登记犯规队员一次违反体育道德的犯规，判给非犯规两次罚球再加一次中点处掷界外球。

④ 取消比赛资格的犯规。这是指侵人犯规、违反体育道德的犯规以及技术犯规中任何十分恶劣的不道德犯规。登记一次取消比赛资格的犯规，判给非犯规队两次罚球再加一次中点处掷界外球。

⑤ 特殊情况下的犯规。这是指在一起犯规或一起违例后的同一个停止比赛计时钟期间，又发生一起或多起犯规。登记每个犯规队员一次犯规。

如果几乎同时宣判双方球队多起犯规，裁判员必须决定犯规发生的次序。双方球队的犯规涉及相同的罚则，它们要互相抵消；双方球队的犯规，不涉及相同的罚则，要按犯规发生的次序判罚和执行。

2）技术犯规及其罚则。技术犯规是指所有不包括与对方队员发生接触的犯规。主要包括队员技术犯规，教练员、替补队员或随队人员的技术犯规以及比赛休息时间内的技术犯规。

① 队员技术犯规。登记违反者一次技术犯规，判给对方一次罚球再加一次中点处掷界外球。

② 教练员、替补队员或随队人员的技术犯规。登记教练员一次技术犯规，判给对方两次罚球再加一次中点处掷界外球。

③ 比赛休息时间内的技术犯规。如果是队员犯规，则登记该队员一次技术犯规，判给对方两次罚球，该犯规要计入全队犯规之中。

如果是教练员或随队人员技术犯规，则对教练员进行登记，判给对方两次罚球，该犯规不计入全队犯规之中。

（2）全队犯规的处罚规则

1）在每节比赛中，当一个队的队员侵人犯规或技术犯规累计达 4 次时，所有以后发生的队员侵人犯规要判给对方两次罚球。

2）如果是控制球队的队员犯规，则判给对方掷界外球。

3）在任一决胜期内发生的所有全队犯规要看作第 4 节发生犯规的一部分。

第四章　排球运动

　　排球运动有着百余年历史，其技术动作细腻多样，战术形式丰富多彩，与比赛有关的几种主要基本技术较易学习掌握，排球场地、设施和规则也较简单，适合各种年龄、性别和不同训练程度的人群开展。排球运动对于提高人们的灵敏素质和弹跳力、培养团结协作和顽强拼搏的精神，有着良好的促进作用。

第一节　概　　述

　　排球运动是由两支人数相等的球队，在被球网隔开的两个均等的场地内，由一名队员在发球区内用一只手将球直接击过球网开始，双方根据排球规则以身体任何部位，运用垫球、传球、扣球、拦网等技术动作，将球从网上击入对方场区，而不使其在本方场区落地的、集体的、攻防对抗的体育运动项目。

一、排球运动的起源与发展

　　排球运动始于 1895 年，创始人是美国马萨诸塞州霍利约克城基督教青年会干事威廉·摩根。他在室内挂起约 2 米高的球网，以篮球胆为球，用手将球在网上拍来拍去，不使球落地，所以称为"空中飞球"。

　　美国虽是排球的故乡，但很长时间内并没有把排球运动列入体育运动竞赛项目，仅作为休闲和娱乐的一种游戏，所以其技术水平发展缓慢。排球运动传入亚洲的时间较早，约在 1900 年先后传入印度、中国、日本等国，经历了由 16 人制—12 人制—9 人制—6 人制的演变过程。当时场上每队 16 人，分成 4 排站立，每排 4 人，由于按"排"站立，故称排球。排球运动传入欧洲的时间晚于亚洲，约于 1917 年相继传入法国、俄国、捷克斯洛伐克等国。由于一开始传入的是 6 人制排球运动，其竞技性已渐成熟，所以欧洲排球运动发展较快。1964 年在东京举行的第 18 届奥运会把排球列为正式比赛项目。1965 年在华沙举行了首届男子排球世界杯赛，女子世界杯赛始于 1973 年的蒙得维的亚。20 世纪 80 年代末期，国际排球联合会（以下简称国际排联）又举办了世界排球联赛、大奖赛和世界沙滩排球锦标赛。1996 年，沙滩排球比赛和室内排球比赛在亚特兰大奥运会赛场上同时出现，这是一个运动项目两种比赛形式的首创。

二、排球运动在我国的发展

　　1905 年，排球运动传入我国，在相当长的时间内我国和亚洲其他各国开展的是 9 人制排球。9 人制排球运动在我国持续了 24 年之久，这期间我国运动员创造出不少具有很高水平和使用价值的技、战术，形成了我国排球运动的特色，其传统一直延续至今。从 1950 年开始，我国开始推广 6 人制排球，6 人制排球成为发展较快的运动项目之一。

随着国际交流的增多，我国从实际情况出发，吸取国外的先进经验，提出了"积极主动，灵活快速"的战术指导思想和"技术全面，战术多样"的训练方向，使我国排球技术水平提高较快。通过对排球运动规律的再认识，排球运动员创造性地发展了一系列快速多变的进攻战术，我国排球运动水平又有了一次新的飞跃：在 1977 年的世界杯排球比赛中，中国女排获第 4 名，中国男排获第 5 名。1981 年，中国女排力克群雄，首次夺取第 3 届世界杯冠军，以后相继在世界锦标赛、奥运会上夺冠，取得了"五连冠"佳绩。2003 年 11 月，在与世界冠军阔别 17 年后，新一代中国女排在日本的世界杯排球赛上续写了女排的光辉篇章，让中国女排荣膺"六冠王"。中国女排的拼搏精神受到全国人民赞誉，我国女子排球运动技术水平进入了世界先进水平行列。我国男子排球掌握了世界上一些先进技术打法，也有自己的一些特点，取得了一定的成绩。排球运动在我国有着广泛的群众基础，深受大学生的喜爱，特别是近年出现了一种使击球难度降低、游戏趣味性更浓、更适合广大青少年的"软式排球"，使排球运动在高等院校得到了进一步普及与推广。

三、排球运动的特点

排球运动的特点如下：

1）形式的多样性和广泛的群众性。排球运动的场地设备比较简单，地板上、沙地上、草地上、雪地上，甚至在水中也可以进行排球运动，其形式多种多样，比赛规则容易掌握且可以变通。参加的人数可多可少，运动负荷可大可小，适合不同年龄、性别、体质和训练程度的人在不同的环境条件下进行运动。

2）技术的全面性和高度的技巧性。排球竞赛规则要求队员进行位置轮转，任何位置的队员都要参与进攻和防守，每一个队员都必须全面地掌握攻、防技术。同时，排球比赛具有球不能落地、同一队员不得连续击球两次、每队击球次数又有规定等特点，决定了排球技术动作的精细性和高度的技巧性。

3）激烈的对抗性和严密的集体性。排球比赛中双方的攻防转换始终是在激烈的对抗中进行的，其对抗的焦点主要集中在网上的扣与拦之间。因此，排球比赛的双方都充分利用规则允许的 3 次击球机会，通过精心设计和巧妙配合，在瞬间完成快速的攻防布局和完美的战术组合，体现了严密的集体性。

4）轻松的娱乐性和高雅的休闲性。排球运动不拘泥形式，可支网相斗，亦可围圈嬉戏。只要有一块空间，尽可享受击技的乐趣。排球比赛隔网进行，双方斗技，没有身体接触，安全，是人们欢悦、休闲的理想运动方式。

排球运动与其他球类运动项目一样，通过训练能发展力量、弹跳、速度、灵敏、耐久力等身体素质，提高人体中枢神经系统和内脏各器官的功能，增进身体健康，并培养勇敢顽强、机智灵敏、吃苦耐劳、遵守纪律、团结友爱等集体主义的精神。

第二节　排球的基本技术

一、准备姿势和移动

准备姿势和移动是排球运动中各项技术的基础技术。准备姿势是移动的基础，只有准备姿势正确，才能及时、快速向各个方向移动。移动的目的是迅速地接近球，处理好人与球的合理位置。它是完成各项技术的重要条件，也是连接攻防技术的重要环节。

排球比赛情况错综复杂，来球方向变化不定，因此运动员在场上注意力必须高度集中，经常保持正确的准备姿势和快速移动，随时做到面向来球，加强预判，以便根据可能出现的情况和来球的性能，迅速起动和移动，及时做出相应的动作。其身体姿势：面对来球，双脚左右开立稍宽于肩，两膝弯曲成半蹲并稍内扣，脚跟微微提起，身体重心的着力点在前脚掌内侧。上体略前倾，两臂自然置放胸腹之间，两眼注视来球，保持一种"静中待动"的状态，如图 4-1 所示。

（a）侧面　　　　　　　　　　（b）正面

图 4-1　准备姿势

移动是由身体起动到制动之间的人体位移方法。排球场上的移动不只是向前的移动，而且是向各个方向的移动。移动速度的快慢取决于下面几种因素：预判和判断能力；从看到信号到做出动作的反应速度及起动的速度；移动步法的熟练程度及变向移动的能力；移动后的制动技术等。

常用的移动步法有并步、跨步、垫步（跨跳步）、滑步、交叉步、跑步和后退步等。

练习方法：可组成各种队列形式，根据教师的各种信号和手势，做各种移动动作练习等；利用抛向不同方向、落点的球，通过接、传球，做各种步法移动的练习等。

二、发球

发球是发球队员在发球区内，抛球后用一手将球从网上两标志杆内的空间击入对方场区的击球方法。发球在排球比赛中是进攻手段之一。比赛总是从发球开始的，有威力的发球可以起到先发制人、争取主动的作用。发球的目的在于争取直接得分，破坏对方的进攻战术，减轻我方的防守负担，创造反攻的有利条件。所以，发球既要有攻击性，又要有准确性。

不管采用哪种发球，必须做到：第一，抛球稳。单手或双手将球向上平稳地抛起，每次抛球的高度和身体的距离应基本固定。第二，击球准。用力方向必须和所要发出球的方向一致。第三，发球手法正确。击球的手法不同，发出球的性能也不同。如果发旋转球，要用手掌包住球，在击球时有推压动作。如果发飘球，手触球瞬间的动作方向（作用力）要通过球的重心。

1. 正面下手发球（以下均以右手为例）

正面下手发球的动作简单易学，发球失误少，容易发得准确，但速度慢，力量小，攻击性差。发球队员面对球网，两脚前后开立，左脚在前，左手持球于身前，将球平稳地向右肩上方抛起，高度适中，右臂同时后摆。击球时，右脚蹬地，身体重心前移，右臂伸直，以肩为轴，向前摆动到腹前，用虎口、掌根或手掌击球的后下部。随着击球动作重心前移，迅速入场，如图 4-2 所示。

图 4-2　正面下手发球

2. 正面上手发球

正面上手发球便于观察对方，容易控制球的落点。发球时，可以利用屈体动作，使发出的球力量大、速度快、弧度平，增强攻击性。动作要领：面对球网站立，左脚在前，右脚在后。发球时，左手（或双手）将球平稳地向右肩的前上方抛起，在抛球的同时，右臂抬起，并屈肘后引，肘部弯曲与肩平齐，手掌自然张开，上体稍向右侧转动，抬头，挺胸，展腹，身体重心移至右脚。击球时，利用蹬地转体和迅速收胸收腹的动作带动手臂迅速而猛烈地向前上方挥动，重心随之移至左脚，手臂伸直在右肩上方，以全掌击球的后下部，有力地将球击入对方场区。手触球时，手腕应有向前推压的动作，使球向前旋转飞行。击球后，右脚随着击球动作自然前移，迅速进场，如图 4-3 所示。

图 4-3　正面上手发球

3. 发球技术的练习方法

1）抛球练习，在有参照物（球网、篮圈）下练习抛球动作。要求抛球平稳。

2）面对球网，近距离发球，将球击向球网。体会发球技术动作的连贯性。

3）在端线后任一位置，发近、中距离球并发向指定对方不同区域。

三、垫球

垫球是用双臂或单臂利用来球的反弹力将球击出的方法，是接发球和后排防守的主要技术动作，是组织进攻和反攻战术的基础。其基本技术简单易学，双前臂夹紧击球面较平，控制球面较大，起球效果好，便于初学者掌握。但在比赛中将垫球技术熟练地运用于接发球和后排防守则不容易。所以，在学习中要多花时间，结合实战，加强训练。垫球分为正面垫球、体侧垫球、跨步垫球、背垫球，以及前扑、鱼跃等垫球动作。

1. 正面垫球

身体正面对准来球，呈半蹲姿势，两臂置于腹前。垫球时的手形：两手掌根紧靠，双手指重叠后互握，两拇指平行，手腕下压，手腕关节以上的前臂形成一个垫击的平面。两脚开立，稍宽于肩，一脚稍前，另一脚稍后（脚前后位置取决于队员场上的位置，左半场队员应左脚稍前，右半场队员应右脚稍前，中央队员则应双脚平行）。当球至腹前一臂距离时，双臂夹紧伸直插到球下，向前上方蹬地提肩送臂，用前臂腕关节以上 10 厘米左右桡骨内侧垫击球的后下部，如图 4-4 所示。身体重心随击球的动作前移，如图 4-5 所示。

图 4-4　垫球部位　　　　　　　　　　　图 4-5　正面垫球

2. 体侧垫球

来球飞向体侧来不及移动对正来球时，即要采用体侧垫球。如球从左侧飞来，左脚向外跨出一步，右脚前脚掌内侧蹬地，重心移至左脚，左膝弯曲。同时两臂向侧伸出，右肩微向下倾斜，使两臂击球面截住球飞行的弧线，两前臂并拢成一平面，用腰部发力，重心内转，两肩向前用力，稍有迎击动作，将球垫出。初学者不应过早学习体侧垫球，开始学习时还应该以移动到正面垫球为主，否则脚下移动步法将受到影响。

3. 垫球技术的练习方法

1）个人自然垫球或对墙垫球。
2）两人一组，做前后左右移动中垫回同伴的抛球。
3）两人一组，练习接垫隔网抛过来的球，进而隔网互垫。
4）正、侧垫球结合练习。体会腰、背、肩发力。
5）三人一组，半场接发球，一人发球、两人垫球。

四、传球

传球是进行比赛和组织各种战术的基础，是用手指、手腕的弹击力将球传至一定目标的击球方法，分为正面传球、背传球、侧传球和跳传球。在排球比赛中尽管垫球技术应用增多，但传球的作用仍是非常重要的，特别是作为组织进攻的第二传有其特殊的重要意义。上手传球的优点是便于控制球，准确性较高。一个队只有掌握熟练而准确的传球技术，才能在比赛中取得良好的成绩。

1. 正面上手传球

传球的种类很多，正面上手传球是最基本的方法，只有打好上手传球的基础，才能进一步掌握和运用其他各种传球技术。正面上手传球的动作要领：正面对准来球，两脚左右开立，约同肩宽，左脚稍前，后脚跟稍提起，两膝半屈，上体稍前倾。双手抬起，手与球的击球点一般在脸前，当来球距脸前约一个球的距离时，双手要主动地做击球的动作。当手触球时，传球的手形应该是：手腕稍后仰，两手张开，手指微屈呈半球状，小指在前，拇指相对呈"一"字形，如图4-6所示。传球时，要利用蹬地伸膝向上展体和伸臂的动作，用协调力迎接球，并以拇指、食指、中指负担球的压力，无名指和小指帮助控制球，如图4-7所示。触球时，手指和手腕应保持一定的紧张程度。击球点在额前上方约15厘米，利用手指、手腕和手臂的力量，配合双脚蹬地、伸膝和身体协调动作将球传出。但随着传出球的弧度、方向等变化，手与球的接触点也应有所变化。

图4-6　手触球时的手形　　　　　　　　　　　图4-7　传球时的手形

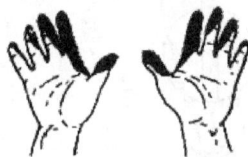

2. 调整传球

当接发球和防守起的球，无法进行近网传球时，由二传或其他队员将球传给扣球队员进攻，这种传球称调整传球。调整二传时应注意以下几点：

1）要选择好传球方向、高度和落点，尽量传给扣球适应能力较强的队员。

2）要尽量缩小传球路线和球网之间的夹角。

3）传球高度要适宜，以使扣球队员有充分的反应时间。

4）由于调整传球比正常传球路线较远，要尽量发挥全身协调一致的力量。

3. 传球技术的练习方法

1）两人一组，一人做好传球准备姿势，另一人持球稍用力放在传球人的手形上。体会传球时全身协调用力及正确的传球手形。

2）两人一组。一抛一传或对面连续传球。

3）四人一组。一边两人，相距4～6米，对面传球，球传出后队员随球跑动和对面交换位置。

4）两人一组。平行于球网，对面移动传球。要求传球有一定准确性。

五、扣球

扣球是指队员跳起，在空中将高于球网上沿的球击入对方场区，是进攻中最有效的技术，是得分的重要手段。强有力的、富有战术目的的扣球，可使对方难于防守和组织反击。扣球是完成战术配合的最后一击。成功的扣球必须有良好的一传和二传（或拦网、防守）的密切配合，而扣球的威力应体现在速度、力量、高度、变化、技巧等方面。扣球分为正面扣球、扣近体快球、勾手扣球、单脚起跳扣球和调整扣球等。这里主要介绍正面扣球和扣近体快球。

1. 正面扣球

正面扣球是扣球最主要的方法，其特点是面对球网，便于观察，准确性强，能根据对方的拦网情况变化各种不同的线路，能适应扣近网、远网、集中和拉开各种不同的球，并能演变出快球、平快球、"时间差"等扣球技术。动作要领：助跑时，左脚向前迈一步，右脚再迅速跨出一大步，左脚及时并上。在助跑跨出最后一步时，两臂经体侧向后引。左脚在并上踏地制动过程中，双臂从后积极向前摆动。在向上摆臂的同时，两腿从弯曲制动的最低点，用力蹬地向上起跳。起跳后，挺胸展腹，手臂上举、提肩抬肘，身体呈反弓形。左臂稍屈置于体前，右臂屈肘举起，肘关节高于肩关节。右手置于头的侧上方，手掌自然张开呈勺形。击球时，要用全掌包住球的后上部，利用转体收腹，上臂带动前臂。手腕如鞭打动作快速挥击，在右肩前上方最高点击球，将球扣入对方场区。落地时，尽量争取两脚同时落地，并顺势屈膝、收腹，以缓冲身体下落冲力，如图 4-8 所示。

图 4-8　正面扣球

2. 扣近体快球

扣近体快球的助跑角度一般以 45° 为宜。助跑速度的快慢，要根据一传弧度的高低和距离的远近而定。若一传弧度较平，距离较远，应立即上步；若弧度较高，距离较远，可边判断边上步。当球快要落到二传的手上时，扣球手应在二传的前面约一臂距离处迅速起跳。当球上升到网上沿一定高度时，应迅速挥甩手腕抽击球的后上方。

3. 扣球技术的练习方法

1）两人一组，原地自抛自扣。体会扣球时腰、腹、上臂和前臂的发力动作。

2）结合助跑起跳扣空中固定球。体会击球时的连贯技术动作。

3）对墙连续扣反弹球。

4）轮流扣球，由人抛球，练习者在 2 号位、4 号位扣球。体会扣球时助跑起跳动作，重点解决起跳时间和起跳点的问题。

5）串联技术，5 号位一传，3 号位二传，2 号位、4 号位扣球。

6）练习扣 3 号位半快球与快球。

六、拦网

拦网是队员在球网上空拦阻对方击球的方法，是防守的第一道防线，是反攻的重要环节，也是得分的主要手段。成功的拦网会造成对方队员心理上的压力，特别是成功的集体拦网可形成严密的第一道防线。因此，拦网的作用已不是消极的拦阻和被动的防守，而具有强烈的进攻性。拦网可分为原地起跳拦网和助跑起跳拦网；单人拦网和集体拦网（双人拦网、三人拦网）。

1. 单人拦网

单人拦网的技术动作由准备姿势、移动、起跳、空中拦击和落地 5 个部分组成。拦网时，除应掌握上述技术，还应有准确的判断能力，以便准确地选择起跳地点、拦网时间和空间。拦网队员在判断对方进攻点位置的同时，应立即移动选位准备起跳，一般采用顺网平行移动。其步法有并步移动、交叉步、向前或斜前移动等。起跳时两臂自然弯曲置于胸前，面对扣球方向，两脚屈膝用力蹬地，两臂由体侧前方画小弧用力上摆，身体垂直向上起跳。起跳的时间，要根据球的高低远近而定，一般拦高球或远网球，起跳时间要比扣球起跳慢一些，拦平快扣球的起跳就要早一些。起跳后双臂顺网上伸，稍微收腹。两臂伸直后尽力伸向对方上空，接近球时两手尽力张开，屈指屈腕呈勺形。当球触手后，双手要突然紧张，积极主动下压捂住球体的前上方。身体下落时，要轻微收腹，屈膝缓冲避免身体触网，如图 4-9 所示。

图 4-9　单人拦网

2. 集体拦网

集体拦网是两人或三人配合的拦网方法，是在单人拦网动作基础上组成的，一般以两人拦网运用最多。集体拦网的关键是协调配合，以发挥其集体的威力。在队员之间相互配合时应注意以下几点。

1）分工要明确，一般以弹跳力强、身材高大、拦网效果好的队员为主。

2）拦网时手臂不要互相重叠，间距不宜太宽，要形成较大的拦击面。

3）队员移动后要垂直起跳，避免相互冲撞干扰拦网。

4）站位要适当，判断要准确，配合要密切，避免各行其是。

3. 拦网技术的练习方法

1）徒手起跳，做拦网动作练习。

2）降低网高，两人一组，一人作为目标，另一人随对方移动起跳，隔网做击掌练习。

3）教师站立高处抛扣球，队员轮流起跳拦网。体会空中拦网动作。

4）教师抛球，队员一组在 4 号位扣球，另一组在对方 2 号位做拦网练习。

第三节　排球的基本战术

战术是指比赛双方运用进攻与防守的对抗，并结合临场变化，合理地运用技术，有组织有针对性的配合行动。一个队的战术水平往往反映着该队的技术水平，因为只有全面、准确、熟练地掌握基本技术才可能形成战术。排球的基本战术分为个人战术和集体战术。

一、阵容配备

阵容配备是合理地搭配本队队员的一种组织手段，主要有 3 种形式。

1）"三三"配备。由 3 名进攻队员和 3 名二传队员组成，此种形式的战术形式简单，攻击力较弱，适合于初学者。

2）"四二"配备。由两名主攻队员、两名副攻队员和两名二传队员组成，队员分别对角站立。这种阵容配备便于采用"中一二"和"边一二"进攻战术。前排始终保持两名进攻队员和一名二传队员，这样能够组织多种战术配合，充分发挥本队的进攻力量。

3）"五一"配备。由一名二传队员和 5 名进攻队员组成。这种配备形式攻击力强，能组织多种战术体系。二传队员在前排时，能组织"中一二""边一二"进攻战术。二传队员在后排时，可采用插上战术，保持前排三点进攻。具有一定水平的队多采用此种阵容配备。

二、交换位置

为了解决某些轮次上进攻和防守力量的搭配及阵容配备上的某些缺陷，以便有效地组织攻防战术，规则允许，在发球击球后，双方队员可以在本场区内任意交换位置。交换位置的主要目的是充分发挥每个队员的专长，以取得扬长避短的效果。前排队员之间的换位，主要是为了便于进攻战术的实施和拦网实力的调整。前后排队员之间的换位，主要是为了保持前排三点进攻。后排队员之间的换位，是为加强后排重点部位的防守。

三、信号联系

排球运动是一个集体项目，在实现快速多变的进攻战术时，必须通过信号联系才能统一行动。一个队的战术信息力求简单、清晰、本队队员明了。

语言联系：使用语言直接进行联系。

手势信号：通过事先约定的各种手势，进行规定的战术配合。

落点信号：以起球后的落点，作为发动某种进攻的信号。

综合信号：以手势信号为主，辅以落点信号、语言信号及教练员的体态、暗示等。

四、"自由人"运用

合理地选择并运用"自由人"是战术运用的一个方面。"自由人"专司接发球和后排防守，其上下场之间只需经过一次发球比赛过程，换人不计为正规换人次数，且次数不限。"自由人"又可在当前排进攻、拦网队员体力下降需要休息并轮到后排时替换而上，因此，选择接发球和后排防守技术高超的队员作为"自由人"，能大大提高全队的防守水平。

五、接发球阵形

在选择接发球阵形时，不仅要考虑应有利于接球，还要考虑本方所采用的进攻及对方发球的特点。按人数来分，接发球阵形有 5 人接发球、4 人接发球、3 人接发球等。接发球的基本要求是正确判断、合理取位、明确职责、分工配合，即"远飘、轻飘点分散，平快、大力一条线"。这里介绍几种 5 人接发球阵形及其变化。

1. "W"站位阵形

初学者打比赛多采用"中、边二传"进攻阵形，一般站成"W"形，也称"一三二"形站位。这种阵形队员分布均衡，职责分明，但队员之间的"接合部"较多，如图 4-10 所示。

2. "M"站位阵形

"M"站位，也称"一二一二"站位，队员站位分散而均匀，分工明确，适合接落点分散、弧度高、速度慢的下沉飘球，不利于接大力球和平飘球，如图 4-11 所示。

3. "一"字站位阵形

采用"一"字形站位是对付跳发球、大力发球、平冲飘球的有效站位。接发球时，5 名队员"一"字排开，左右距离较近，每人守一条线，互不干扰，如图 4-12 所示。

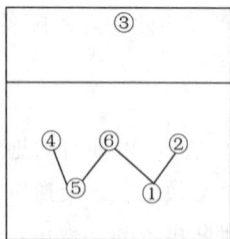

图 4-10　"W"站位阵形　　　图 4-11　"M"站位阵形　　　图 4-12　"一"字站位阵形

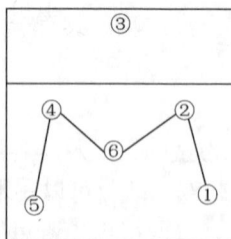

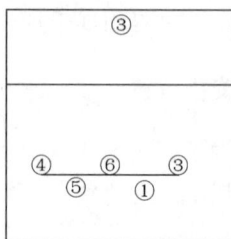

六、"中一二"进攻战术

"中一二"进攻战术是最基本、最简单的战术形式，由 3 号位队员二传，2、4 号位队员进攻，如图 4-13 所示。其特点是比较容易组织，初学者易掌握，但只能两点进攻，变化少，进攻意图易被对方识破。

七、"边一二"进攻战术

"边一二"进攻战术是指由 2 号位队员担任二传，3、4 号位队员进攻，如图 4-14 所示。如由 4 号位队员担任二传，由 3、2 号位队员进攻，称为"反边一二"进攻战术。它相比较

"中一二"战术变化多些，难度大，战术配合也较复杂。由于两名进攻队员的位置相邻，便于进行互相掩护配合，可以组织更多的战术配合，它的突然性和攻击性程度比"中一二"进攻战术高。

八、"后排插上"进攻战术

"后排插上"进攻战术是现代排球先进战术的主要形式，是在"中、边一二"进攻战术的基础上发展起来的，如图4-15所示。因此，"中、边一二"进攻战术中各种战术配合均可在"后排插上"战术中加以运用和发挥。由于此种战术有3名进攻队员参加进攻，可充分地利用网的全长组织进攻，而使进攻点增多，战术配合更加复杂多变，因此，战术更具有突然性大、进攻点多的特点。

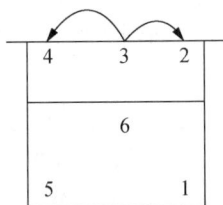

图4-13 "中一二"进攻战术　　图4-14 "边一二"进攻战术　　图4-15 "后排插上"进攻战术

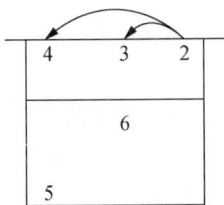

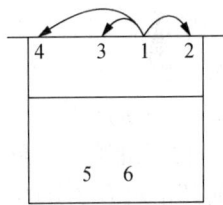

九、"边跟进"防守战术

拦网与后排防守的配合是防守成功的关键。比赛中常采用单人、双人和三人拦网，其中双人拦网是常采用的。在双人拦网情况下，此种防守方法：前排3名队员要形成面对进攻点的弧形防守区域，并明确各自防守区域和范围。前排两名队员组成拦网，后排1号或5号位队员跟进到进攻线附近保护。在对方攻势较强、吊球较少情况下采用该阵形。

十、"心跟进"防守战术

"心跟进"防守是比赛中常采用的一种防守形式，是由6号位队员跟进保护，防吊球的防守形式，在对方进攻力量不太强、善于打吊结合时采用。此种防守方法：前排不参加拦网的队员要及时后撤到限制线以后，准备防守，后排1号、5号位队员应随着对方进攻点的不同正确取位。此种形式的特点：网前有专人负责保护拦网，便于防吊球和接应拦网的反弹球，中心场地比较充实，有利于接应和组织反击。其不足是后排防守力量相对有所减弱，后场两侧空隙较大。在对方吊球较多的情况下采用该阵形。

第四节　排球比赛的场地、设备及规则简介

一、场地、设备

1）比赛场区长18米，宽9米。地面必须是平坦、水平的，并且是划一的。球场边线长18米，宽9米，中间为中线将球场分成两个半场。两半场离中线3米处各有一条限制线。所有的线宽5厘米，线的宽度均包括在场区内。发球区短线15厘米与端线垂直并距端线20

厘米，两条短线画在两条边线的延长线上。

2）球网为黑色，长9.50米，宽1米，网眼直径10厘米。标志杆长1.80米，分别设置在标志带的外沿，并高出球网80厘米。标志带宽5厘米，分别设置在球网两端并垂直于边线。

3）球网高度男子为2.43米，女子为2.24米。球网两端的高度必须相等，并不得超过规定网高2厘米。

二、比赛规则

1. 胜1分、胜1局、胜1扬

1）胜1分。比赛采用每球得分制，胜1球即得1分。如果是发球队则得1分并继续发球，如果是接球队则得1分同时获得发球权。如果双方队员同时犯规，则判"双方犯规"，不得分，由原发球队重新发球。

2）胜1局。比赛的前4局以先得25分并同时超出对方2分为胜1局。当比分为24∶24时，比赛继续进行至某队领先2分为胜1局（如26∶24、27∶25）。决胜局以先得15分并同时超出对方2分的队获胜。当比分为14∶14时，比赛继续进行至某队领先2分为止（如16∶14、17∶15）。

3）胜1场。正式比赛采用5局3胜制，最多比赛5局，先胜3局的队为胜一场。

2. 界内外球

1）球触及比赛场区地面包括界线为界内球。

2）球体完全触及界线以外地面，触及场外物体、天花板或非比赛成员，触及标志杆、网绳、网柱或球网标志杆以外部分、球的整体或部分从非过网区完全越过球网的垂直面等为界外球。

3. 发球犯规

1）发球犯规：未按照位置表所登记发球次序；裁判员鸣哨后5秒之内未将球击出；球未抛起或未使持球手撤离就击球；击球时，脚踏及端线或踏过发球区短线。

2）重新发球：裁判员鸣哨前的发球；因特殊情况，裁判员认为有必要停止比赛；球被抛起或持球撤离后，未触及发球队员而落地，被认为发球失误，允许再次发球，发球队员必须在再次鸣哨后的3秒之内将球发出。

3）发球击球后犯规：球触网后落入本方场内或场外；球触发球队队员；没有通过球网的垂直平面；发球队的队员利用掩护阻挡对方观察发球队员和球的飞行路线；球落在界外。

4. 位置错误

当发球队员击球的瞬间，双方任何一名队员不在其规则规定的位置上，则构成位置错误犯规。上述规定，均以队员脚的着地部位来确定。当发球队员击球犯规与对方位置错误同时发生时，则被认为发球犯规在先而判。如果是发球队员击球后的犯规，则位置错误在先，判位置错误犯规。

5. 击球时的犯规

击球时的犯规：一个队连续触球 4 次（拦网除外）；队员在场内借助同伴或任何物体的支持进行击球；击球时必须清晰，如一名队员击球时，接触时间长，使球停滞，为"持球"犯规；在第一次击球时 （拦网、腰部以上触球除外），允许身体不同部位在同一击球动作连续触球。其他情况下一名队员两次触球有先后，则判"连击"。

判断后排队员进攻性击球犯规必须同时具备以下条件：后排队员在前场区，或踏及限制线及延长线；击球时整个球体高于球网上沿。

6. 在球网附近的犯规

只有击球活动在进攻区时，队员触网才为犯规。队员无意识、轻微、不影响比赛的触网和由于球被击入球网而造成球网触及队员则不判犯规；拦网时，允许越过球网触球，但在对方进行进攻性击球前或击球时，在对方空间触及球则判过网击球；队员的一只脚或一双脚越过中线触及对方场区的同时，脚的一部分还接触中线或置于中线上空是允许的。除脚以外，队员身体的任何部分都不允许接触对方场区；队员在不妨碍对方比赛的情况下，允许在网下穿越进入对方空间，但妨碍对方比赛的则判犯规。

7. 拦网犯规

队员在对方进攻性击球前或击球时，在对方空间拦网触球为过网拦网犯规；后排队员靠近球网处参加集体拦网，并将手伸向高于球网处阻挡对方来球，即使本人未触球，只要集体拦网成员的任何队员触球，也判后排队员拦网犯规。拦对方发过来的球为拦发球犯规。

8. 暂停与换人

第1～4局，每局有两次技术暂停，各为 1 分钟，每当领先队达到 8 分或 16 分时自行执行。每队每局还有两次机会请求 30 秒的普通暂停。决胜局无技术暂停，每队在该局可请求两次 30 秒普通暂停。每局每队最多可替换 6 人次，可以同时替换 1 人或多人。每局开始上场阵容的队员在同一局中可以退出比赛和再上场各一次，而且只能回到原阵容的位置上。替补队员每局只能上场一次，替补开局上场阵容的队员，而且他只能由被他替换下场的队员来替换。每换 1 人计为 1 人次。当某一队员受伤不能继续比赛时，须进行合法替换。如果不可能进行合法替换，可采取特殊替换。如果合法替换和特殊替换均不能进行，则给予受伤队员 3 分钟的恢复时间。如果仍不能进行比赛，该队被宣布为阵容不完整，比赛结束，保留该队所得分数和局数，判该队输掉该局或该场，并给对方胜该局或该场比赛所必要的分数和局数。

9. 后排队员进攻性击球犯规

后排队员在前场区或踏及进攻线，击整体高于球网上沿水平面的球，并使球的整体由过网区通过球网垂直面或触及对方拦网队员，则为后排队员进攻性击球犯规。

第五章 足球运动

足球运动是受人喜爱、开展广泛、影响较大的体育运动项目。一场精彩的足球比赛，吸引着成千上万的现场观众及数以亿计的电视观众。据不完全统计，现在世界上参加比赛的球队约为80万支，登记注册的运动员约4000万人，其中职业运动员近10万人。

第一节 概 述

一、足球运动的起源与发展

足球运动是一项古老的运动项目。公元前，中国就有了用脚踢球的游戏。在欧洲，古时也有苏里特游戏、萨依游戏等。虽然名称不同，时间不一，游戏方法也不尽相同，但都属于足球游戏的范畴。

根据史料记载，世界最早的足球是中国古代的"鞠"——内充毛发之物，外裹皮革之"毯"。古代足球称为"蹴鞠"或"蹋鞠"，最早发明灌气的球的也是我国。2001年国际足球联合会（以下简称"国际足联"）宣布足球起源于中国。

16世纪以后，足球游戏在欧洲一些国家盛行起来。1857年，英国成立了第一个足球俱乐部。1863年10月26日，由伦敦11个最主要的俱乐部和学校，在伦敦的弗里森酒店举行会议创立了英格兰足球协会，同时产生了世界上第一个统一的足球规则，共有14条。这一日被世界公认为现代足球的诞生日，所以又有人认为现代足球运动起源于英格兰。

由于在欧洲许多国家已成立了足球协会，国际间的比赛增多，形势发展迫切需要成立一个世界性足球组织。1904年5月21日，由法国、比利时、丹麦、荷兰、西班牙、瑞士、瑞典7个国家发起成立了国际性足球组织——国际足联。

从1896年第1届现代奥运会举办以来，奥运会足球比赛每4年举行一届。除1916年、1940年、1944年因世界大战未举行奥运会外，只有1932年洛杉矶奥运会上没有足球比赛项目，奥运会足球比赛分配名额是欧洲（包括以色列）5.5席，南美洲2席，亚洲3席，大洋洲0.5席，中北美及加勒比海地区2席，非洲3席。1996年第26届奥运会上将女子足球首次列为正式比赛项目，参加决赛阶段比赛的有8支队伍。1993年国际足联执行委员会决定，允许每支参加奥运会足球决赛队有3名年龄超过23岁的队员。

1928年，国际足联在荷兰首都阿姆斯特丹举行会议，决定以后每4年举行一届世界足球锦标赛；决定1930年的比赛在乌拉圭首都蒙得维的亚举行第1届世界足球锦标赛；决定设专门的流动奖杯——"雷米特杯"（也叫"金女神杯"），规定如果哪个国家3次获得冠军，将永久占有这座奖杯。1970年巴西首次第3次获得冠军，永久地占有了这座"金女神杯"。

1971年国际足联重新制作了新的奖杯，命名为"国际足联世界杯"，并规定此杯为永久性流动杯。

世界杯足球赛至今举办了 20 届（1942 年和 1946 年因第二次世界大战中断）。除此之外国际足联还举办了 19 岁以下世界青年比赛、17 岁以下少年比赛、5 人制比赛、世界杯女子足球锦标赛、世界俱乐部锦标赛等多项足球赛事。

二、足球运动在我国的发展

现代足球运动是在 19 世纪中期鸦片战争后传入我国并逐渐发展起来的。最初，足球运动只在上海和香港等城市的一些教会学校中开展。中华人民共和国成立前，虽然在全国性运动会上有了足球比赛，但参加的队较少，运动水平也不高。

中华人民共和国成立后足球运动才真正得以发展。20 世纪 50 年代初，我国派青年足球队去当时的足球强国匈牙利学习，使我国足球技术水平有了较大的提高。1960 年我国获"中、朝、越、蒙四国足球对抗赛"的冠军，出现了我国足球运动的第一个高潮。

1954 年我国制定了全国竞赛制度，其中包括甲、乙级升降制度，全国青年足球赛制度，全国少年足球锦标赛制度等。以后又设立了"萌芽杯""幼苗杯""希望杯"足球赛。所有这些对促进我国足球运动的发展起到了积极的作用。

目前中国足球水平总的趋势是起伏波动的，未能有较大的突破。从整体水平看，我国足球水平与世界先进水平相比还存在较大的差距，要与欧美强队抗衡还须经过相当艰苦的努力。为了尽快缩短这一差距，早日冲出亚洲赶超世界先进水平，国家体育总局正以足球改革为突破口，大胆地进行着中国足球俱乐部制和职业化道路的探索。

值得一提的是我国女子足球，20 世纪 80 年代初才开始起步，但进步幅度大，现已为亚洲冠军、世界的劲旅。1988 年 11 月，在我国广州举办了第 1 届世界杯女子足球赛。1996 年，在美国亚特兰大举行的第 26 届奥运会上我国女子足球获银牌。

第二节　足球的基本技术

足球技术是指运动员在足球比赛中所采用的合理动作的总称。足球运动是一项技术动作相当复杂的运动项目。根据足球比赛队员在场上分工和技术特点可分为锋卫队员技术、守门员技术和有球技术、无球技术。本节就有球技术和守门员技术来进行详细讲解。

一、有球技术

1. 颠球

颠球可分为拉挑球、脚背正面颠球、脚内侧颠球、脚外侧颠球、大腿颠球、头颠球、肩颠球和胸部颠球。

1）拉挑球。支撑脚站在球的后方约 30 厘米处，膝关节微屈，身体重心在支撑脚，拉挑球脚的脚前掌踩在球的上方并向后轻拉，在球开始向后滚动的同时，脚掌着地，脚尖插向球的底部，脚尖微翘向上挑起。

2）脚背正面颠球。支撑脚微屈，当球落至低于膝关节时，颠球脚向前甩动小腿，脚尖微翘用脚背击球的底部，将球向上颠起。

3）大腿颠球。当球落至接近髋关节高度时，颠球的大腿屈膝上摆，当大腿摆到水平状态时，击球的底部，将球向上颠起。

4）颠球技术的练习方法和顺序：①原地颠手坠的下落球；②原地拉挑球练习；③原地拉挑球接颠球；④原地拉挑球接左右交替颠；⑤原地拉挑球接左右交替颠不高于膝的球；⑥原地拉挑球接高低交替颠球（三四次低球，1 次高球）；⑦多部位交替颠球；⑧颠球过顶转身再接颠球；⑨二人对颠。

2. 踢球

踢球的部位有脚内侧、脚背正面、脚背内侧、脚背外侧、脚跟、脚尖。该技术由助跑、支撑脚站位、踢球腿的摆动、脚触球、踢球后的随前动作组成。

（1）脚内侧踢球

用脚的内侧踢地滚球时应直线助跑，支撑脚踏在球的侧方 15 厘米左右，膝关节微屈，在支撑脚着地的同时踢球腿以髋关节为轴由后向前摆，在前摆过程中屈膝外展，踢球脚的脚内侧正对出球方向，小腿急速前摆，脚尖翘起，脚底与地面平行，击球的后中部，踢球脚随球前摆落地，脚内侧可以踢定位球，直接踢由各个方向来的地滚球、反弹球、空中球。

用脚内侧踢空中球时原地或跑上前迎球时，踢球腿屈膝提起，大腿外转；小腿摆动使脚内侧正对来球，然后击球后中部。

（2）脚背正面踢球

脚背正面可以踢定位球、空中球、反弹球、倒钩球等。脚背正面踢地滚球时直线助跑，最后一步稍大并要积极着地，支撑脚站在球的侧方约 10 厘米，脚尖正对出球方向，膝关节微屈；摆动腿要在准备做支撑的脚前跨和助跑的最后一步蹬离地面时，顺势向后摆起，小腿微屈。在支撑脚着地的同时，以髋关节为轴，大腿带动小腿由后向前摆，当膝关节摆至接近球的正上方的瞬间，小腿做爆发式前摆，以髋关节为轴，大腿带动小腿由后向前摆，脚背绷直，脚趾扣紧，以脚背正面击球的后中部，踢球腿提膝随球继续前摆。

脚背正面踢反弹球时应准确判断球的落点；当球将要落地时，快速前摆小腿；在球刚反弹离地时，以脚背正面击球的后中部。

（3）脚背内侧踢球

脚背内侧可以踢定位球、地滚球、过顶球、弧线球和转身踢球。脚背内侧踢地滚球时，斜线助跑（助跑方向与出球方向约为 45°），支撑脚是以脚掌外沿积极着地，踏在球的侧后方 20～25 厘米处，膝关节微屈，脚尖指向出球方向，身体稍向支撑脚倾斜。在支撑脚着地的同时踢球腿以髋关节为轴，大腿带动小腿由后向前摆。当身体转向出球方向，膝盖摆至接近球的内侧上方，小腿做爆发式前摆，脚尖稍外转，脚背绷直、脚趾扣紧，脚尖指向斜下方，以脚背内侧踢球的后中部（踢过顶球时，踢球的后下部）。

（4）脚背外侧踢球

脚背外侧可以踢直线球、弧线球及弹拨球和蹭踢球。脚背外侧踢直线球时，助跑、支撑脚的站位和踢球腿的摆动，基本上与脚背正面踢球相同，但是踢球腿的膝盖摆至接近球的正上方的瞬间，小腿做爆发式前摆，膝盖、脚尖内转，脚背跖屈，脚趾扣紧，以脚背外侧踢球的后中部，踢球腿提膝随球继续前摆。

（5）踢球技术的练习方法

1）先做助跑和支撑脚站位的练习，然后做助跑、支撑脚站位、踢球的练习。

2）踢踩球，主要体会助跑及助跑后的支撑脚的站位。

3）对墙踢球练习。开始离墙3～5米，用力要小，然后逐渐加长距离和加大力量。

4）两人一组或3人一组做踢球练习。

3. 停球

停球部位有脚内侧、脚底、脚背正面、脚背外侧、胸部和大腿。

（1）脚内侧停球

脚内侧停地滚球时，根据来球路线选择停球位置并及时移动到位。支撑脚正对来球，膝关节微屈。停球腿屈膝外展并前迎，脚尖翘起，当脚与球接触前的瞬间开始后撤，在后撤过程中用脚内侧触球，把球控制在衔接下一个动作需要的位置上。

脚内侧停反弹球时，支撑脚踏在球的落点的侧前方，膝关节微屈，上体稍前倾并向停球方向微转，同时停球脚提起，踝关节放松，脚内侧对准球的反弹路线，当球落地反弹时，用脚内侧挡压球的后中部。

（2）脚底停球

脚底可停地滚球和反弹球。

1）停地滚球时面向来球，支撑腿踏在球的侧后方，膝关节微屈，脚尖正对来球，同时停球脚提起，膝关节自然弯曲，脚尖翘起高于脚跟（脚跟离地稍低于球）。踝关节放松，用脚前掌挡压球的中上部。

2）脚底停反弹球时，支撑腿站在球的落点的侧后方。停球腿屈膝抬起，当球落地的瞬间，脚尖上翘，小腿稍前倾，用脚掌覆盖球的反弹路线上，触压球的后上部。

（3）胸部停球

胸部停球分为挺胸和收胸两种方法。挺胸法准备停球时，稍收下颌。当球运行到与胸部接触前的瞬间，两脚蹬地上挺的同时屈膝，上体后仰，用胸大肌触球。采用收胸法准备停球时，两脚前后开立，身体重心前移，挺胸迎球。当球运行到与胸部接触前的瞬间，重心迅速后移的同时收胸、收腹挡压或拍击球。

（4）大腿停球

大腿停高球时，停球腿屈膝抬起，以大腿中部对准落下的球，肌肉适当放松。当大腿与球接触的瞬间，快速后撤，将球挡落在体前衔接下一个动作需要的位置上。

大腿停低平球时，停球腿以大腿中部对准来球，屈膝前迎，肌肉适当放松。当大腿与球接触前的瞬间，快速后撤，将球挡落在衔接下一个动作需要的位置上。

（5）脚背正面停球

停球脚提起迎球，以脚背正面对准下落的球。在脚背与球接触前的瞬间开始下撤，在下撤过程中用脚背正面触球的底部，使球落在体前适当的位置上。

（6）停球技术的练习方法

1）先练习停地滚球，依次练习反弹球和空中球。

2）停地滚球练习，两人相距6～8米相对站立。

3）两人互抛互停反弹球、空中球（包括用大腿、胸部、脚底、脚内侧、脚背正面）。

4）结合踢球技术进行停球练习。

4. 头顶球

头顶球分为前额正面顶球和前额侧面顶球,这两个部位都可以做原地、跳起和鱼跃顶球。

（1）原地前额正面顶球

身体正对来球,两脚前后或左右开立,膝关节微屈,上体稍后仰,重心放在后脚,两臂微屈自然张开,眼睛注视来球,当球运行至身体垂直面前的瞬间,后脚用力蹬地,身体重心由后脚移向前脚的同时,迅速向前摆体收下颌,颈部紧张,快速甩头,用前额正面顶球的后中部。

（2）原地跳起前额正面顶球

准备起跳时,两腿屈膝,重心下降,然后两脚同时蹬地,两臂屈肘上摆向上跳起,在跳起上升过程中挺胸展腹,两臂自然张开,眼睛注视来球。在跳起到达最高点准备顶球时,身体呈背弓状。当球运行到身体的垂直面前的瞬间,快速收胸折体前屈并甩头,用前额正面将球顶出。顶球后两腿同时屈膝、屈踝落地。

（3）头顶球技术的练习方法

1）做顶球的各种模仿练习。

2）顶手持球,持球者把球放在练习者的额前,让练习者体会顶球部位和顶球动作。

3）自抛和互抛顶球。

4）顶脚踢球。

5. 运球

运球分为脚背正面运球、脚背内侧运球、脚背外侧运球和脚内侧运球。

（1）脚背正面运球

跑运时身体自然放松,上体稍前倾,两臂屈肘自然摆动,步幅适中,运球脚提起,膝关节微屈,脚跟提起、脚尖向下,在迈步前伸着地前,用脚背下面推球前进。

（2）脚背内侧运球

脚背内侧运球适合于变向运球,多在向里改变方向并需要用身体掩护球的情况下使用。运球跑动时身体放松,步幅稍小,上体稍倾并向运球方向扭转,双臂屈肘自然摆动,膝关节微屈,脚跟提起,脚尖稍外转,在迈步前伸着地前,用脚背内侧推拨球前进。

（3）脚背外侧运球

在快速奔跑和向外改变方向时使用,步幅适中,运球脚提起,膝关节微屈,脚跟提起,脚尖稍内转,在迈步前伸着地前,用脚背外侧推拨球前进。

（4）脚内侧运球

脚内侧运球是运球技术中速度最慢的一种运球动作,当运球靠近对手,需要牢固地控制好球而用身体掩护时,可采用此技术。运球跑动时,支撑脚稍向前跨踏在球的侧前方,膝关节微屈,上体稍前倾并向里转。随着身体前移运球脚提起脚内侧对球,推球前进。

运球时常用的动作:拨球、扣球、拉球、挑球。

1）拨球是用脚腕的扭拨动作,以及脚背内侧或脚背外侧触球,使球向侧方或侧前方运动。

2）扣球是指用突然的转身和脚腕急转扣压动作以脚背内侧或脚背外侧触球,将球向侧后方停下或改变方向运行。

3）拉球是指用脚掌将球由前向后或由左（右）向右（左）拖拉球的动作。

4）挑球一般是指和脚背与脚尖翘起上挑的动作或用脚背上撩的动作。

（5）运球过人

1）强行过人，是以突然推球与快速起动相结合的动作越过对手的过人方法。

2）晃拨过人，是以左晃右拨或右晃左拨的动作而超过对手的过人方法。

（6）运球技术的练习方法

1）学习运球技术应从推球和拨球开始逐渐过渡到拨、扣、拉、推。练习应从慢速开始。

2）在慢速中用单脚推拨球练习。

3）练习者分成两组，都在中圈内。一组运球，另一组散站在圈内或在圈内自然走动。运球者要尽量使球不触及无球者。

4）两人一组，每人一球。前面的人运球中变向变速，后面的人运球模仿。

5）练习者站成一路纵队，排头向前运球，绕过标志旗后再回运，并将球传给第二人，依次练习。

6. 抢截球

抢截球技术有抢球和截球两个方面，抢球是指用规则所允许的条件和动作，把对手控制的或将要控制的球夺过来，踢出去或破坏掉；截球是指用规则所允许的动作，把对方队员间的传球或射出的球堵截住或破坏掉。抢球包括正面抢球、侧面抢球和侧后抢球3种方法。

（1）正面抢球

面对对手两脚前后开立，两膝微屈，身体重心下降并放在两脚间。当对手运球脚触球后即将着地或刚着地时，抢球者快速前移重心，支撑脚用力后蹬，抢球脚以脚内侧对着球屈膝跨出，从正面抢堵球，同时上体稍前倾，身体重心移至抢球脚。支撑脚随即前跨，维持平衡，如双方的脚同时触球，则要顺势向上提拉，使球从对手脚背滚过。同时身体重心要快速跟上，把球控制好。

（2）侧面抢球

侧面抢球是与运球的对手成并肩跑动或从后面追成平行跑动时采用的抢球动作。合理冲撞抢球时身体重心稍下降，同对手接触一侧的臂紧贴自己的身体，当对手靠近自己的一侧脚离地时，用肘关节以上部位冲撞对手的相应部位，使其失去平衡而离开球，乘机把球抢过来。

（3）侧后抢球

侧后抢球主要通过倒地铲球的动作来完成，分为同侧铲球和异侧铲球两种方法。

1）同侧铲球。当控球的对手拨出球的瞬间，抢球者后脚（远离球的一侧）用力后蹬成跨步，上体后仰，前脚（靠球一侧）以脚外侧沿地面向前外侧滑动中，用脚背或脚尖将球踢出去。接着小腿外侧、大腿外侧和臀部依次着地滑动。

2）异侧铲球。当控球者拨出球的瞬间，抢球者后脚（靠近球的一侧）用力后蹬成跨步，上体后仰，前脚（远离球的一侧）以脚外侧沿地面向前内侧滑动中，用脚底将球蹬出。

（4）抢球技术的练习方法

抢球技术应按正面抢球、侧面抢球、侧后抢球的顺序进行。

1）足球比赛中最易发生犯规的时刻是抢球的时候，练习者必须做到对球不对人，防止伤害事故。

2）两人一球，球放在中间，两人离球一步做正面抢球的模仿练习。

3）两人一球，甲脚前放一个球，乙做正面抢球的模仿练习。

4）两人一球，相距8米左右，一人直线运球，另一人做正面抢球练习。

5）两人一组，并快跑观察对手重心移动，体会冲撞时机。

6）两人一球，一人直线运球，另一人做侧面冲撞抢球练习。

7）每人一球，对静止球做铲球练习。

8）铲教师轻推的滚动球。

9）两人一组，一人做快速运球，另一人在快跑中做铲球练习。

7. 掷界外球

掷界外球是恢复比赛的一种方法，分为原地掷界外球和助跑掷界外球两种。

（1）原地掷界外球

面对出球方向，双脚前后开立或左右开立，膝关节微屈，上体后仰呈背弓状，重心在后，两手自然张开，拇指相对，持球的后侧部，屈肘上举将球置于头后。掷球时，后脚用力蹬地，两膝快速伸膝，同时摆体，身体重心由后移向前，同时两臂快速前摆，当球摆到头上时，用力甩腕将球掷出。掷球后，后支撑脚可沿地面向前滑动。

（2）助跑掷界外球

双手持球于胸前，在助跑迈出最后一步时，上体后仰呈背弓状，同时将球举到头后。掷球的发力动作与原地掷界外球技术一样。

二、守门员技术

守门员技术分有球技术和无球技术。有球技术有接球、扑接球、拳击球、托球、掷球和踢自抛球。无球技术有准备姿势和移动。

1. 接球

接球是守门员技术中最基本的技术，也是最主要的技术，它包括接地滚球、接平直球和接高球。

（1）接地滚球

1）直腿式准备接球时，两腿自然开立，脚尖正对来球，上体前屈，两臂并肘前迎，两手小指相对靠近，手掌对球，在手触球的瞬间，随球后撤并屈肘、屈腕，两臂靠近把球抱于胸前。

2）单腿跪撑准备接球时，身体正对来球，两腿左右开立，一腿深屈支撑身体，另一腿膝盖转似跪撑，膝盖接近地面并靠近深屈腿的脚跟，上体前屈，手臂下垂，两手小指相对，手掌对准来球并前迎，在手触球时，两手随球后撤并屈肘、屈腕，两臂靠近将球抱于胸前，然后起立。

（2）接平直球

1）接低于胸部的平直球时，身体正对来球，两脚左右开立，上体稍前屈，两臂稍下垂并肘迎，两手小指相靠，手掌对球。当手触球的瞬间，两臂随球后撤屈肘，顺势将球抱于胸前。

2）接齐胸高的平直球时，身体正对来球，两脚左右开立，两臂屈肘，手指向上并微屈，手掌对球，两拇指相靠，当手触球的瞬间，手指、手腕适当用力，随球顺势屈臂后撤，转腕将球抱于胸前。

（3）接高球

接高球时，面对来球，两臂上伸，两手拇指相对呈"八"字形相靠，手指微屈，手掌对球，当手触球的瞬间，手指、手腕适当用力将球接住，并顺势屈肘，下引转腕将球抱于胸前。

2. 掷球

为了争取时间组织快速反击，守门员经常把获得的球用手掷给同伴，掷球分单手肩上掷球、单手低手掷球和勾手掷球。

3. 踢自抛球

踢自抛球是把获得的球传给远离的同伴常用的动作，分为踢自抛下落空中球和踢自抛反弹球两种。

1）开始练习时，以接地滚球、平直球和高球为重点。要按正确的准备姿势，脚步移动进行练习。

2）练习中要注意判断的准确性、动作的实效性、出击的时间性和完成技术动作的敏捷性。

第三节　足球的基本战术

足球战术就是指在比赛攻守过程中，为了战胜对手，根据主客观实际所采取的个人行动和集体配合的总称。

足球比赛是由攻防这一对矛盾所组成的，比赛中进攻与防守不断地变换就组成了比赛的全过程。因此，足球战术可分为进攻战术和防守战术两大系统。

一、进攻战术

1. 跑位与摆脱

跑位可以起到接应、策动、牵制、突破等作用。接应是对运控球的同伴进行支持和帮助。接应时首先要拉开距离，其次要及时，到位要快。接应跑位能起到转移进攻点的作用。如几个队员同时接应，则要保持纵横和宽度。

摆脱时经常采用突然起动、冲刺跑、急停突然变向和假动作等方法。

2. 传球

传球是集体配合的基础，它是完成战术配合、创造射门机会的主要手段。传球按距离可分短传（15米以内）、中传（15~25米）、长传（25米以上）；按出球的高度可分为高球（指高于人体）、平直球（指膝部以上头部以下）、低球（低于膝部的平直球）和地滚球；按方向可分为直传（传球方向平行于拉边线）、横传（传球方向平行于端线）、斜传。

1）传球的目标。传球的目标分为向脚下传和向空位传两种。

2）传球的时机。一是传球在先，跑位在后；二是跑位在先，传球在后。

3）传球的力量。一般来说，传球的力度应该适宜，有利于接球者处理球，并且要准确。

3. 运球突破

运球突破是进攻战术中极为重要的个人战术，是突破密集防守、创造射门机会的有效手段，也是冲破紧逼盯人造成局部以多打少、觅得传球空当、获得射门机会的有效方法。

4. 二过一战术配合

二过一战术配合是指在局部地区两个进攻队员通过两次传球和跑位突破一个防守队员的配合。这种配合分为直接完成式（踢墙式）二过一和间接式二过一。

1）斜传直插二过一。当控球队员与接应队员之间有一定宽度时采用。

2）直传斜插二过一。当防守者身后出现较大空隙时采用。

3）回传反切二过一。当接应队员与控球队员有一定的纵深距离，并且防守者身后有较大空隙时采用。

5. 边路进攻

在对方后场两侧地区展开的进攻称为边路进攻，包括边线或其他到边锋位置的队员运球突破下底或里切，边锋与边锋运用二过一突破，由后卫沿边线插上配合，斜线传中的进攻方法。

6. 中路进攻

从比赛场地中间地带展开的进攻称为中路进攻，包括回传反切、前卫插上、短传配合等方式。

二、防守战术

1. 个人防守战术

1）选位。选位是防守队员选择的位置，原则上是站在对手与本方球门中心所构成的一条直线上，与对手的距离要根据场区及所处的位置来决定。另外，防守者的选位应使自己能够清楚地观察到场上情况和球的移动方向，使球和人都能处于自己的视野之内。

2）盯人。盯人是指防守者身体所处的位置能够限制、看守对手的活动，达到及时地封堵对手接球或传球路线。盯人有两种：紧逼盯人和松动盯人。紧逼盯人是贴近对手不给其从容活动的机会。松动盯人是与对手保持一定距离，以便随时上前抢截对手的球或在对手得球后能立即逼近对手。两种方法都应当根据场上球与人的活动情况灵活运用。一般情况下，离球远的一侧可采取松动盯人，离球近或有可能接球的队员及对球门有威胁的队员要采取紧逼盯人。

2. 局部防守战术

保护与补位是局部地区集体防守的基础，保护是补位的前提，没有保护也不可能有效地补位。防守队员补同伴在防守中出现漏洞称为补位。补位有两种：一种是队员去补空当，如边后卫插上进攻退守不及时，就由其他同伴暂时补他的位置，以防对手利用这一空当打快速反击；另一种是邻近队员相互补位，即交换防守。

3. 全局战术

全局防守战术包括盯人防守、区域防守和混合防守 3 种。混合防守就是盯人防守和区域防守相结合的防守方法，是目前世界上较流行的一种防守战术。它集中了盯人防守和区域防守两者的优点，在防守中能够根据场上情况进行逼抢、盯人和补位，以达到稳固防守的目的。

延缓对方进攻的速度；快速退守到位，保持防守层次；紧逼盯人，严密封堵门前 30 米范围是全队集体防守的关键。

三、定位球战术

1. 角球攻守战术

（1）角球进攻战术

1）直接传球至门前，本队队员包抄攻门。一般由传球较好的队员主踢角球，并由头顶球能力较强的队员争顶球。踢角球一般是踢内弧线球把球传至远端门柱前 40 米左右地点，包抄队员应在球发出后，根据球的运行路线选择位置抢点射门，而不是过早地在那里等待。也可将球踢至近端门柱附近，由处于中间位置的同伴抢点射门或摆渡，跟进队员抢点射门。

2）短传配合。这种方法一般在对方人高马大、争高球能力强，而本方队员身材矮小、头顶球较差或碰到较大的逆风时运用。

（2）角球防守战术

对方踢角球时，前锋、前卫要快速回防，迅速组织防守。一般以头顶球能力较强的队员守住门前危险区，重点防守顶球能力较强的进攻队员，其他防守队员进行盯人防守，防止漏人；守门员的站位应稍靠近远端门柱，以利于观察并随时准备出击；由一名后卫站在近端门柱处，以防发向近门柱的球。一名队员应站在端线附近，距离角球区 9.15 米处，以防对手采用外线配合或传低平球，并起到对发球队员心理上的扰乱作用。守门员出击接球时，要有两名队员及时退至球门线，补守门员的位置。

2. 任意球战术

（1）任意球进攻战术

前场任意球，尤其在罚球区附近的任意球，能直接威胁球门，是一次极好的射门机会，各队都十分重视该区域的任意球的战术配合。

1）直接射门。罚直接任意球时，当距球门较近，守方筑"人墙"有漏洞或守门员位置不当，或攻方罚球队员善踢弧线球时，要大胆采用直接射门。直接射门的球应做到高于守方的"人墙"，当守方未布好防线时，应抓住时机直接射门。另外，当守方已布好防线时，应由射门脚法较好、善于踢弧线球的队员直接射门，同时其他进攻队员要采用穿插跑位等行动干扰守方主防队员和守门员。

2）传球配合射门。传球配合射门方法很多，不论哪一种方法都要求队员之间的配合默契。

（2）任意球防守战术

无论是直接任意球还是间接任意球，守方的所有队员都应迅速退守。对有可能直接射门的任意球，要筑"人墙"防守。组织任意球防守战术时应注意以下几个方面。

1）队员要迅速回防，需筑"人墙"时动作要快，并且在组织好防线前，应由一名队员干扰进攻队员发球，以避免攻方队员袭击。

2）根据任意球的位置决定筑"人墙"的人数，一般为2～5人。射门角度大，"人墙"人数多，反之则少。

3）筑"人墙"要听守门员的指挥。"人墙"封堵球门的近角，守门员则封远角。

4）除守门员外，其他任何防守队员都不要站在"人墙"的后面，以限制进攻队员在罚任意球时越过"人墙"自由活动。

5）摆脱与跑位练习中要做到跑动目的明确，线路清楚，动作灵活、突然、隐蔽、及时。

6）配合中的传球要稳、准、快，要注意传球的力量，抢断要狠、及时。

第四节 足球比赛规则简介

一、越位

1）下述3条中缺少任何一条者，队员不处于越位位置：该队员在对方半场；该队员较球更接近对方球门线；在该队员与对方球门线之间，对方队员不足两人。

2）判断队员是否处于越位位置的时间：同队队员踢或触及球的一瞬间，而不是该队员接获球时。

3）判罚越位的情形：当同队队员踢或触及球的一瞬间，队员处于越位位置，裁判员认为其已"卷入"现实比赛中才被判为越位犯规：干扰比赛；干扰对方队员；利用越位位置获得利益。

4）不判罚越位的情形：裁判员认为，队员只是仅仅处在越位位置；如果队员直接接到球门球、掷界外球，角球时不判该队员越位。

二、警告与罚令出场

队员犯有下列7条中任何一条将出示黄牌警告：①犯有非体育道德行为；②以语言或行动表示异议；③持续违反规则；④延误比赛重新开始；⑤当以角球或任意球重新开始比赛时，不退出规定的距离；⑥未得到裁判员许可进入或重新进入比赛场地；⑦未得到裁判员许可故意离开比赛场地。

如果队员犯有下列7种犯规中的任何一种，将被罚令出场并出示红牌：①严重犯规；②暴力行为；③向对方或其他任何人吐唾沫；④用故意手球破坏对方的进球或明显的进球得分机会（不包括守门员在本方罚球区内）；⑤用可判为任意球或球点球的犯规，破坏对方向本方球门移动并有明显的进球得分机会；⑥使用无礼的、侮辱的或辱骂性的语言或动作；⑦在同一场比赛中得到第二次警告。

三、判罚任意球

1. 判罚直接任意球

1）踢或企图踢对方队员。

2）绊摔或企图绊摔对方队员。

3）跳向对方队员，是指队员跳起的目的不在球，而向对方进行冲撞或蹬踏的犯规。

4）冲撞对方队员（包括下面所列条款）：①冲撞的目的不在于球；②冲撞时球必须在双方控制范围内；③必须用肩至肘关节部位冲撞对方的相应部位，并且上臂不得扩张；④力量要适当，不得猛烈或带有危险性。

5）打或企图打对方队员。

6）推对方队员。

7）为了得到球的控制而抢截对方队员时，于触球前触及对方队员。

8）扯拉对方队员。

9）向对方队员吐唾沫。

10）故意手球（不包括守门员在本方罚球区内）。

2. 判罚间接任意球

如果守门员在本方罚球区犯有下列 5 种犯规中的任何一种，将判给对方踢间接任意球。

1）当手控制球时，在发出球之前持球超过 6 秒。

2）在发出球之后未经其他队员触及，再次用手触球。

3）用手触及同队队员故意踢给他的球。

4）用手触及同队队员直接掷入的界外球。

5）拖延时间。

裁判员认为，如果队员在下列情况时，也将判给对方踢间接任意球：动作具有危险性；阻挡对方队员；阻挡对方守门员从其手中发球；违反规则第 12 章以前未提及的任何其他犯规，而停止比赛被警告或罚令出场。

四、判罚球点球

1）当队员在比赛进行中，在本方罚球区内故意犯规时，即被判罚球点球。

2）罚球点球时球和队员的位置：球放在罚球点上；明确主罚队员；守方守门员在球被踢出前，面对主罚队员，两脚留在两门柱间的主线上（可以左右沿线移动）；除主罚队员和守门员外，其他队员均应站在罚球区外的比赛场内，并至少距罚球点 9.15 米及在罚球弧后面。

3）执行罚球点球时，在裁判员鸣哨后比赛恢复前，如遇以下情况，则应重罚：①主罚队员违反比赛规则或攻方其他队员过早侵入罚球区，罚中无效，应重罚；②守门员违反竞赛规则，球进入球门，得分有效，如果球未进入球门应重踢；③守门员的同队队员进入罚球区，或在罚球点前，或距罚球点小于 9.15 米，如果球进入球门，得分有效，如果球未进入球门应重踢；④攻守双方队员都违反竞赛规则应重踢。

五、掷界外球

1）比赛中，当球的整体在地面或空中越过边线时即为球出界。应在出界前最后触球的对方队员在离球出界处的边线 1 米范周内将球掷入场内。

2）掷界外球的方法：双手持球置于头的后方，面向场内，双手平均用力，从头后经头顶用一个完整的连贯动作将球掷入场内。

3）掷球时，允许脚在地下滑动，但任何一脚不得全部离地。

4）掷界外球不能直接掷球入球门，如果直接将球掷入对方球门，则由对方踢球门球，如直接掷入本方球门，由对方踢角球。

5）如队员不在球出界处掷界外球，应由对方在原出界处掷界外球。

六、球门球

1）球由地面或空中踢或触出对方球门线时，由对方在球门区内任何地点踢球门球，踢球门球可以直接得分。

2）踢球门球时，当球直接踢出罚球区进入场内时，比赛方为恢复。

3）踢球门球时，队员不得故意延误比赛时间，否则应给予警告。

第六章　乒乓球运动

乒乓球被誉为中国的"国球"，乒乓球运动是高校比较普及的一项体育运动，其特点是速度快、变化多、富有对抗性和趣味性。

乒乓球运动的设备简单，不受年龄、性别及身体条件的限制。它是一项便于广泛开展的健身运动项目。

第一节　概　述

乒乓球运动起源于 19 世纪后半期的英格兰。1890 年，英国人詹姆斯·吉布从美国带回用硝化纤维塑料制作的球来代替当时的软木球和橡胶球。因为球在球拍上击出"乒乓"声，因此人们以击球声将其命名为"乒乓球"，并一直流传至今。1891 年，英格兰人查尔斯·巴克斯特把"乒乓球"作为商业专利权申请许可证，其登记号码为 19070 号。1902 年，英国人库特发明了颗粒胶皮拍。乒乓球在 1904～1918 年始终停留在游戏阶段，直到 20 世纪 20 年代举行了多次乒乓球邀请赛和各国的全国锦标赛后才引起人们的重视，并被人们称为乒乓球运动。

1918 年各国乒联先后成立，交往日益增多，形势发展促使人们希望成立国际性乒乓球联合组织。当 1926 年在柏林举行比赛时，在德国勒赫曼博士的倡议下，由他和英国、匈牙利及意大利的几位人士举行了一次座谈会。会议决定成立临时国际乒乓球联合会（以下简称"国际乒联"），并决定第一次国际乒联代表大会和第 1 届欧洲锦标赛于当年 12 月在伦敦举行。12 月 12 日在斯韦思林女士的图书馆举行了第一次全体会议，通过了国际乒联章程：主要宗旨是协调规则，促进乒乓球运动在全世界开展，筹备组织世乒赛。全体代表大会为乒联的最高权力机构。会议还通过了乒乓球规则草案，成立了第 1 届主席团，主席是英国人依沃·蒙塔古。从 2000 年 10 月 1 日起，乒乓球体直径由 28 毫米增至 40 毫米。2002 年 9 月 1 日实施新的发球规则，同时每局比分由 21 分改为 11 分。目前已成立国际乒联奥林匹克委员会，乒乓球运动已经列入奥运会的竞赛项目。

我国乒乓球运动得到党和政府的关心，乒乓球运动技术水平多年来一直处于世界领先地位。中国乒乓球队取得成功有 3 点经验：学习和运用唯物辩证法指导训练工作；贯彻百花齐放、以我为主的方针，有计划、按比例地发展各种不同类型的打法；继承和发展，学习与创新。国际舆论普遍认为中国是"世界头号乒乓球国家"，我国为推动世界乒乓球运动的发展做出了积极的贡献。

纵观世界乒乓球运动的发展历程，我们不难发现：每一个发展阶段都离不开器材、球拍、规则的改革，离不开技术、打法的创新，特别是进攻与防守、旋转与速度之间互相斗争、互相促进，使乒乓球运动得以不断发展。"技术全面，特长突出，战术多样化"就是当今乒乓球运动发展的方向。

第二节　乒乓球的基本技术

由于运动员的个人特点各不相同，使用球拍的性能也因人而异，因而形成目前世界上流派众多的乒乓球打法和技术风格。这里主要介绍我国传统打法即直拍快攻型。

一、直拍快攻型主要技术

1）攻球技术主要有正手攻球与接发球、反手攻球与接发球、侧身攻球。

2）发球技术主要有低抛发球、高抛发球、下蹲发球。

3）接发球技术主要有接发球的站位与判断、接发球的各种方法。

4）推挡技术主要有快推、加力推、减力推、推挤、下旋推、正手推挡。

5）搓球技术主要有快搓、慢搓、搓转与不转、快摆、搓侧旋。

二、直拍快攻型左推右攻打法的主要技术

1. 站位、准备姿势、握拍

1）站位。左推右攻打法基本站位在近台中间偏左 1/4 处，离台 40 厘米左右。

2）准备姿势。准备姿势采用屈膝提踵站位法，其四句口诀如下："右手持拍放胸前，两腿开立身前倾（两腿间距比肩稍宽），屈膝提踵略内扣，重心居中视来球。"

3）握拍。中钳式握拍法，拇指第一关节扣拍柄左侧，食指第一、二关节扣拍柄右侧，其余手指自然弯曲呈斜形重叠，以中指第一指关节托于球拍背面 1/3 上端，使球拍保持平稳。这种握拍法手腕较灵活。在发球时，可以利用手腕动作，发出动作相似而旋转、落点不同的球，又可灵活地打出斜、直线球，对台内球处理较好。由于手腕转动灵活，变换拍形快，有利于反、正手击球动作迅速转换，对中路追身球、近身体可用手腕及时调节拍形，合理地回击来球。

2. 步法

1）重要性。重视步法的训练是适应乒乓球运动发展的需要，是适应乒乓球竞赛特点的需要。步法比手法更重要，步法不到位，手法再好击球也会被破坏。对于步法的要求：一是反应判断要快；二是脚步移动要灵活。

2）种类。乒乓球步法种类如表 6-1 所示。

表 6-1　乒乓球步法种类

名称	适用情况	方法
单步	来球角度不大	以一脚前脚掌为轴，另一脚向前、后或左右移动一小步
跨步（跟步）	来球急、角度大	先以来球同方向的脚侧跨一大步，另一脚再跟着移动

续表

名称	适用情况	方法
换步	来球紧逼身体	左脚向左跨一步，右脚随即向左后方移动，亦可以左脚向前插上，右脚向左后移动
跳步	来球远离身体	先以与来球反向的脚向来球方向移动，并超过另一脚，然后用另一脚向来球方向移动

3）练习方法：①注意各种步法和准备姿势的结合练习；②注意各种步法和手法的结合练习；③利用多球进行步法训练。

三、发球与接发球

1. 发球

1）发球可以不受对方制约，选择最合适的位置，按自己的意图把球发到对方球台的任何位置，用以压制对方的进攻，为自己进攻创造有利条件，甚至直接得分。所以发球是乒乓球比赛中力争主动、先发制人的第一个环节。

2）发球规则：①不执拍手执球时应张开、伸手、球放在掌上，持球手掌始终在比赛台面的水平面以上；②球上抛时要直，不得偏离垂线45°，不得使球旋转，离开手掌上升不少于16厘米；③必须在下降期击球，并使球首先触及自己的占区，然后直接越过网或绕过球网再触及接球员的台区；④击球点要在端线及其假想延长线之后、球台面水平以上。

3）乒乓球的发球技术特点与方法如表6-2所示。

表6-2　乒乓球的发球技术特点与方法

名称	特点	方法
平击发球	一般不带旋转，为初学者的最基本的发球方法	站位——正手发球左脚在前，身体稍向右转（反手发球右脚在前，身体稍向左转）；"抛"——持球手将球向上抛起；"拉"——右臂稍向后引拍；"打"——球略低于网时向前挥拍，拍形稍前倾，击球后中上部
反手发右侧上（下）旋球	右侧上（下）旋转力强，对方挡球后向其左侧上（下）反弹	站位（左半台）——右脚稍前，持拍手位于身前，持球手位于身体左侧，右侧上旋："抛"——同前；"拉"——右臂向左上方引拍；"拎"——触球时，前臂带动手腕在向下方挥动的同时，前臂略内旋，拇指压拍，拍面渐向左倾斜，从球的左中部向左侧面摩擦。右侧下旋："抛"——同前；"拉"——右臂向左后上方引拍；"切"——触球时拍面略仰，从球的左中下部向右侧下部摩擦
正手发左侧上（下）旋球	左侧上（下）旋转力强，对方挡球后向右侧上（下）反弹	站位（左半台）——左脚稍前，左侧上旋："抛"——同前；"拉"——右臂向右上方引拍；"拎"——触球时，在向左下方挥动的同时，食指压拍，拍面略向左倾斜，前臂略向外旋，使拍从球的右中下部向左侧面摩擦，持拍手位于身前，持球手位于身体右侧。左侧下旋："抛"——同前；"拉"——右臂向右后上方引拍；"切"——触球时使拍从球的侧中下部向左侧下部摩擦，前臂略外旋

4）发球技术的练习方法：①徒手模仿分解及完整练习；②两人一组，一人发球，一人接球练习；③先发斜线后发直线；先发不定点球，后发定点球；④在练好发各种性能的球的基础上，练习用同一种手法发不同旋转和落点的球；⑤进行各种发球练习，练习发各种具有旋转性能的球；⑥进行各位置的发球练习。

2. 接发球

1）比赛中双方接发球机会与发球相同，如果接发球接得好，不仅有机会直接得分，而且能破坏对方的抢攻，从而为自己的进攻创造有利条件。

2）要判断对方发球性质，如发球力量的大小，是上旋球，还是下旋球、侧旋球等。

四、攻球

攻球是乒乓球比赛中争取主动、克敌制胜的重要技术，具有快速有力的特点，能体现主动、快速进攻的指导思想。

1. 攻球技术的动作特点与方法

攻球技术的动作特点与方法如表 6-3 所示。

表 6-3　攻球技术的动作特点与方法

名称	特点	方法（站位、击球时间、击球部位、拍形角度、发力方向和方法）
正手快攻	站位近，动作小，速度快，进攻性强	离台 40 厘米，上升期，右中上部、前倾，以前臂发力为主，配合手腕旋内，向前上方挥拍
正手拉攻	站位稍远、靠主动发力，是还击下旋球的有效方法，也可作为过渡技术	离台 60 厘米，下降期，右中部或右中下部，接近垂直，触球前，前臂加速提拉，向前上方挥拍
正手中远台攻球	站位较远，力量较重，进攻性较强	离台 70～100 厘米，下降前期，右中部或右中上部，稍前倾，以上臂带动前臂发力，配合运用腰腿力量，向前上方发力
侧身攻	站位偏左方，利用侧身动作来发挥正手攻球作用	运用侧身步，结合其他步法，根据来球情况，在侧身位置采用快攻、拉攻、中远台攻、扣杀等技术

2. 攻球技术的练习方法

1）徒手模仿，分解和完整练习。

2）单个动作练习，一发一攻、一推一攻、一搓一拉。

3）搓攻、推攻、对攻练习，逐步增加落点、线路、节奏的变化。

4）攻球的徒手动作要反复多练，技术动作要定型。

5）要循序渐进，先学练正手攻球，再学反手攻球，先慢后快，先轻后重，先稳后凶。

6）练习中，要注意步法移动，不能站死。

五、推挡球

推挡球是左推右攻型运动员主要运用的技术之一，推挡球技术的特点是站位近、动作小、变化多。

1. 推挡球技术的动作特点与方法

推挡球技术的动作特点与方法如表 6-4 所示。

2. 推挡球技术的练习方法

1）徒手模仿、分解和完整练习。

2）两人对挡、对推练习，先斜线，后直线。

3）推攻结合（左推右攻），先单线、后复线，先定点、后不定点。

表 6-4　推挡球技术的动作特点与方法

名称	特点	方法（站位、击球时间、击球部位、拍形角度、发力方法和方向）
挡球	球速慢，力量轻，适合初学者	离台 50 厘米，上升期，中部，垂直，前臂与台面平行稍向前移
快推	回球速度快，落点变化多，借力回击，力量较轻	离台 50 厘米，上升期，左中上部，稍前倾，前臂前推，手腕外旋，前下方推球
加力推	回球力量重，球速快，击球点较高	离台 50 厘米，上升后期或高点期，左中上部，前倾，前臂向前推压，拍形固定，手腕不加转动
减力挡	回球弧线低，落点近，力量轻	离台 50 厘米，上升期，左中部，拍触球时有一个前臂稍后收的缓冲动作

六、搓球

搓球是近台还击下旋球的一种基本技术，与攻球结合成为搓攻战术。它可用于接发球，比赛时可用作过渡技术。

1. 搓球技术的动作特点与方法

搓球技术的动作特点与方法如表 6-5 所示。

表 6-5　搓球技术的动作特点与方法

名称	特点	方法（站位、击球时间、击球部位、拍形角度、发力方法和方向）
慢搓	动作较大，球速较慢	离台 50 厘米，下降期，左中下部，后仰，手腕配合前臂向前下方做前送动作
快搓	动作较大，速度较快	离台 40 厘米，上升期，左中下部，稍后仰，前臂向前下方用力，手腕不转动
搓加转与不转	有旋转变化，为进攻创造机会	快慢搓都能搓加转与不转，加转时前臂和手腕加速向前下方用力，用球拍的中下部擦击球的左中下部，搓不转球时，前臂和手腕多向前上方用力，用球拍的中上部撞击球，形成相对不转

2. 搓球技术的练习方法

1）做徒手模仿、分解和完整练习。

2）做一发一搓练习。

3）做对搓练习，先定点、后不定点，先慢后快、快慢结合。

4）做搓拉结合练习，先单线搓中定点拉，后全台搓中拉。

第三节　乒乓球的基本战术

一、战术制定的基本原则

在制定战术时，应遵循以下基本原则：知己知彼，有的放矢；机动灵活，随机应变；以己之长，制彼之短；善于观察，善于分析；勇猛顽强，敢打敢拼。

以上各项原则是有机联系、互为条件、辩证统一的。制定和运用战术的前提条件是必须了解对手的技术特点和打法情况，因此，在培养自己战术意识的同时，应着重培养观察对方的战术特点和打法情况的能力。

二、快攻型打法的基本战术

快攻型打法战术的指导思想就是充分利用快速多变的特点来调动和控制对方。对付攻球打法时，主要运用推挡和近台正、反手攻球来攻击对方，并利用发球、拉球、搓球等手段为攻球创造条件。对付削球打法时，主要运用拉球、突击和扣杀来攻击对方，并利用发球、搓球、推挡等手段为攻球创造条件。

快攻型打法的基本战术大致可分为发球抢攻、对攻、拉攻、搓攻、接发球战术 5 项。

1. 发球抢攻

发球抢攻是指利用发球力争主动，先发制人。结合落点和速度的变化，发转与不转球抢攻或用相似手法发侧上、侧下抢攻。

2. 对攻

对攻是进攻打法相互对抗，双方利用推挡、攻球、弧圈的速度、旋转和落点的变化及力量的轻重来控制对方，力争主动的一种重要手段。常用的有：①紧压反手，结合变线，伺机抢攻；②调右压左；③加、减力推压中路及两角，伺机抢攻；④连压中路或正手，伺机抢攻。

3. 拉攻

拉攻是对付削球打法的主要战术，也就是利用拉球的旋转、速度、力量和落点变化创造机会进行突击和扣杀，迫使对方后退防守，从而达到控制对方、赢得主动的目的。常用的有：①拉反手后侧身突击斜线，然后扣杀中路或两大角；②拉对方中路，伺机突击两大角再杀空当；③长短球和拉搓结合。

4. 搓攻

搓攻是快攻型打法对付攻球和削球打法的辅助战术，也是利用搓球的旋转、落点、速度变化为进攻创造机会的战术。常用的有：①长短结合伺机突击；②搓中变线伺机突击；③快、慢结合转与不转创造机会突击。

5. 接发球

积极利用快速多变的各种手段去接发球，并尽可能与个人的打法特点密切配合，以便充分发挥自己的特长，接发球战术对整个战局能否获得主动起着重要作用。快攻型接发球战术主要有：①用拉攻或推挡控制对方反手，伺机抢攻；②以搓短球为主结合搓底线长球，力争主动抢攻；③若自己站位较好，又能正确判断对方发球，则可用快点、快攻或中等力量的突击进行接发球抢攻。

三、双打战术

为了协同作战，加强配合，双打选手在发球时可用手势相互暗示发球意图，尽量为同伴创造抢攻条件，力争主动。在接发球时应以抢攻、抢拉为主。当发球或接发球后，可运用打一角的战术，迫使对方两人在一角匆忙换位，再突袭另一角；亦可采用交叉攻两角或长短结合的战术，打乱对方两人的基本站位、走位，从中创造进攻机会。

第四节　乒乓球比赛规则简介

1）决定每场比赛的胜负。可采用 5 局 3 胜制，或 7 局 4 胜制。

2）决定每局比赛的胜负。以先得 11 分的单打或双打运动员为胜方，单打到 10 平以后，先多得 2 分者为胜方。

3）交换方位。在一场比赛中，一局比赛结束后，下一局应交换方位，决胜局时一方先得 5 分时，即交换方位。

4）选择方位和发球权。每场比赛用抽签的方法选择方位和发球权，抽签胜方可优先选择或要求对方先选。如一方选择发球或接发球，则另一方则选择方位。在双打中，首先得到发球权的一方，应先确定第一发球员，而接发球的一方，可任意确定第一接球员，然后按规定次序，轮流交换发球和接发球，直至一局结束。此后各局先发球的一方可以任意确定第一发球员，接发球的一方，应是前一局与之相对应的发球员来接发球。决胜局交换方位时，发球次序不变，但接发球一方应交换接球员的次序。

5）发球与接发球次序。一局比赛中，一方发两次球后，接发球一方即成为发球一方，以此类推，直到一局结束。比分打到 10 分平或开始执行轮换发球法时，任何一方得 1 分后，即交换发球权；在双打中，发球和接发球次序不变，但每个运动员每次只能轮流发一个球，直到该局抛球时不得使球旋转，不得偏离垂直线 45° 以上；当球从最高点下降时才能击球，球应先触及本台区，然后越过或绕过球网落到对方台区；在双打中，球发出后，应先接触本方右半台或中线，然后落到对方的右半台或中线上；击球时，球必须在发球员台区的端线及其延长线垂直平面之后；裁判员对发出的球有怀疑时，可中断比赛，警告发球员。在一场比赛中，对任何选手的发球，只能警告一次，以后再有怀疑或发球员明显没有按照合法发球规定进行发球时，不再给予警告，而应判失 1 分。

6）合法发球。发球时，球应放在执拍手伸手的掌上，抛球前，手掌应静止并高于台面。

7）合法还击。运动员必须用球拍或执拍手手腕以下部位击球，使球直接越过或绕过球网落于对方台区内，才算合法还击。

8）重发球。发球员发出的合法球，越过或绕过球网时触网或触网柱；或触网、网柱后被接球队员或其同伴拦击或阻挡；如果球已发出，而裁判员认为接球员或其同伴尚未准备好，裁判员还没有报告比分，而发球员已将球先发出；如果裁判员认为由于发生了无法控制的事故，使运动员未能合法发球、合法还击或不符合规则；由于纠正发、接球顺序或方位错误而中断比赛；由于开始采用轮换发球法而中断比赛；由于怀疑发球是否正确，警告运动员而中断比赛；如果裁判员认为比赛受到意外干扰，似乎将影响这个回合的结果而中断比赛，均应判重发球。

9）决定比赛 1 分的得失。在一局比赛中，每当球从发球员不持拍的手中抛起，即进入比赛状态，除非一个回合被判重发球，下列情况判失 1 分：未能合法发球或还击；发球时没有击中处于比赛状态的球；还击时没有打着球或连击两次球；球在本方台区连跳两跳；球没有过网；球没有击到对方台区而落地或碰到球网以外的其他物体；用不符合规定的拍面击球；不执拍的手触及台面或击球；拦击或阻挡；当处于比赛状态时，运动员及其任何穿戴物使台面移动、触及网或网柱；在双打中，运动员未按发球员和接发球员确定的顺序击球；实行轮换发球法时，发球员及其同伴在发球后已连续 12 次合法还击，而每次都被对方合法还击等，均判失 1 分。

10）轮换发球法。当一局比赛进行到 15 分钟尚未结束时，应立即中断比赛，该局未比赛完部分及该场比赛的剩余各局，均应实行轮换发球法。比赛被中断时球正处于比赛状态，应由被中断回合的发球员发球；球未处于比赛状态，由前一回合的接球员发球，重新开始比赛。在一场比赛的任何时间，双方要求采用轮换发球法时，均可随时执行。在实行轮换发球法以后，每个运动员只能轮发一个球，如发球一方所发出的球及以后的 12 次合法还击均被对方合法还击，则应判发球方失 1 分。

第七章 羽毛球运动

羽毛球是一项竞争激烈的竞技运动，又是一项深受人们喜爱的、娱乐性较强的群众体育活动。平时打羽毛球的人越来越多。目前，中国羽毛球技术处于世界一流水平。

第一节 概　述

现代羽毛球起源于英国，它是由印度的"浦那游戏"逐步演变而成的。19 世纪中叶，印度的浦那城内有一种类似今日羽毛球活动的游戏十分普及，它是以绒线编织成球形，上插羽毛，人们手持木拍，隔网将球在空中来回对击。19 世纪 60 年代，一批退役的英国军官把这种称为"浦那游戏"的活动带回英国，并逐步使它演变成一项竞技运动。1873 年，英国公爵鲍弗特在格拉斯歌郡伯明顿镇的庄园里举行了一次羽毛球游戏表演。从此，羽毛球运动便逐渐开展起来，"伯明顿"即成为羽毛球的名字。那时的活动场地呈葫芦形，两头宽中间窄，窄处挂网，直至 1901 年才改成长方形。

1877 年，世界上第一部羽毛球比赛规则在英国出版。1893 年，世界上最早的羽毛球协会——英国羽毛球协会成立，并于 1899 年举办了首届全英羽毛球锦标赛。此后每年举办一次，沿袭至今。1934 年，由加拿大、丹麦、英国、法国、爱尔兰、荷兰、新西兰、苏格兰和威尔士等国发起成立了国际羽毛球联合会（以下简称国际羽联），总部设在伦敦。1939 年国际羽联通过了各会员国共同遵守的《羽毛球竞赛规则》。

世界重要的羽毛球比赛有汤姆斯杯赛、尤伯杯赛、世界羽毛球锦标赛、苏迪曼杯赛、奥运会羽毛球赛。

汤姆斯杯赛即世界男子团体羽毛球锦标赛。汤姆斯杯由国际羽联第一任主席汤姆斯爵士1939 年所捐赠。因第二次世界大战所阻，到 1948 年才举行第 1 届比赛。原来每 3 年举行一届，现改为每两年举行一届，在偶数年举行。比赛由 3 场单打和两场双打组成。

尤伯杯赛即世界女子团体羽毛球锦标赛。尤伯杯由英国著名羽毛球运动员尤伯夫人所赠。从 1956 年开始举办比赛，比赛方法与汤姆斯杯赛相同。

世界羽毛球锦标赛是世界羽毛球单项锦标赛，共设有男、女单打，男、女双打和混合双打 5 个比赛项目。比赛从 1977 年起每 3 年举行一届，1983 年起改为每两年举办一届，在奇数年举行。

苏迪曼杯赛即世界羽毛球混合团体比赛。从 1989 年开始举办，每两年举办一届，与世界羽毛球锦标赛同年同时在奇数年举办；比赛由男、女单打，男、女双打，混合双打 5 个单项组成。

奥运会羽毛球赛。在 1988 年汉城（现为首尔）奥运会上，羽毛球被列为表演项目，1992

年巴塞罗那奥运会将其列为正式比赛项目。比赛设男、女单打，男、女双打，混合双打 5 个单项。

1981 年 5 月，国际羽联重新恢复了中国在国际羽联的合法席位，从此揭开了国际羽坛历史上新的一页。之后，中国羽毛球运动员获得了参加重大国际比赛的机会，多次在汤姆斯杯赛、尤伯杯赛、奥运会羽毛球赛上获得冠军，为世界羽毛球运动的发展与提高做出了贡献。

第二节　羽毛球的基本技术

羽毛球技术是指运动员在比赛中所采用的动作、方法的总称。羽毛球的基本技术主要包括手法和步法两大类：手法有握拍法、发球法、接发球法和击球法；步法有基本步法和前后左右移动的综合步法。

一、手法

1. 握拍法

羽毛球拍握法正确与否，对于掌握和提高羽毛球技术水平有着重要的影响。羽毛球技术中的握拍方法是多种多样的，但是基本的握拍法有两种，即正手握拍法和反手握拍法。以下各技术均以右手持拍为例。

（1）正手握拍法

用右手拿住球拍杆，使拍面与地面垂直，然后张开右手，使手掌下部靠在球拍的握柄底托，虎口对着球拍柄窄面的一端，小指、无名指、中指自然地并拢，食指和中指稍稍分开，自然地弯曲并贴在球拍柄上，拍面基本与地面垂直。击球前，握拍要放松自然，在击球的一瞬间再紧握球拍。正手发球、右场区各种击球及左场区头顶击球等，一般采用这种握法。

（2）反手握拍法

在正手握拍的基础上，拇指和食指将拍柄稍向外转，拇指顶点在拍柄内侧的宽面上，中指、无名指和小指并拢握住拍柄，柄端靠近小指根部，使掌心留有空隙。球拍斜侧向身体左侧，拍面稍后仰。一般说来，击身体左侧的来球大都先转体（背对网），然后用反手握拍法击球。

2. 发球法

发球是运动员在发球区将球由静止状态，用球拍击出，使之在空中飞行，落到对方的接发球区的技术动作。发球作为组织进攻的开始，其质量的好坏直接关系到比赛的主动或被动，以至赢球得分或丧失发球权。

发球可分为正手发球和反手发球两种。若按球在空中飞行的弧线，又可分为发高远球、平高球、平快球和网前球等。

（1）正手发球（以右手握拍为例，下同）

站在靠近中线一侧，离前发球线约 1 米的位置上。身体左肩侧对球网，左脚在前，脚尖向网，右脚在后，脚尖稍向右侧，两脚距离与肩同宽，身体重心放在右脚。准备发球时，右手握拍向右后侧举起，肘部微屈，左手拇指、食指和中指夹住球，举在腹部右前方，然后放开球，挥拍击球。击球时，身体重心由右脚移至左脚。

用正手发不同的弧线球时，击球前的准备和前期动作是相仿一致的，只是在击球时及其后的动作有所不同。

1）发高远球时，在左手放开球使之下落时，右手转拍由上臂带动前臂，自右后方沿身体向前左上方挥动。当球落到右臂向前下方伸直能够接触到球的瞬间，紧握球拍，并利用手腕屈收的力量向前上方发力击球，然后顺势向左上方挥动缓冲。

2）发平高球时，动作过程大致与发高远球相同，只是在击球的瞬间，前臂加速带动手腕向前上方挥动，拍面要向前上方倾斜，以向前用力为主。注意发出球的弧线以对方伸拍击不着球的高度为宜，并应落到对方场区底线。

3）发平快球时，要充分利用前臂带动屈腕的爆发力向前方用力击球，使球直接从对方肩稍上高度越过后场。关键是出手（击球）动作要小而快。

4）发网前球时，握拍要放松，上臂动作要小，主要靠前臂带动手腕向前切送，球的弧线要贴网而过，落点在前发球区附近。注意手腕不能有上挑动作。

（2）反手发球

发球站位可在前发球线后 10～50 厘米及中线附近，也可在前发球线后及边线附近。面向球网，两脚前后开立（右脚或左脚在前均可），上体稍前倾，身体重心在前脚。右手臂屈肘，用反手握拍将球拍横举在腰间，拍面在身体左侧腰下。左手拇指与食指捏住羽毛，球托朝下，球体或球托在球拍前对准拍面。击球时，前臂带动手腕朝前横切推送，使球的飞行弧线略高于网顶，下落到对方前发球线附近。

反手发平快球时则要突然发力，拍面要有"反压"动作。

（3）发球练习步骤

1）徒手做发球前的准备姿势，模仿发球的动作练习。

2）在场上对练发球或用多球做发球练习。

3）先练习发直线，后练习发斜线；先练习发定点球，后练习发不定点球。

4）综合练习各种发球。

3．接发球法

还击对方发过来的球叫接发球。接发球和发球一样，都是羽毛球最基本的技术，在比赛中同样起着重要的作用。如果说发球发得好是走向胜利的开始，那么也可以说，接发球接得好是走向胜利的第一步。发球方利用多变的发球来打乱接发球方的阵脚争取主动。接发球则通过多变的接发球来破坏发球方的企图。因此，对初学羽毛球的人来说，接发球也是不可忽视的技术。

（1）接发球的站位和姿势

1）单打站位。单打站位于离前发球线 1.5 米处。在右发球区要站在靠近中线的位置；在左发球区则站在中间位置。主要是防备对方直接进攻反手部位。一般左脚在前，右脚在后，双膝微屈，收腹含胸，身体重心放在前脚，后脚脚跟稍抬起。身体半侧向球网，球拍举在身前，两眼注视对方，如图 7-1 所示。

2）双打站位。由于双打发球区比单打发球区短 0.76 米，发高远球易被对方扣杀，所以双打发球多以发网前球为主。接发球时要站在

图 7-1　接发球

靠近前发球线的地方。双打接发球准备姿势和单打的接发球姿势基本相同。略有区别的是身体前倾较大，身体重心可以随意放在任何一脚，球拍举得高些，在球来到网上最高点时击球，争取主动。但要注意右场区对方发平快球突袭反手部位。

（2）接各种发来球

1）对方发来高远球或平高球时，可用平高球、吊球或杀球还击。一般说来，接发高远球是一次进攻的机会，还击得好，就掌握了主动权。但初学者常因后场技术没掌握好，还击球的质量较差，以致遭到对方的攻击。因此，要提高后场的进攻技术。

2）对方发来网前球时，可用平高球、高远球、放网前球、平推球还击；如对方发球质量不好，也可用扑球还击。

3）对方发来平快球时，可用平推球、平高球还击，以快制快，由于接球方还击的击球点比发球方高，压得狠些可以夺取主动；亦可以高远球还击，以逸待劳。不能仓促还击网前球，因为若击球质量稍差，有可能遭受对方的进攻。

（3）接发球技术的练习方法

1）用固定的技术来接对方的发球。

2）注意提高对对方来球的判断能力，如来球的方向、落点等。

3）进一步提高回球质量，避免被对方直接攻击。

4）在接发球练到一定程度时，就要重点提高防御对方抢攻的能力。

4. 击球法

羽毛球击球技术方法包括击高球、吊球、杀球、推球、勾球、扑球、抽球、挑球等，每一种技术又可分为正手击球法和反手击球法。下面就各种击球动作的方法要领进行简述。

（1）击高球

高球是自后场打到对方后场端线经过高空的球，分为正手、反手和头顶3种手法。

1）正手击高球。首先要判断来球的方向和落点，侧身后退，使球处在自己的右肩稍前上方的位置。左肩对网，左脚在前，右脚在后，重心在右脚。左臂屈肘，左手自然高举，右手持拍，手臂自然弯曲，将球拍举在右肩上方，两眼注视来球。击球时，右上臂后引，肘关节随之上提明显高于肩部，将球拍后引至头部，自然伸腕（拳心朝上）。然后在后脚蹬地、转体收腹的协调用力下，以肩为轴，上臂带动前臂快速向前上方甩腕，在手臂伸直的最高点击球。击球后，持拍手臂顺惯性往前左下方挥动并收拍至体前，与此同时，左脚后撤，右脚向前迈出，身体重心由后脚移到前脚。正手高球也可起跳击球，按上述要求做好准备动作，然后右脚起跳，随即在空中转体，并完成引拍击球动作。击球动作是在球将从空中最高点落下的瞬间完成的。

2）反手击高球。当对方将球击到己方左后场区时用反手回击高球。首先判断对方来球的方向和落点，迅速将身体转向左后方，移动步伐，最后一步用右脚前交叉跨到左侧底线，背对网，身体重心在右脚，使球处在身体右上方。击球前，迅速换成反手握拍，折拍于右胸前，拍面朝上。击球时，以上臂带动前臂，通过手腕的闪动，自下而上地甩臂，将球击出。在最后用力时，要注意拇指的侧压力与甩腕的配合，以及两腿蹬地转体的全身协调用力。

3）头顶击高球。动作要领与正手高球基本相同，只是击球点偏左肩上方。准备击球时，身体偏左倾斜。击球时，上臂带动前臂使球拍绕过头顶，从左上方向前加速挥动，注意发挥手腕的爆发力击球。落地时左腿向左后方摆动幅度大些。

4）练习方法。徒手练习模仿击高球的动作，体会动作要领；固定直线或斜线的落点，进行"一点打两点"的练习。

（2）吊球

吊球是自后场打到对方前场向下坠落的球。吊球技术分为吊正手吊球、反手吊球和头顶吊球3种手法，按球的飞行弧线和击球动作的不同分为劈吊、拦截吊和轻吊。

1）正手吊球。击球准备和前期动作同正手击高球，只是击球时拍面稍向内倾斜，手腕做快速切削下压动作，击球托的后部和侧后部。若击吊斜线球，则球拍切削球托右侧并向左下方发力；若吊直线球，则拍面正对前方向下方切削。

2）反手吊球。击球准备和前期动作同反手击高球，不同点在于击球时拍面的掌握和力量的运用。吊直线球时，用球拍反面切削球托的后中部，向对方的右半场网前发力；吊斜线球时，用球拍反面切削球托的左侧，朝对方左半场网前发力。

3）头顶吊球。击球准备和前期动作同头顶击高球。头顶吊斜线球时，中指、无名指和小指屈指外拉拍柄，使拍子内旋，拍面前倾，以斜拍面击球托左侧部位；头顶吊直线球时，球拍击球托的正中部位。

4）劈吊击球前动作和打高球、杀球相似。击球时用力较轻，带有劈切动作，落点一般离网较远。

5）拦截吊是把对方击来的平高球拦截回来，击球时用拍面正对来球，轻轻拦切或点击，使球以较平的弧线、较慢的速度越网垂直下坠。

6）轻吊击球前动作和打高球相似，击球时拍面正对来球，在触球的瞬间，突然减速或轻切来球，使球刚一过网即下坠。

7）练习步骤。徒手模仿练习，体会动作概念；定点击球，体会切削动作；做变换方向的吊球。

（3）杀球

杀球是把对方击来的球在尽量高的击球点上斜压下去。这种球力量大，弧线直，落地快，给对方的威胁很大，是进攻的主要技术。杀球分为正手杀直线球和正手杀对角线球、头顶杀直线和对角线球、反手杀直线球和正手腾空突击杀直线球。

1）正手杀直线球（侧身起跳）。准备姿势和动作要领与正手击高球大体相同。步子到位后，屈膝下降重，准备起跳。侧身起跳时，往右上方提肩带动上臂。前臂和球拍上举，以便向上伸展身体。起跳后，身体后仰挺胸呈反弓形。接着右上臂往右后上摆起，前臂自然后摆，手腕后伸，前臂带动球拍由上往后下挥动，这时握拍要松。随后凌空转体收腹带动右上臂往右上摆起，肘部领先，前臂全速往前上挥动，带动球拍高速前挥。当击球点在肩的前上方时，前臂内旋，腕前屈微收，闪腕发力杀球。这时手指要突然抓紧拍柄，把手腕的爆发力集中到击球点上。球拍和击球方向水夹面的夹角小于90°，球拍正面击球托的后部，使球直线下行。杀球后，前臂随惯性往体前收。在回位过程中，将球拍回收至胸前。

2）正手杀对角线球（侧身起跳）。准备姿势和动作要领与正手杀直线球相同，不同点是起跳后身体向左前方转动用力，协助手臂向对角方向击球。

3）头顶杀直线和对角线球。动作要领和准备姿势与头顶击高球相同，不同点是挥拍击球时，要集中全力往直线方向或对角方向下压，球拍面和击球方向水平面的夹角小于90°。

4）反手杀直线球。准备姿势和动作要领与反拍击离球相同，不同点是击球前的挥拍用力要大，击球瞬间球拍与杀球方向的水平面夹角小于90°。

5）正手腾空突击杀直线球。侧身右脚后退一步准备起跳，起跳后，身体向右后方腾起，上身右后仰或呈反弓形，右臂右上抬，肩尽量后拉。击球时，前臂全速往上摆起，手腕从后伸经前臂内旋至屈收，同时握紧球拍压腕产生爆发力，高速向前下击球。突击扣杀后，右脚在右侧着地屈膝缓冲，重心在右脚前；右脚在左侧前着地，利用左脚蹬地向中心位置回动，手臂随惯性自然往体前回收。

6）练习方法。模仿练习，体会动作要领；体会杀球时的鞭打动作；由低难度的近网区杀球过渡到稍高难度的杀球；球侧旋滚动过网练习。

（4）推球

推球是把对方击来的网前球推击到对方的后场两底角去，球飞行的弧线较低平，速度较快。

正手推球时，站在右网前，球拍向右侧前上举。在肘关节微屈回收时，前臂稍外旋，手腕稍向后侧，球拍随之往右下后摆，拍面正对来球。这时，小指和无名指稍松开，使拍柄稍离开鱼际肌，拇指和食指向外捻动拍柄，拍面更为后仰。推球时，身体稍往前移，右前臂往前伸并带内旋，手腕和手指控制拍面角度，手腕由后伸直并闪腕，食指向前压，小指和无名指突然握紧拍柄，拍子急速地由右经前上至左挥动推球，使球沿边线飞向对方后场底角。在回动过程中，拍子回收。

（5）勾球

勾球是把在本方右（左）边的网前球击到对方左（右）边网前去的技术动作，分下手和反手两种。

1）正手勾球。用并步加蹬跨步上右网前，球拍随前臂往右前斜上举。在前臂前伸时稍有外旋，手腕微后伸，握拍手将拍柄稍向外捻动，使拇指贴在拍柄的宽面上，食指的第二指关节贴在拍柄背面的宽面上，拍柄不触掌心。球拍随着向右侧前挥动，拍面朝着对方右网前。击球时，靠前臂稍有内旋往左拉收，手腕由后伸直内收并闪腕，挥拍拨击球托的右侧下部，使球向对方网前掠网坠落。击球后，球拍回收至右肩前。

2）反手勾球。站在左网前，反手握拍前平举。在身体前移的过程中，球拍随手臂下沉至离网顶 20 厘米处，拍面正对来球。当来球过网时，肘部突然下沉。同时前臂稍外旋，手腕由稍屈至后伸闪腕，拇指内侧和中指把拍柄往右侧一拉，其他手指突然握紧拍柄。拨击球托的左侧后部，使球沿对角线飞越过网。击球后，球拍往右侧前回收。

（6）扑球

对方发网前球或回击网前球时，在球刚越到网顶即迅速上网向斜下扑压，谓之扑平均数。扑球有正手扑球和反手扑球两种方法。

1）正手扑球。右脚蹬步上网，身体右侧前倾，手举球拍于右肩上方。击球时，利用手腕由后伸到前屈收腕的力量，带动球拍向下扑击球。如果球离网顶较近，靠手腕从右前向左前"滑动"击球。

2）反手扑球。右脚跨至左前再蹬跳上网，身体右侧前倾，反手握拍举于左前上方。击球时，前臂伸直外旋带动手腕内收至外展，拇指顶压加速挥拍扑球。若来球靠近网顶，手腕可外展由左向右拉切击球，以免触网。击球后，右脚着地屈膝缓冲，回收球拍于体前。

（7）抽球

抽球是把在身体左、右两则，肩以下，腰以上的来球平扫过去，有正手抽球和反手抽球两种。

1）正手抽球。站在右场区中部，两脚平行开立稍宽于肩，重心在两脚间，微屈膝收腹，正手握拍举于右肩前。击球前，肘关节前摆，前臂稍往后带外旋，手腕稍外展后后伸，引拍至体后。击球时，前臂内旋，手腕伸直闪动，手指抓紧拍柄，球拍由右后往右前方高速平扫盖击来球。击球后，手臂左摆，左脚往左前方迈一步，右脚跟一步回中心位置。

2）反手抽球。右脚前交叉在左侧前，重心在左脚，右手反手握拍在左侧前。击球前肘部稍上抬，前臂内旋，手腕外展，引拍至左侧。击球时，在大臂的右转带动下，前臂外旋，手腕由外展到伸直闪动，挥拍击球的底部。击球后，球拍随身体的回动收回到右侧前。

（8）挑球

挑球是把对方击来的吊球或网前球挑高回击到对方后场去，这是在比较被动的情况下采取的一种防守性技术，有正手挑球和反手挑球两种。

1）正手挑球。正手握拍举在胸前，右脚向网前跨出一大步，左脚在后，侧身向网，重心在右脚。同时右臂向后摆，自然伸腕，使球拍后引。然后以肘关节为轴，屈臂内旋，并握紧球拍，用食指及手腕的力量将球向前上方击出。

2）反手挑球。反手握拍举在胸前，右脚向左前方跨出一大步，重心放在右脚。同时右肩向网，屈肘引拍至左肩旁，然后以肘关节为轴，握拍经体前由下往上，用拇指第一指节压住拍柄的宽面，用力将球击出。

二、步法

羽毛球运动员在单打比赛中，要在本方场区约 35 平方米的面积内来回奔跑并完成各种击球动作，如果没有快速而准确的步法，就会顾此失彼，疲惫不堪。步法主要有蹬步、跨步、腾跳步、交叉步、垫步、并步等基本步法，在此基础上组成了上网、后退、两侧移动和起跳腾空等综合步法。

1. 上网步法

1）上右网前。如果站位靠前，可用两步交叉步上网；若站位靠后场，则采用三步交叉跨步的移位方法，即右脚向右前迈一小步，左脚接着前交叉迈过右脚，然后右脚顺着这一方向跨一大步到位。为了加速上网，还可采用垫步上网，即右脚向右前迈一小步后，左脚快速跟进到右脚跟后，利用左脚掌内侧后蹬，右脚向右前跨出一大步。

2）上左网前。基本方法同上右网前，只是方向相反，如两步跨步上网。

2. 后退步法

1）正手后退右后场。后退步法一般用侧身后退，以便于到位后挥拍击球。如果右脚稍前的站位，则先完成右脚后蹬使身体成侧身站位，然后采用三步并步后退或交叉步后退。

2）后退左后场。后退左后场正手绕头顶击球的步法基本同正手后退右后场步法，只不过移动方向是向左后而已。

3）反手后退左后场。反手击球时，必须先使身体向左后转、背向网，在后退左后场时，无论是两步后退或三步后交叉后退都要注意这一点。

3. 两侧移动步法

1）向右侧移动。两脚开立，右脚跟稍提起，上体稍倒向左侧，左脚掌内侧用力起蹬，右脚同时向右侧蹬跨一大步到位击球。若距来球较远，则左脚可向右垫一小步再起蹬，右脚同时向右跨一大步到位。

2）向左侧移动。两脚开立，上体稍倒向右侧用力起蹬，左脚同时向左蹬跨一大步到位击球。离球较远时，左脚可先向左垫一小步，然后左转身，右脚（前交叉）跨大步（背向网）到位用反手击球。

4. 起跳腾空步法

步子到位后，为了争取战机和更高的击球点，用单脚或双脚起跳，居高临下，凌空一击，称为起跳腾空击球。在上网、后退和两侧移动中都可运用腾跳步。一般来说，起跳腾空步法较多用于向左、右两侧进行跳起突击。当对方打平高球（弧线较低）球从右侧上空飞向底线时，用左脚向右侧蹬地，右脚起跳，上体向右侧上空腾起截住来球，突击扣杀对方空当；当球从左侧上空飞向底线时，则右脚向左侧蹬地，右脚起跳，用头顶击球法突击。在正手后退步法中，步子到位后，也可以右脚起跳腾空击球。击球后，左脚后摆在身体重心的后面着地，一经制动缓冲，便应立即回至中心位置。

5. 步法练习方法

1）单个步法练习，按照各种步法要领，一步步分解练习。
2）综合步法练习，在单个步法熟练后，采用固定线路的综合步法练习。
3）不固定线路的步法练习。
4）利用多球加强步法的实用性。

第三节　羽毛球的基本战术

一、单打战术

1. 发球抢攻战术

从发球的第一拍起，争取控制对方，以攻杀得分。发球抢攻战术一般为发网前低球结合平快球、平高球，争取第三拍的主动进攻。实施这一战术应有高质量的发球予以保证，运用于比赛的关键时刻，效果往往很好。

2. 攻后场战术

通过击高球，重复压对方的底线两角，造成对方的被动，然后寻找进攻机会。用攻后场战术对付后场还击能力较差或后退步子较慢，以及急于上网的对手是很有效的。

3. 攻前场战术

对网前技术较差的对手，可运用攻前场战术将其吸引到网前，然后攻击其后场。采用此战术，自己首先要有较好的网前击球技术。

4. 打四方球战术

以快速、正确的落点攻击对方场区的 4 个角落，寻找机会向空当进攻。打四方球战术的主要目的是通过打落点，在对方回球质量下降时乘机攻击。

5. 杀、吊上网战术

对对手打来的后场高球，则先以杀球配合吊球把球下压，落点选在场区的两条边线附近，迫使对手被动回球。若对手回网前球时，则迅速上网搓球，钩对角球或平推球，创造在中场扣杀的机会。

6. 打对角线战术

对身体灵活性差、转体较慢的对手，不论进攻还是防守，均以打对角线为主，以创造进攻机会。

7. 防守攻击战术

在对方主动进攻时，则应高质量地接杀挡网或抓住对方力量减弱或落点不好的机会，以平抽底线球还击对方后场，扭转被动局面并进行反击。

二、双打战术

1. 攻人战术

集中攻击对方有明显弱点的人，并伺机攻击另一个人因疏忽露出的空当，或对此人偷袭。即使对方两人水平相差不多，但若能集中力量攻击其中一人也可给对方造成很大的心理压力，以使其出现失误。

2. 攻中路战术

当对方站位防守时，将球攻击到对方两人的中间。当对方前后站位时，可将球下压或平推两边平场，使对方防守时互相争抢而出现失误。

3. 攻后场战术

对方后场扣杀能力差，则可采用平高球，接杀挑底线，把对方一人紧逼在底线两角移动。当对方被动还击时，则抓住机会大力扣杀。如另一对手后退支援时，即可攻网前空当。

4. 后攻前封战术

当本方处于主动进攻前后站位时，站在后场的队员见高球就杀或吊网前，迫使对方接球挡网前，本方前场队员在网前进行封网扑杀，前场队员要积极封网，迫使对方被动挑高球。一旦达不到后场，就为本方创造了再次进攻的机会。

5. 防守反击战术

在防守中寻找反攻的机会，以便摆脱困境，转被动为主动。例如，挑底线高球，不论对方从哪里进攻，则都应设法把球挑到进攻者的另一边底线。当时机有利时，即可运用反抽或挡网前回击对方的杀球，从守中反攻，争得主动权。运用防守反击战术时，一定要将球挑到底线，否则将会出现对方连续攻杀而无力还击的局面。

第四节　羽毛球比赛的场地、设备及规则简介

一、场地、设备

1. 场地

场地线颜色用白色、黄色或其他容易辨别的颜色，宽度 4 厘米，所有场地线都是它所确定区域的组成部分，如图 7-2 所示。

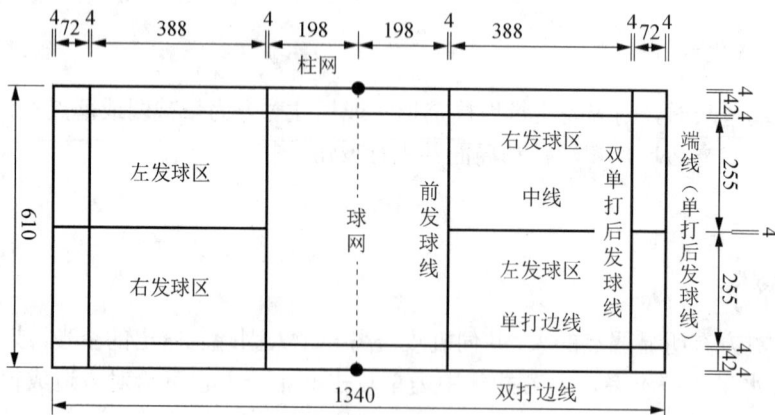

图 7-2　球场区域的组成部分（单位：厘米）

2. 设备

（1）网柱

网柱高 155 厘米，必须同地面垂直，并使球网保持紧拉状态。不论进行双打还是单打比赛，网柱都应置于双边线上。

（2）球网

球网应用带色的细绳织成，上下宽 76 厘米，网孔为边长 1.5～2 厘米的方形，网顶用 7.5 厘米宽的白布对折紧贴绳索或钢丝。球场中央高 152.4 厘米，双打边线处网高 155 厘米。

（3）羽毛球

羽毛球应有 16 根 6.4～7 厘米的羽毛固定在球托部。球重 4.74～5.5 克。验球时，站在端线外，用低手向前上方全力击球。一个具有正常速度的球，应落在离对方端线 53～99 厘米的区域内。

（4）球拍

球拍由拍柄、拍弦面、拍头、拍杆、连接喉构成，总长度不超过 68 厘米，宽不超过 23 厘米。

二、比赛规则

1）掷挑边器。比赛前，掷挑边器赢的一方选择是否发球或选择场区。

2）双打和男子单打一局为 15 分，女子单打一局为 11 分。男子单打 14 平（女子单

10 平），先得 14 分（女子单打先得 10 分）的一方可选加分或不加分比赛。若选择不加分，则比赛至 15 分（女子单打 11 分）；若选择加分，则比赛至 17 分（女子单打 13 分）。下一局开始由上局胜方先开球。

3）交换场区。比赛应以 3 局 2 胜定胜负。在第 1 局结束、第 3 局开始前，第 3 局中领先方得分为 11 分一局的 6 分或 15 分一局的 8 分时，运动员应更换场区。如未及时交换，一经发现应立即交换，已得分数有效。

4）发球。发球员的球拍必须先击中球托，整个球应低于发球员的腰部。此时，拍框应明显低于发球员的手部。发出的球应落入接发球员的发球区内。在双打比赛中，发球员或接发球员的同伴站位不限。

5）单打。发球员的分数为 0 或双数时，双方运动员应在各自的右发球区发球或接发球；分数为单数时，则相反。交换发球时双方均不得分。

1. 双打

1）获得发球权的一方，应从右发球区发球。发球被接发球员回击后，由发球方的任何一人击球直至死球。

2）接发球方违例或因球触及接发球方场区内的地面而成死球，发球方得 1 分，原发球员继续发球；反之，则原发球员失去发球权，双方均不得分。

3）每局开始首先发球或接球的运动员，在该局本方得分为 0 或双数时，必须在右发球区发球或接发球；得分为单数时，则相反。上述相反形式的站位适用他们的同伴。

4）任何一局的首先发球员失去发球权后，由该局首先接发球员发球，然后由其同伴发球，接着由他们的对手之一发球，再由另一对手发球，如此传递发球权。

5）如果发球、接发球顺序发生错误或从错误的发球区发球、接发球，当错误在下一次发球击出前发现时，应重发球，只有一方错误并输了这一回合，则错误不予纠正。如果错误在下一次发球击出前未被发现，则错误不予纠正。

2. 违例

以下情况可视为违例：

1）发球不合法。

2）发球时未击中球。

3）发球时，球过网后挂在网上或停在网顶。

4）比赛时，球落在球场界线外，球从网孔或网下穿过，球不过网，球碰到屋顶、四周墙壁或运动员的身体及衣服；球碰到场外其他人或物体。

5）比赛时，球拍与球的最初接触点不在击球者网的这一方。

6）比赛中，运动员球拍、身体或衣服触及网线或网的支撑物，侵入对方场区；妨碍对方。

7）比赛时，球被拖回，同一运动员连续击中球两次，同方两名运动员连续各击球一次，球碰球拍继续向后场飞行。

8）运动员故意引起比赛中断，故意改变球速，举止无礼及其他不端行为。发球员违例，失去发球权，接发球员违例则失分。

3. 重发球

以下情况可重发球：

1）遇到不能预见的意外情况。

2）除发球外，球过网后挂在网上或停在网顶。

3）发球时，发球员和接发球员同时违例。

4）发球员在接发球员未做好准备时发球。

5）比赛中，球托与其他部分完全分离。

6）司线员未看清，裁判员也不能做出决定，重发球时，最后一次发球无效，原发球员重新发球。

4. 比赛的连续性

比赛从第一次发球起至结束应是连续的。在每场比赛的第 2 局与第 3 局之间应允许有不超过 5 分钟的间歇。遇到不是运动员所能控制的情况，裁判员可根据需要暂停比赛，已得的分数有效，续赛时，由该分数算起。除上述规定的间歇时间外，比赛时不允许运动员接受指导，未经裁判员同意，不得离开场地。只有裁判员能暂停比赛。

第八章 网球运动

网球运动与高尔夫球运动、保龄球运动、台球运动并称为"世界四大绅士运动"。现今它们已成为老少皆宜的大众健身项目，其中网球运动被视为促进健康、增进友谊、加强交流的一种手段。

第一节 概 述

一、网球运动的起源与发展

据考证，网球运动起源于 12~13 世纪法国传教士在教学回廊里用手掌击球的一种游戏，以此来消磨和调节其单调的生活，后来逐渐演变为王室的一种室内消遣娱乐活动。当时玩这种游戏时，场地是宫廷内的大厅，没有网也没有球拍，球是用布卷成圆形后用绳子绑成的。场地中间架起一条绳子为界，利用两手作为球拍，把球从绳上抛来抛去。不久，木板球拍代替了两手拍球。16 世纪初，这项游戏很快传播到各大城市并被国民所喜爱，同时也改良了用具。球制造得比较耐用，拍子由木板改为羊皮纸板，拍面面积放大，拍柄加长，场地中间的绳子增加了无数短绳并向地面垂下，这样球从绳下穿过就能明显看出，等等。后来这一游戏被法国国王路易斯下令禁止在民间开展，规定这是宫廷中的特权游戏。17 世纪初，场地中间开始使用小方格子网，球拍改用穿线的网拍。在法国宫廷中做这种游戏时，球场旁边放置一只金色容器，每次比赛完毕，观众将金线投入盘中，作为胜利者的奖品。

1358~1360 年，这种游戏传到了英国。英国国王爱德华三世下令在皇宫内建造一处室内球场。从此，网球开始在英国流行起来，并成为英国上层社会的一种娱乐活动，所以网球有"贵族运动"之雅称。1873 年英国人沃尔特·克洛普顿·温菲尔德将早期网球打法加以改进，使之成为夏天在草坪上进行的一种体育活动，并取名为"草地网球"。此后网球便成为一项室内外都能进行的体育项目，现代网球也就从此开始。

1874 年，美国女士玛丽·奥特布里奇在观看了英国军官的网球比赛后，将网球规则、网拍和网球带到了美国，很快网球在美国得到了普及。此时网球比赛场地从在室内、室外草地进行演变为可以在沙土地、水泥地、柏油地上进行。于是"网球"的名称就慢慢替代了"草地网球"的名称。这是今天网球名称的由来。

二、网球运动在我国的发展

网球运动是在 19 世纪后期随着西方近代体育的传播而进入我国的。中华人民共和国成立前共举行过 7 届全国性质的运动会，在第 1 届运动会上，男子网球就被列入正式比赛项目。

从第 3 届运动会开始，又增加了女子网球比赛项目，并一直延续到 1948 年的第 7 届运动会。1924～1946 年，我国选手共参加了 6 次戴维斯杯网球赛。

中华人民共和国成立后，于 1958 年首次派队参加温布尔登网球赛。1980 年中国网球协会成为国际网球联合会（ITF）的正式会员。1981 年当时国内最优秀的女子网球选手参加了"联合会杯"赛，第 1 轮战胜泰国队，第 2 轮负于澳大利亚队。1983 年中国网球队参加了戴维斯杯网球赛，在东方区的半决赛中被淘汰，但同年获得了亚洲男子网球团体冠军。1986 年的第 10 届亚运会上，中国女子网球队以 2∶1 战胜韩国队，摘取了女子网球团体冠军。我国首次承办国际网球联合会男子网球巡回赛是在 1993 年，共有 15 个国家和地区的运动员参赛。我国 3 名选手参赛，当时排名分别是第 385 位、第 488 位、第 680 位，可见我国网球运动水平与世界水平相差甚远。近年来，我国女子网球水平有所提高，在雅典奥运会上获取女子双打冠军。

三、网球运动的价值

网球运动有其独特的健身价值。据统计，在一场较高水平的网球比赛中，运动员所跑的路程是 5000 米左右，有的甚至达到 10 000 米，不低于一场激烈的足球赛。网球运动员在比赛中做出及时的判断、移动，有时要跃起猛烈挥拍扣杀。所以，参加网球运动，能锻炼人的力量、速度、耐力、柔韧和灵敏等方面的身体素质。

网球运动还有其独特的欣赏价值。它是一种技巧性很强的对抗，如有些网球高手的发球、击球技术已达到炉火纯青的地步，令人叫绝。网球比赛中的战术运用也令人回味无穷。

另外，网球比赛的环境布置十分注重美的氛围的营造，如运动员的服装自成体系，别具一格。男性要穿翻领上衣、短裤；女性要穿短裙，且洁白一色，缀以各种线条，给人一种有朝气、健康、向上的美感。

第二节　网球的基本技术

一、握拍方法

握拍方法一般有 3 种，分别为东方式握拍法、西方式握拍法、大陆式握拍法。初学者可先学习东方式握拍法，以此为基础，再变换握法。

1. 东方式正手握拍法

东方式正手握拍法，对初学者来说比较容易掌握，也适合各种类型的球场及各种击球方式。这种握拍方式类似与人握手，先将球拍柄水平放置，拍面与地面垂直，右手掌也与地面垂直，然后把手掌紧贴在拍柄上，这时大拇指与食指之间的"V"形虎口恰好对在拍柄的上平面偏右的位置上，大拇指第一关节位于拍柄的上部左上斜面，食指则轻绕至拍柄右侧到下平面，中指、无名指、小指握紧，并与大拇指接触，手掌底部与拍柄顶端对齐，如图 8-1（a）所示。

2. 东方式反手握拍法

在正手握拍的基础上，将握拍手沿逆时针方向旋转一个平面，使手掌的"V"形虎口略偏左侧，位于左垂直面与上平面之间的左斜面，食指关节在右上斜面的位置，如图8-1（b）所示。

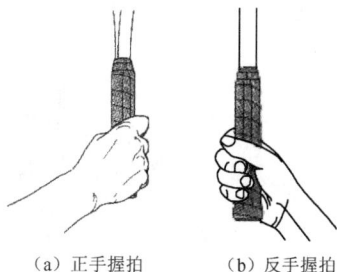

（a）正手握拍　（b）反手握拍

图8-1　东方式握拍法

二、准备姿势

任何一种击球动作都要从准备姿势开始，准备姿势正确与否关系到起动的快慢和击球效果。正确的准备姿势应当是双脚自然开立，略比肩宽，前脚掌着地，脚跟抬起，身体重心置于两脚前脚掌之间，两膝微屈，并保持膝关节的良好弹性，上体微微前倾，两眼注视对手或来球。球拍自然地置于腹前，拍头指向前方，微上翘，手腕低于拍头，不持拍的手轻夹球拍的顶部。不要轻视扶拍手的作用，它不仅可以扶住并稳定球拍，减轻持拍手的负担，还能起到将球拍引至身体一侧的辅助作用，有利于动作加快。

三、击球步法

在网球的各种击球中，必须使人与球保持适当的距离，需要一种合适的站位，才能得心应手地打出各种好球。步法大致包括闭锁式步法、开放式步法、滑步、跨步、踮步、交叉步、跑步、跳步和小步调整等。

无论采用哪种步法，在击球前都应及时主动。当来球落点较远时，起动要快，步幅稍小，中间加大步幅，接近球时，再用小步调整人与球之间的距离，这样才能以适宜的身体姿态比较从容地击球。如果击球时身体仍处在快速向前跑动的状态中，那么不仅这一拍球很难打好，还会给下一拍的击球带来更大的困难。

四、正、反手抽球技术

正、反手抽球是网球技术中最基本的技术，是在端线附近回击球和向对方进攻的比较重要的技术，也是初学者最先要学习和掌握的动作。正、反手抽球速度快、力量大，球被击出后有一定弧线，能够准确地将球击入对方场区，比赛中球员在底线时运用较多，在上网前的一击中也多采用正、反手抽球技术。

1. 正手抽球动作要领（以右手持拍为例）

从准备姿势开始，当判断出对方来球的方向和落点位置时，应立即起动，快速移动到适当的位置（身体与球保持正确位置），并要相对静止，将球保持在身体右前方，开始准备击球。击球前先迈出左脚，身体左侧朝向来球方向，这时将球拍充分后摆，动作要自然而放松，左手也应配合身体的转动，拍头翘起，手臂伸展，眼睛注视来球，然后手臂由向后摆转而向前挥。在向前挥拍迎球过程中，为了使动作不间断，要形成一个小弧形的动作，球拍由低向高挥动，拍与球碰撞的击球点应在身体的右前方，高度保持在腰与肩之间。拍触球时，拍面垂直或稍前倾，击球的中部或中上部。手腕固定握紧球拍，手臂和腰部要随身体而转动，利用身体的转动力量带动手臂向前上方挥拍，身体重心从右脚逐渐移到左脚，击球后球拍随势挥至身体的左侧前上方。在整个动作过程中，球拍的顶端必须始终高于手腕。抽球动作完成后迅速还原，恢复成准备姿势，如图 8-2 所示。

图 8-2　正手抽球

2. 反手抽球动作要领

反手抽球是球落在身体左侧时采用的一种击球方法，当判断出来球飞向自己的反手方向时，应立即把球拍调整到反手握拍方式。然后根据球的速度和弧度迅速判断出球的落点位置，并快速移动到适当位置。在移动过程中要把球拍收向身后，移动到击球位置的最后一步时，要保持右脚在前，屈膝，身体重心前移，身体右侧朝向来球，同时，球拍开始向左后摆动，持拍手臂的肘部保持适当的弯曲，拍头稍翘起；在迎球过程中，左脚用力蹬地，挥拍手臂与身体的右转相配合，发力用在击球动作上。球拍由后向前挥动，击球点应在身体的左前方，高度在腰间。球拍触球时手腕固定握紧球拍，拍面垂直地面或稍后仰，击球的后部。击球后球拍随势挥至身体的右侧前上方，身体重心从左脚逐渐移到右脚，然后迅速还原成准备姿势。

五、发球技术

发球是比赛开始的第一个动作，应当把发球看作进攻的开始，它是网球技术中非常重要的一项技术，特别是在硬地和草地球场上发球更显重要。好的发球应具有较强的攻击性，可以使发出的球在速度、力量、旋转和落点方面不断变化，造成对方接发球困难而直接得分或制造反击机会。发球的好坏基本上取决于是否准确地抛球。由于抛球的位置不同，以及击球时拍面与球接触的方向不同，可以击出多种性能的球，使球形成各种不同的旋转及飞行路线，这样发出的球不仅准确、有把握，而且速度快。

发球动作要领：两脚自然站立，侧面对着球网，前脚与端线大约呈 45°，身体重心置于后脚。抛脚时，球拍开始靠近膝关节，然后向后下方摆动，左臂和左肩上举将球抛起。球应抛在自己身体的右前上方，这时右肘弯曲，使球拍在背后下垂，双腿微屈，上体微后仰。当球拍向上挥动击球时，手臂充分伸展，双腿蹬地，腰部由后仰随手臂而一起向前压，这时手臂、腰部和腿部同时用力作用于球拍挥击球的瞬间。击球时，拍头朝前，在自己身体尽量伸展到最高点时击球。击球后，球拍向右下挥过身体，并迅速还原成准备姿势。

发球一般分大力发球和侧上旋发球等多种，但它们的基本动作是一样的，只是在球拍击球时通过拍面的变化，击中球的不同部位，使球产生不同的旋转。大力发球一般是拍面平击球的后部偏上一点的部位，也就是球拍作用力方向与球体的重心方向垂直，因为是平击，球拍在球面上没有较长时间的滑动，球也不太旋转，因此这种发球控制能力及发球的准确性也就相对低一些，体力消耗也大，特点是击出的球力量大、速度快、落点深，常用于第一发球。侧上旋发球就是充分利用身体的转动，结合手腕的爆发力与灵活性，使球拍在球面上滑动，使发出的球带侧上旋，它的特点是旋转力强，在空中高弧度飞行，准确性较高。此种球发到对方反手区后弹起较高，并且向对方的反手方向拐弯，给对方接球造成困难。

六、截击球技术

截击球是网前技术中的一种攻击性击球方式，在球落地之前将球击回对方场区，它回球速度快，力量重，威胁大。目前网球运动向快速方向发展，优秀球员大多采用快攻上网型打法，因而截击球技术就成为进攻的重要手段。

截击空中球的准备姿势应该是站在网前 2.5～3 米处，面对球网，随时准备迅速向前侧移动。

1. 正手截击球动作要领

做好准备姿势，但球拍要举得高一些，约与眼部同高，当判断来球在正手时，身体向右侧转，拍头后引至体后上方，手腕略向后屈，左脚向体前 45°方向跨出，球拍由后向前下击球的瞬间手腕要固定，握紧球拍，类似向前推出的动作。截击时后摆动作要小，击球点应保持在身体的右前方。截击高于网的来球时，平击的成分可多一些，这样击出去的球具有进攻性。截击低于网的来球时必须充分下蹲，拍头仍然要高于或平行于手腕，截击球的中下部，成为切下旋球，此时应以推深落点为目的。

2. 反手截击球动作要领

当判断来球在反手时，身体向左侧转动，向左上方引拍，要高于来球。当来球逼近时，要主动去迎击球。肘微屈，腕内收，击球时手腕要固定，手臂由左肩上部向前下方压。截击时后摆动作要小，击球点应保持在身体的左前方。高于网的来球和低于网的来球截击动作要领，同正手截击球动作要领。

七、高压球技术

高压球是指击球者在头顶上方尽可能高处将球有力地击向对方场区，这是对付挑高球的一种有力的回击手段。

高压球的握拍法及击球法均类似于发球，不同点是发球由发球者自己抛球控制球的高度和击球点；高压球必须由击球者根据对方挑球的高度及落点来移动自己的步伐，在适当的高度击球。而且，高压球下落速度比发球的抛球下落速度快得多，因而击球时要以较小的身体动作和短而直接的后摆动作把球拍后引至头后，以平击的击球方式击球，不要任何花哨的动作。

高压球动作要领：当高球飞过来时，要及时移动脚步，侧身对着来球，右手收拍，左手指着来球，眼睛始终盯着来球；当高球飞近击球点的位置时，迅速挥拍，展开身体，踮起脚尖，向前收腹，在头顶前上方尽可能高处击球，击球后右脚向前跨出一步，完成跟进动作，保持身体平衡。

击球时注意手腕的动作，类似于排球的扣球，要有扣腕动作，以免球失去控制飞出界。击球时的身体如同一根弹簧，击球前伸直。准备击球时身体尽量展开呈背弓状，像一根绷紧的弹簧。击球时随着向上挥拍收腹，身体前屈，右脚向前跨，身体呈弯月形，像弹出去的弹簧。

高压球是一种强有力的进攻方式，即使一次击球不能置对方于死地，但也能使对方处于被动的地位。初学者一定要放开来打，若来球飞得太高，从高处几乎垂直落下，难于掌握击球点，则可以等球落地让球弹起后再击打高压球，此时球速虽然大大减慢，但比较容易掌握击球点。

八、挑高球技术

挑高球就是将球挑向高空击到对方后场，可分为防守型和进攻型两种。当对方正在冲上网或距离球网过近的时候，利用挑高球使球落入对方后场区，这就是主动且具有进攻性的挑高球。当自己处于困境或被迫远离球场的不利位置时，最好的回击球的方法就是利用挑高球，争取时间，做好准备，这是防守型挑高球。

1. 进攻型挑高球动作要领

不论是正拍还是反拍挑高球，其准备动作都应与正拍或反拍击球的准备动作相同，这样对方就难于判断是击球还是挑高球。只有在击球前很短的时间内突然改变动作，使拍面转向上，挥拍弧线稍向前上方，才会使对手措手不及，发挥挑高球的主动进攻作用。

2. 防守型挑高球动作要领

一般运用平击挑高球的方法，这也是最容易掌握的一种挑高球技术，攻击性较小，击球时能将球挑得较高、较深（接近底线），对方难以直接进行高压球回击，只好让球落地弹起后再还击。从而使挑高球者有更多的时间由被动转向主动，或占据有利位置进行防守。

九、放小球技术

放小球是指将球轻轻地击到对方网前，当对方站在端线附近或远离球场时，采用这种战术打法很容易得分，至少会使对方疲惫不堪，大大消耗体力。放小球应具有突然性和隐蔽性，使用次数不能多，被对方识破了往往会使自己处于被动局面。

放小球动作要领：放小球的握拍法与正、反手击球握拍法相同，击球时后摆收拍动作较小，往往采用削球的方式击出下旋球。记住放小球时手腕不能放松，击球点仍在身体前方，击球时拍面稍向上，呈托盘状将球轻送过球网。

第三节　网球的基本战术

网球运动战术是为争取比赛胜利而采取的各种攻防技术策略性运用的原则和方法。战术是以技术为基础的。两个技术水平相当的球员，比赛获胜者往往是能够灵活、正确运用战术之人。因此了解和掌握一定的基本战术就显得十分必要。

一、单打战术

1. 发球战术

发球战术应考虑以下几个方面：发球不受对方支配，可通过力量、速度和准确性达到得分目的；针对对方弱点，攻其薄弱环节；利用不同的发球方式，随着上网截击；运用相似手法，发不同性能的球，使对方不易捉摸；利用外界条件（如风向、阳光、硬地和草地等）发球，给对方接发球制造困难。

1）发球站位。在右区发球时，站位尽量接近中线，这样既可控制全场，又可发直线球遏制对方的反拍；在左区发球时，站位可距中点线稍远，便于以更大斜线发对方反拍区，扩大自己正拍防守区域。

2）第一次发球。多采用大力平击发球或强烈上旋发球方式，将球打到对方右区的中线附近。用这种方法发球命中率高，直接得分的可能性大。

3）第二次发球。机不可失，重点在准确，力求凶狠，打落点。多用切削发球或上旋发球。

4）上网的发球。应该是有力的上旋发球。因为强烈的上旋发球落地后能高高弹起并向前冲，增加接发球的难度；更重要的是上旋球在空中飞行弧度大，时间长，有利于发球后跑至网前进行截击。

2. 接发球战术

接发球方一般处于被动地位，但处理得好可减少被动，甚至化被动为主动。

1）接发球站位。站在对方可能把球发到的角度的分角线上。当对方发向外或向内旋转的球时，要靠近旋转方向一点。此外，应尽量站在底线里边半米左右，这样距离短，回击快，可压制对方上网，便于自己上网。

2）接发球破网。对付发球后直接猛冲到网前的对手，挑出较长的高球是相当有效的；而对付发球后上网较慢的对手，最有效的破网办法是在他上网的跑动中把球打到他的脚下，若能打出带有强烈上旋的球，则效果更好。

3. 上网战术

上网是积极主动的打法。在发球或接球后，冲到离网较近的位置，不等对方回击的球落地便进行空中截击或高压。

1）上网时机。多用于第一次发球。发上旋球后，借球在空中飞行时间长、对方难于回击之机上网截击。若击球后上网，则出球要斜、要深、要重，或近中央地带。

2）上网站位。尽可能站到距网大约 2 米处。近网则进攻威胁性大，封网角度小，防守控制面积大。但必须有强力高压球做保证，否则对方挑高球时便会陷于被动。此外，站位应在对方可能的击球角度的分角线上。上网时，还要提防对方击直线球。

二、双打战术

双打比赛因为有两人配合，控制面积较大，不易找到对方防守的漏洞，并且比赛速度比较快，因此更要求运动员具有较高的战术意识。要求运动员动作迅速，反应灵敏，并且要有准确的判断力、预见性和良好的配合能力。双打战术包括发球战术、接发球战术、网前交锋战术、底线作战战术等。

1. 发球战术

双打比赛中采用强劲的攻击性发球，对保证上网和争取胜利是极其重要的。

1）发球时的位置。不论是在右边发球还是在左边发球，都是同样的站法。发球者应站在中线与边线之间，这里上网的距离最近，也便于在向前移动的过程中根据来球的方向而改变移动方向。发球者的同伴（网前队员）应根据本身的条件选择位置，一般可站在离网 2～3 米、离边线 3 米左右的地方。

2）发球者的主要任务。一是运用各种发球方法迫使对方的接球员不能进行主动反击，从而取得比赛的主动，创造得分机会。二是发球后要迅速上网，取得网前的主动地位，准备迎击对方的回击球。

在双打比赛中一般采用急速旋转的发球方法，发向对方的反拍。这是因为，运动员的反拍大多数击球力量较小；接发球者的反击角度最小；对方如采用挑高球时，一般网前队员可以很容易地用正拍进行有力的高压扣杀。

2. 接发球战术

接发球者一般处在防守的不利地位，因而接发球者应该运用由不利转为有利的进攻技术。这就要求接球者必须掌握各种击球技术，适应各种发球。一般来讲，接发球时首先要将球击回给对方，这是最根本的；其次要力争主动；最后要争取及时抢先上网。

1）接发球时的位置。一般站在端线内 1～2 步的地方，并且应站在对方可能发球角度的分角线上，这样可以缩短击球的距离、加快反击的速度，并且可以控制较大的面积。接发球者的同伴一般应站在半场处，并在发球线以内，以便于迅速上网截击抢攻或后退到端线防守为原则。

2）回击。回击球的路线很多，可以根据对方的特点及自己击球技术的特点选择运用，但必须注意回击球的过网点要尽量低。回击球时一般采用斜线，使球经过网中央的上空落入对方场区，这是因为网中央的高度比两侧要低些，球可以以更低的弧度过网，更快地落地；注意技术运用的突然性，以使对方准备不足。

3. 网前交锋战术

双打的网前交锋速度相当快，双方队员都在抢网前，距离很近。因此，要求球员除必须具备更快的反应速度和高度的注意力外，还应做到下面几点。

1）占据正确的位置。两个人都在网前不可能严守全场，因此占据正确合理的位置非常重要。正确的网前位置一般应离网 2～3 米，这样不仅可以尽可能地在球高于球网时进行攻击性较强的击球，还可以迅速后撤对付对方的挑高球。另外，同伴之间的距离不宜过大。上述的站位方法只是基本的站位方法，网前队员还必须根据对方击球时的地点和击球方法，灵活机动地选择位置。

2）预判比赛中的变化。在快速比赛过程中，只依靠反应的速度是不够的，必须具备很好的判断和预见能力。要提高预判能力，一方面要注意判断对方脚步移动、击球动作情况，另一方面还要很好地了解对方的技术、战术特点。此外，也要很好地预测球的来往情况，了解同伴的击球特点和战术意识。

3）控制网前球是关键。由于在双打比赛中主要的得分手段是网前截击，所以必须学会控制好各种网前截击球，特别要掌握好截击高球、中路球和低球的拍面。在遇到高球时，可以抽击、重打或在近处左右轻拨；在遇到中低球时，可用切削法击球。

打网前截击球的击球力量要控制好，理想的截击目标是把球打到对方队员的腰部以下，迫使对方向上击球而送出一个好打的球来。

4. 底线作战战术

双打比赛尽量避免在底线击球，因为这是最被动的局面，如果已经被迫退到了底线，则必须争取一切机会，创造条件抢先上网。处在底线时可以用两种办法进行作战。

1）击短球、低球。击短而低的球可以用削击和拉击旋转球等办法，这是在底线作战时最有效的击球方法。因为这种击球的速度较慢，可以给自己冲到网前创造充足的时间，同时，较慢的球对方难以做出有力的回击；这种击球的过网点较低，使对方无法做攻击性的回击球。但是，如果对方离网较近或本方在端线外较远的地方时，击短球、低球是比较危险的，必须慎重使用。

2）抽球。准确而低平地抽向对方两人之间的球，其威胁也是较大的。如果对方两人比较靠近时，他们的两侧一般是有漏洞的，这时可以采用直线或斜线击球，攻其两侧，大力、快速的球常常会使对手出现错误，尤其是从中场向对方做大力抽球威胁更大。但一般来讲，只有把握性较大时才采用大力球。

第四节　网球比赛的场地及规则简介

一、场地

一片标准的网球场，占地面积应不小于 670 平方米。其中双打场地长 23.77 米、宽 10.97 米，如图 8-3 所示；单打场地长 23.77 米、宽 8.23 米。场地中间用球网横隔成两个等区。

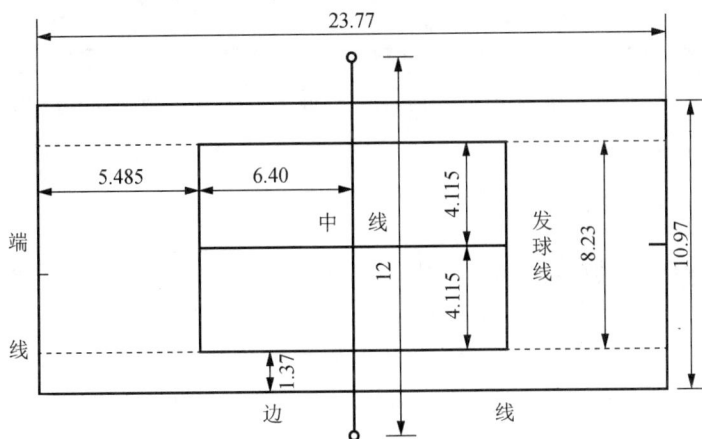

图 8-3　双打网球运动场地（单位：米）

球场两端的界线称为端线；两边的线称为边线；在球网两侧 6.40 米处的场内与球网平行的横线称为发球线；连接两发球线中点的与边线平行的线称为中线；中线与球网呈"十"字形，将发球线与边线之间的地面分成 4 个相等的区域，称为发球区；在端线的中点，向场内画出的短线称为中点。

全场各区的丈量，除中线外都从各线的外沿计算。场上所有的线，应是同一颜色（白色或黄色）。全场除端线要宽至 10 厘米外，其他各线的宽度均在 2.5～5 厘米。

二、比赛规则

网球比赛时，双方球员应各自站在球网的一边，先发球的球员叫发球员，另一边的球员叫接发球员。规则对发球员的位置有所限制，而接发球员可以站在自己场地一侧任何合适的位置上。球网不属于任何一方，但在球拍、身体、衣服、鞋袜等触网时为失分。发球员和接发球员在每一局结束后都要交换发球权。

通常的网球比赛是用掷硬币的方法决定选择场地或首先发球权、接发球权，得胜者有权选择或要求对方选择。选择发球或接发球者，应让对方选择场地；选择场地者，应让对方选择发球或接发球。

1. 网球比赛的计分方法

1）胜 1 局。比赛中球员每胜 1 球即得 1 分，记 15 分，胜第 2 分，记 30 分，胜第 3 分，记 40 分，先胜 4 分者为胜 1 局。如遇双方各得 3 分，则为"平分"。"平分"后，某一方先得 1 分，为"该球员占先"，"占先"后再得 1 分，才算胜 1 局。如一方"占先"后，对方又得 1 分，则仍为"平分"。以此类推，直到一方在"平分"后净胜 2 分才为胜该局。

2）胜 1 盘。一方先胜 6 局为胜 1 盘。但遇双方各胜 5 局时，一方必须净胜两局才为胜 1 盘，也就是 7∶5。如果双方的局数打到 6∶6，就要以决胜局定胜负。

决胜局比赛的计分方法有两种，一种是长盘方法，就是某一方必须净胜两局才为胜该盘。另一种是短盘方法，就是双方再赛 1 局，胜者即为胜该盘。除非赛前另有规定，一般短盘制应按以下办法执行：先得 7 分者为胜该局及该盘（若分数为 6 平，一方须净胜 2 分）。决胜局的比赛，首先由发球员发第 1 分球，然后由对方发第 2、3 分球，此后轮流各发 2 分球，直至比赛结束。

第 1 分球发球员在右发区，为胜方，但最后在记分表上则统一写成 7∶6。

3）胜 1 场。1 场比赛男子最多打 5 盘，女子最多打 3 盘，比赛双方中先胜 3 盘（男子）或 2 盘（女子）者为胜 1 场。

2. 发球员应遵循的发球方法

发球员在发球前应先站在端线后、中点和边线的假定延长线之间的区域里，然后用手将球向空中任何方向抛起（仅能用一只手的运动员，可用球拍将球抛起），在球接触地面以前用球拍击球，球拍与球接触时就算完成球的发送。

如果第一次发球失误，第二次发球也失误，则判为二次发球失误，发球员失分。

发球时，发球员在整个发球动作中，不得通过行走或跑动改变原先站的位置。

3. 发球员的位置

1）每局开始，发球员应先从右区端线后发球，得或失 1 分后，再换到左区发球。如果发球位置错误而未察觉，比分仍然有效，一旦发现，应立即纠正。

2）发出的球应从网上越过，落到对角的对方发球区内或其周围的线上。如果发出的球在落地前被接球员击打,判接球员失误。除发球之外,双方对打时都可以直接对击。

4. 发球时判为失误的情形

发球时判为失误的情形如下:

1)发球员违反了发球员位置的规定。

2)未击中球。如果发球员向上抛球,又不准备击球而用手将球接住,不算失误。

3)发出的球,在落地前触及固定物。

4)第二次发球。发球员第一次发球失误后,应在原发球位置进行第二次发球。如第一次发球失误后,发觉发球位置错误,应按规则改在另区发球,但只能再发一次球。

5)脚误。发球员在整个发球动作中,脚没有按发球方法规定站位。

5. 发球无效的情形

发球触网后球仍落在对方发球区内或接球员未做好接球准备,均判发球无效,应重发球。

6. 交换发球权

每一局比赛终了,均应交换发球权,直至比赛结束。

7. 重发球和重赛

凡根据规则必须重发球或比赛受到干扰时,裁判员应呼叫"重发球"。宣告发球无效时,仅该球不算,重发球。其他情况下,如比赛时其他球进入场地,在对打中球突然损坏,裁判员报分失误等都要重赛。

8. 阻碍击球

一方的举动妨碍另一方击球时,该举动若属故意,判失分。若是无意则判该分重赛。

9. 球触固定物

击出的球,落到对方场区地面后又触及固定物(球网、网柱、绳或钢丝绳、中心带、网边白布除外)时,判击球者得分;球在落地前触及固定物,判对方得分。

10. 交换场地

双方应在每盘的1、3、5等单数局结束后,以及每盘结束双方局数之和为单数时,交换场地。

11. 失分

发生下列任何一种情况,均判失分:①在球第2次着地前,未能还击过网;②还击的球触及对方场区界线以外的地面、固定物或其他的物件;③还击空中球失败;④故意用球拍触球超过一次;⑤运动员的身体、球拍在活球期间触网;⑥过网击球;⑦抛拍击球。

12. 压线球

落在线上的球都算界内球。

13. 活球期

自球发出起（除失误或重发外），至该分胜负判定时止，为活球期。对于明显的出界球，无论球员在场内还是在场外，只要接触到在空中的仍处于活球期的球，均判其失分。

14. 双打比赛的发球次序

每盘第 1 局开始时，由发球方决定由何人首先发球；对方则同样地在第 2 局开始时，决定由何人首先发球。第 3 局由第 1 局发球方的另一球员发球，第 4 局由第 2 局发球方的另一球员发球。以下各局均按此次序发球。发球次序错误，应在发觉时立即纠正，但已得、失的分数都有效。

15. 双打接发球次序

先接球的一方，应在第 1 局开始时，决定何人先接发球，并在这盘单数局中始终先接发球。对方同样应在第 2 局开始时，决定何人先接发球，并在这盘双数局始终先接发球。他们的同伴应在每局中轮流接发球。接球次序错误发觉后仍按已错误的次序进行，等到下一接发球局再纠正。

16. 双打还击

接发球后，双方应轮流由其中任何一名队员还击。如球员在其同队队员击球后，再次以球拍触球，则判对方得分。

17. 连续比赛和休息时间

从第一次发球开始，到全场结束，比赛应按下列规定连续进行。

1）如第一次发球失误，发球员必须毫不犹豫地开始第二次发球，接球员必须同时准备好接发球。交换场地时，从第 1 局结束到下一局第 1 分发球球拍击球时，最多有 1 分 30 秒的间歇时间。当有外界干扰使比赛无法连续进行时，裁判员可酌情处理。分与分之间允许间歇时间不得超过 20 秒。

2）绝不应为了运动员能够恢复力量而暂停、延误或干扰比赛。如因事故而受伤，裁判员可允许一次暂停（3～5 分钟）。

3）若某些情况是运动员不能控制的，如运动员的服装、鞋或器材（不包括球拍），因料理不当而不能或难以继续比赛时，裁判员可暂停比赛直到料理好。

4）男子比赛在第 3 盘打完之后，女子比赛在第 2 盘打完之后，双方球员可以有不超过 10 分钟的休息时间。如比赛被暂停到第二天才能恢复，则在第二天打完第 3 盘（女子打完第 2 盘）之后才有休息权。第一天未打完的一盘以一盘计算。

5）锦标赛的委员会有权决定给运动员做准备活动的时间，但不可超过 5 分钟，并且必须在比赛开始前宣布。

6）运动员若违反比赛应连续进行的原则，裁判员在发出警告后，有权取消犯规运动员的比赛资格。

18. 指导

团体比赛中，在交换场地时，可由坐在场内的队长给以指导，但在决胜局换边时不得进行指导。在其他比赛时，运动员不能接受指导。在裁判员发出警告后，他有权取消犯规运动员的比赛资格。

19. 更换新球

一般比赛采用 11 局结束后更换新球。各项比赛组织委员会有权决定换球时的局数。

第九章 游泳运动

游泳运动是人凭借自身肢体动作与水的相互作用力,在水上漂浮前进或在水中潜泳的一种有意识的技能活动。它一直与人类生存、生产、生活相联系。游泳集水浴、空气浴、日光浴于一身,能有效地增强体质、促进身心健康、健美体形,并对人们的工作、生活有着深刻的影响。在现代社会中,游泳运动是最受大众喜爱的体育项目之一。

第一节 概 述

游泳的起源和发展经历了人类社会各个历史发展时期的变革。据史料记载,早在远古时代,我国黄河中下游各地和非洲的尼罗河流域同是人类文明的发源地。人类在布满了江、河、湖、海的地球上生活,不可避免地要和水发生关系。在埃及、希腊和中国的古代文物及历史文献中,曾发现类似今日之自由泳动作的图案和文字记载。当时的游泳多用于劳动、谋生和军事训练,有较大的实用价值。

游泳时,所有的肌肉和内脏器官都参加活动,因而能有效地促进身体全面、匀称、协调的发展,并能使肌肉发达、光滑、柔软而富有弹性,使人体形态更加健美,是减肥、塑身、健美的有效途径。此外,游泳作为一种生存技能和娱乐休闲手段,是每一个大学生都应掌握的重要技能。

现代游泳运动起源于英国。早在17世纪60年代,英国不少地区的游泳活动就开展得相当活跃。1828年,英国在利物浦乔治码头修造了第一个室内游泳池,到了19世纪30年代,这种泳池在英国各大城市相继出现。1837年,在英国伦敦成立了第一个游泳组织,同时举办了英国最早的游泳比赛。1869年1月,在伦敦成立了大城市游泳俱乐部联合会(现英国业余游泳协会前身)并把游泳作为一个专门的运动项目正式固定下来。随之传入各英殖民地,继而传遍全世界。

竞技游泳从1896年雅典举行的第1届现代奥运会就列入了奥运会正式竞赛项目,当时只有100米、500米、1200米自由泳3个比赛项目。1908年在伦敦成立了国际业余游泳联合会,并正式确定了国际游泳比赛规则。从1921年斯德哥尔摩第5届奥运会开始设立了女子游泳比赛项目。各种锦标赛、国际大型比赛不断推动着竞技游泳的发展,使它的技术动作更完善,创造了一个又一个优异的成绩。

中国近代游泳运动是从欧美传入的。我国泳坛健儿吴传玉早在1953年布加勒斯特第1届国际青年友谊运动会上就获得过100米仰泳的冠军。这是我国获得的第一个国际比赛游泳冠军。1992年在巴塞罗那举行的第25届奥运会上我国女运动员杨文意、庄泳、林莉、钱红获得4枚金牌。从此中国泳坛新人辈出,刷新了多项世界纪录。中国女将在20世纪90年代初创造的一系列优异成绩，使中国游泳项目引起了国际泳坛的注意。目前，我国女子短距离游泳项目处于世界先进水平，但长距离项目和男子项目离世界先进水平还有一定差距。

随着游泳运动的发展，游泳被分为实用游泳、花样游泳和竞技游泳三大类。而水球和跳水则从游泳中分离出去，成为独立的竞赛项目。实用游泳又分为侧泳、潜泳、反蛙泳、踩水、救护、武装泅渡；竞技游泳分为蛙泳、自由泳、仰泳、蝶泳和以这4种泳姿组合的混合泳。

第二节　蛙　泳

蛙泳的划水与蹬腿动作酷似青蛙在水中的游进姿势。它是最古老的泳姿之一，也是现代竞技泳姿之一。蛙泳由于身体俯卧在水面上，上下肢对称地交替划水和蹬水，身体姿势比较平稳，水的支撑面积大，动作省力，呼吸方便，能持久负重，适合长时间、远距离游泳。采用这种姿势游泳，容易观察目标，动作隐蔽，声音小。因此，蛙泳长期以来被广泛应用于水上作业、水上运输、渔猎、泅渡和救护等方面，具有很高的实用价值。

一、蛙泳的基本技术

蛙泳技术的基本特点：身体保持平卧姿势，两肩与水面平行，两臂和两腿的所有动作应是同时的、对称的，并应始终保持在同一平面上进行，不得有交替动作，手臂划水后不得出水面。在现代蛙泳技术的发展过程中，运动员的肩部上提及下压，使腰部肌肉积极参与划水，蹬腿及两臂划水用力提前，是一个较明显的特点。随着蛙泳技术的发展，在身体素质上，对关节的灵活性和肌肉的爆发力方面提出了更高的要求。

1. 身体姿势

蛙泳的身体姿势要求俯卧在水中，微抬头，稍挺胸，使身体的纵轴与水平面呈5°～10°，如图9-1所示。当抬头吸气时，头部和肩部应处于水面的最高点上。吸气时应伸颈抬头，吸气后屈颈低头，头部可以全部没入水中。头部上下动作的幅度要适度，过高抬头或没入水中过深，都会使肩部起伏过大，增加身体前进的阻力，影响游进的速度。

图9-1　蛙泳的身体姿势

2. 臂部动作

蛙泳的手臂划水在产生牵引力方面起着重要的作用。蛙泳手臂划水动作的全过程是抱水—划水—收手—前伸。

1）抱水。当身体滑行的速度开始下降时，两臂向前下方伸出。当两手前伸离水面深约20厘米时，两臂内旋，两手掌外翻，并屈腕，在体前形成一个抱水的支撑面。

2）划水。当抱水形成时，掌心向外、双臂向斜下方划水。当两手划水相距约30厘米时，开始逐渐屈臂提肘，同时用力加速沿弧线做屈臂划水动作，形成高肘，随即向内划水。

3）收手。当高肘划水完成后，随着两臂的屈肘，不停顿地向内划水，这一动作称为收手。这是由划水至向前伸臂的过渡动作，同时也是蛙泳技术动作的难点之一，如图9-2所示。

图 9-2　收手动作

收手的动作要领：当划水结束时，前臂和手向内，双肘逐渐向内、向下靠（靠近身体），双手手掌倾斜相对，以减少阻力。

4）前伸。动作要领：当两手臂收手到下颌前时，手臂迅速前伸，同时掌心转向下，两臂自然靠拢、前伸，肩部和身体尽量伸展、放松，向前滑行，并积极准备下一次的划水动作。整个蛙泳手臂划水路线近似桃形。

3. 腿部动作

蛙泳腿蹬水，是推动身体前进的主要动力，在蛙泳中起着极大的作用。蛙泳腿部动作的全过程是收腿—翻脚—蹬夹水—并拢滑行。

1）收腿。当身体滑行后，两腿逐渐边分边收，屈膝和屈脚，慢收腿，收腿完成后，大腿与上体之间的夹角约 130°，两膝之间的距离约与肩同宽，两脚脚跟尽量靠近臀部。收腿速度要慢，以减少收腿所产生的阻力，如图 9-3①～③所示。

2）翻脚。即翻脚掌，是收腿之后蹬水之前的准备动作。当收腿后的两脚跟靠近臀部时，随即两脚掌外翻，同时大腿内旋，两膝稍向内，使两足内踝和小腿内正对着蹬水的方向，脚掌和大腿、小腿内侧之间形成一个最有利的蹬水支撑面，达到蹬水最佳的效果，如图 9-3④所示。

3）蹬夹水。当翻脚掌完成后，立即以大腿发力，通过伸髋和伸膝，不停顿地做向外、向后和向内的鞭状蹬夹水动作，完成蹬水。整个动作要用爆发力，一气呵成。注意蹬夹水呈一个面，避免呈一条线，如图 9-3⑤～⑧所示。

4）并拢滑行。当两腿呈鞭状蹬水后，随着蹬水动作的惯性，两腿并拢伸直，做滑行运动。整个腿部动作可归纳为 4 句话：边收边分慢收腿，翻好脚掌对准水，向后用力蹬夹腿，双腿并拢漂一会儿，如图 9-3⑨所示。

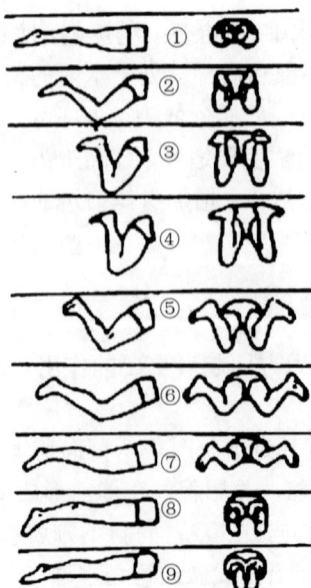

图 9-3　腿部动作

4. 臂、腿和呼吸的配合技术

蛙泳的技术动作比较复杂，整个动作的关键是协调配合，配合得好，获得推进力就大。蛙泳技术多采用臂划水一次、腿蹬夹水一次、呼吸一次的配合技术，如图9-4所示。其臂、腿动作配合可归纳为4句话：划手腿不动，收手又收腿，先伸臂后蹬腿，臂腿并拢漂一会儿。蛙泳的呼吸多采用中、晚呼吸。

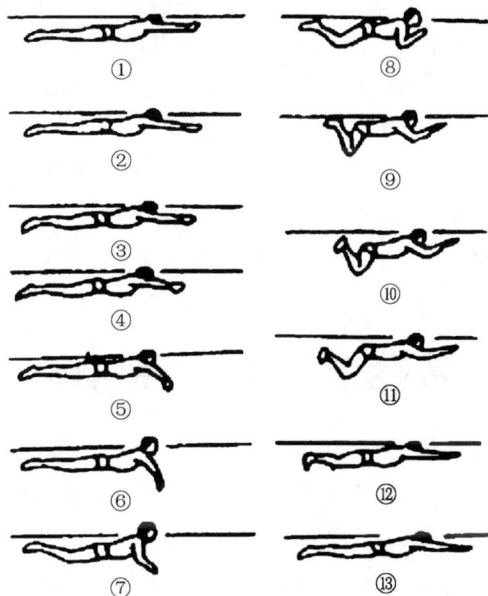

图9-4 臂、腿和呼吸的配合技术

二、蛙泳的练习方法

学习蛙泳技术，首先从腿部动作开始，然后学习臂部、臂腿配合和呼吸动作。先进行陆上的模仿动作练习，再进行水中的练习。

1. 腿部练习

1）陆上模仿练习。开始时可有人帮助进行，再进行自己单人练习。腿部动作的要领：收腿—翻脚—蹬夹腿—并拢滑行。先分解练习，再过渡到连贯动作的练习。陆上模仿中，要特别强调翻脚掌动作。

2）水中扶池壁的蹬腿动作练习。先有人帮助，后自己单独练习。

3）两臂前伸，进行蹬腿练习。体会收腿和用脚掌蹬水的方法。

4）两臂放在体侧，收腿后的脚跟碰到手后再蹬水的练习，体会小腿贴近大腿的感觉。

5）两臂放在胸旁，两手掌伸展，掌根贴近大腿，收腿至大腿碰到手指后蹬水，体会收腿后大腿与身体的合理角度。

6）踩水蹬腿。两手扶竹竿等物进行踩水练习，体会收腿、翻脚掌用脚底蹬水的感觉。

7）扶扳蹬腿。体会腿部动作的全过程和蹬腿的实效性。

2. 臂部练习

1）陆上模仿练习。

2）站在浅水区进行划臂动作练习：①滑行练习，体会手掌及前臂的抱水动作；②划水练习，体会"高肘"划水动作和胸部抬出水面动作；③划臂练习，两腿并拢伸直，体会腰部用力及身体与手臂的协调配合动作。

3）臂腿配合动作练习。先做陆上模仿练习，再做慢节奏的分解动作配合游。动作熟练掌握之后，再用最佳的技术动作游。其分解动作配合游的练习方法如下：划臂时，两腿伸直；当划水回手两臂在肋下时，屈膝收腿；当两臂前伸伸直时，初学者要强调两臂伸直后，才开始蹬腿，然后滑行2～3秒后再开始做下一次的配合动作。

4）呼吸练习。先进行小臂划水早呼吸的练习，逐渐过渡到晚呼吸的练习，体会呼吸的方法与时机。其练习方法：两臂伸展时，蹬腿，稍憋气呼气；蹬腿结束时，两臂向两侧稍分开，屈肘向后划水，抬头吸气；划臂的全过程在肩前小幅度完成。

第三节　自　由　泳

进行自由泳时，由于身体平卧在水中，身体与水平夹角最小，流线型好，加之其生产的推进力均匀（依靠双腿不停地打水，双臂轮流划水而产生推进力），动作结构简单，划水效果好，动作配合协调，既省力，又能发挥最大的速度优势，因此它是速度最快、最易掌握的一种泳姿。

在竞技游泳中，自由泳的项目最多（男、女达16项）。它通常是衡量一个国家竞技游泳水平的标志，同时也是掌握其他泳姿的基础姿势。自由泳也同样具有极其广泛的实用价值，它是快速接近目标、迅速脱离险境的最有效的办法，特别在江、河、湖、海通过激流、逃离旋涡过程中，自由泳是最有效的手段之一，同时也是学习掌握器泳（蹼泳、轻潜）的最基础的项目。

一、自由泳的基本技术

自由泳技术由5个部分组成：身体姿势、腿部动作、臂部动作、呼吸技术、完整动作配合。

1. 身体姿势

自由泳时身体自然伸展，几乎水平地俯卧在水面，稍收腹，含胸，臀部接近水面，双腿自然伸直，脚稍向内扣，脚面绷直，身体纵轴线与水面呈 3°～5°。头稍抬，水面在前额发际之间，目视前下方，头部轴线与水面呈20°～30°。

自由泳在游进时，身体要不停地绕纵轴线转动，呈 35°～45°。以腰部转动为主，即以腰为轴带动肩，加上双腿的交替，协调配合完成。在整个转动过程中，头要保持相对的稳定，同时配合肩部的转动完成移臂和划水过程。其优点：便于手臂出水后的空中自然前移，可大大缩短移臂的半径，使肩臂处于相对放松状态，有利于臂划水动作的完成，维持身体平衡及最大限度地发挥肩带肌群、胸大肌、背括肌的力量，有助于呼吸动作的完成。因此，转体技术是掌握自由泳的关键。

2. 腿部动作

自由泳的腿部动作，以维持身体平衡为主。首先，双腿交替上下打水，产生一定的上升力和推进力，将身体保持纵向平衡。由于自由泳转体造成身体的偏移，同样需要用打水动作调整其横向平衡。其次，协调双臂的划水、移臂，产生一定的推进力。技术要领：两腿自然伸直，脚稍向内扣。打水时，要以髋、膝、踝3个支点为轴，利用杠杆原理，做复杂的鞭水动作。整个过程分为向下打水和向上打水。

1）向下打水过程。以髋部先发力，利用鞭打动作传递至大腿、小腿、踝，最后将全部力量集中于脚尖，向后下方踢出，整个过程俗称"下鞭动作"。在下鞭过程中，踝关节的灵活性对前进的作用有很大的影响。向下打水时，除了产生上升力外，还可产生向前的分力。其分力的大小取决于打水的力量和踝关节的灵活性。

2）向上打水过程。当向下打水过程结束时，利用向下打水时产生的反作用力，由大腿带动小腿、踝自然地向上抬起至水面。当脚升至水面时，完成向上打水过程。在整个过程中，由于腿上抬受到水的阻力，产生一定的下沉力，因此，在向上打水时，力量要小，速度较慢。

3）双腿交替打水动作。当一条腿向下打水时，另一条腿自然向上打水。向上打水要自然，相对放松，为向下打水做准备。向下打水时腿绷直绷紧，要加速，用爆发力做下鞭动作。双脚垂直距离以30～40厘米为宜。

3. 臂部动作

自由泳的划臂是推进身体前进的主要动力，其划水效果的好坏直接影响自由泳的速度。自由泳在游进时，双臂轮流交替划水，其划水截面主要依靠手掌、小臂内侧，协同上臂和肩部，共同形成一个划水的支撑面。臂的技术可分为5个部分，即入水、抱水、划水、出水、空中移臂。

1）入水。臂入水时，要求肘关节高于手，手指自然并拢伸直，手指向斜下方切拨入水（掌心稍向外侧）。入水点在肩的纵轴线上或在肩和身体纵轴线之间。入水的顺序是手—前臂—上臂—肩，这些部位依次自然切入水中，避免溅起大的水花。

2）抱水。臂入水后，应积极插向前下方，并逐渐转肩、屈肘、屈腕，肘关节屈至150°左右，整个臂、手像抱一个大圆球一样，这时肩带肌群充分拉开，并以手、臂、肩形成一个对水的支撑面，为划水动作创造有利的条件。抱水技术的好坏直接关系到划水的效果。

3）划水。划水是指从手臂与水平面呈40°起，向后划至与水面呈15°～20°止的动作过程。这是获得推进力的主要阶段。这个阶段又分两部分：从整个臂部划至肩下方与水平面垂直之前称为拉水，过垂直面后称为推水。

拉水是直臂到屈臂的过程。抱水结束时，屈肘为150°左右。拉水时，前臂的速度快于上臂，继续屈肘。当臂划至肩下方时，手在体下靠近身体中线，屈肘约为90°～150°。整个拉水应保持高肘姿势，使手和前臂能更好地向后划水。从拉水到推水，应连贯地加速完成，中间没有停顿，要始终感觉手对水的支撑，不要失调，要使肩、上臂、前臂也向后划动，同时肩部后移，以加长有效的划水路线。向后推水是通过屈臂到伸臂来完成的。为了使前臂、手掌能以最大的面积推水，在推水中肘关节要向上、向体侧靠近。在推水过程中，为了使手掌始终与水平面保持垂直，推水时要逐渐放松腕关节，使手伸展开，与前臂呈 200°～220°。整个划水动作，手的轨迹是向下—向后—向上。划水路线呈"S"形。

4）出水。在划水结束后，臂由于惯性的作用而很快地接近水面，应立即借助三角肌的收缩将臂提出水面。出水时，肩部和上臂几乎同时出水，但肩部稍微早一些，掌心朝后上方。手臂出水动作必须迅速而不停顿，前臂和手掌应尽量放松。

5）空中移臂。臂在空中前移的动作是手臂出水的继续，不能停顿。移臂时，动作应放松自如，尽量不破坏身体的流线型，并和另一臂的划水动作协调一致。在手臂提出水面前移的前半部分，前臂和手的动作较慢，落后于前移的肘关节。移臂完成一半时，肘部继续弯曲。屈肘程度取决于运动员肩关节灵活性和身体绕纵轴转动的程度。臂移至肩部时，手和前臂赶上肘部，并逐渐向前伸出。掌心也从后上方转向前下方，接着做入水准备动作。在整个移臂过程中，肘部应始终保持比肩部高的位置。在自由泳划臂的整个周期中，动作是不停顿的、有节奏的。随着阶段的不同，各部分所有的力量也不同，动作速度也有所区别。

6）两臂配合技术。自由泳中两臂的正确配合，是保持前进速度均匀性的最重要的条件之一。划水时，依照双臂所处位置的不同，可以分为 3 种交叉形式：①前交叉配合，一臂入水，另一臂处于肩前方；②中交叉配合，当一臂入水时，另一臂处于肩下垂直部位，与水平面呈 90°；③后交叉配合：当一臂入水时，另一臂划水至腹部下方，与水平面呈 150°。

以上 3 种配合形式各有其特点。对初学者来说，可以采用第一种形式，以便掌握自由泳动作和呼吸动作。采用第二种和第三种形式，有利于发挥两臂力量和提高动作频率，加快速度，保持连续的推进力。

4. 呼吸技术

与其他泳姿一样，自由泳呼吸动作是有节奏地进行的。呼吸频率取决于动作频率，一般在两臂交叉各划一次过程中完成一次呼吸动作，包括呼气、吸气和短暂的闭气。呼吸时利用右（左）臂推水的反作用力，（向侧后方）转体、转肩、转头，使口露出水面，同时，（在臂前移过肩之前完成）加速呼气，随即用口迅速深吸气，然后将头转至闭气，臂随之前移入水至第二次右（左臂）前移动作。

5. 完整动作配合

完整的配合技术是运动员匀速地不间断地向前游进的保证，如图 9-5 所示。目前自由泳的配合动作中有两腿打水 6 次、两臂划水各一次、呼吸一次的配合游法，简称"621"；两腿各打水两次，两臂划水各一次，呼吸一次，简称"421"；两腿各打水一次、两臂各划水一次、呼吸一次的配合技术，简称"221"。另外，还有采用不规则打水、交叉打水等多种形式的配合技术。

自由泳的各种配合方法各有其优点：6 次打腿配合技术，能保证配合的稳定性，保持臂、腿协调配合和身体的平衡，适用于短距离项目；4 次打腿配合技术可以减少腿的负担量；两次打腿配合技术有利于发挥两臂作用，加快臂的动作频率。4 次打腿和两次打腿技术在中长距离项目中多见。

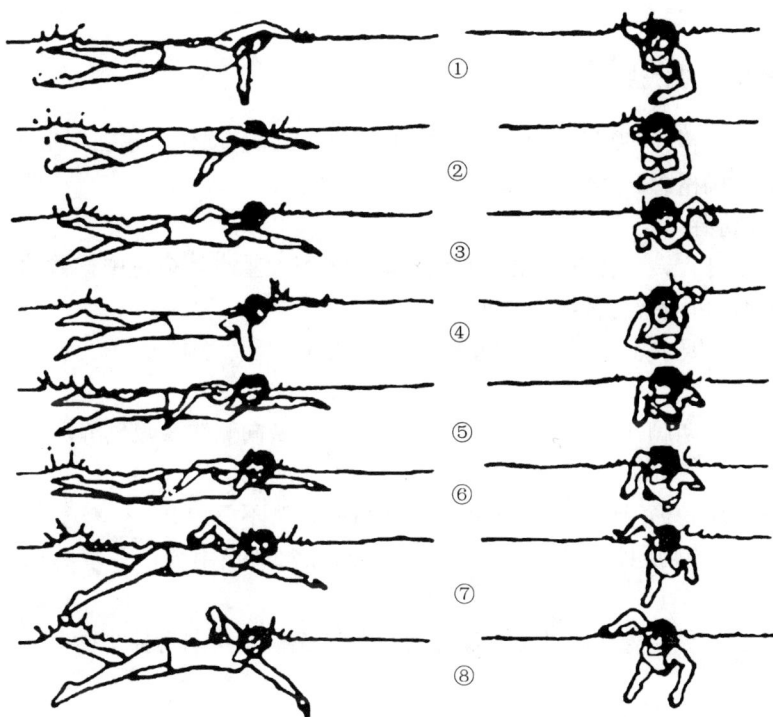

图 9-5 完整动作配合

二、自由泳的练习方法

自由泳动作形象接近人们在陆上的行走动作，臂、腿动作简单易学。学习方法一般以打腿为先，然后是臂部技术、呼吸及配合技术。其中打腿是基础，臂划水是重点，呼吸是关键。

1. 腿部动作练习方法

腿部动作练习的目的是建立打腿的概念，体会鞭状打腿（踢腿）的感觉和动作过程。

（1）陆上模仿练习

1）坐在池边或岸上，双手后撑，做绷直腿的打水练习。体会上下打水的感觉和双脚间距。

2）俯卧池边、台阶或长凳上做大腿带小腿的打水练习。

3）坐在池边，双手后撑，双脚插入水中，做向前踢水的动作，先做单脚的踢水动作，然后做双脚交替动作。体会用脚尖踢水的感觉（下鞭动作）。

（2）水中练习

1）手推池槽，身体呈俯卧水平姿势，做直腿打水练习。要求脚面绷直，双腿勿弯曲，上下打水间距不要过大。如不能漂俯者，可由另一人托腹部辅助练习。

2）反手握池槽，身体仰卧在水中，先做直腿打水，再做鞭状动作的向上踢水动作，体会脚尖踢水的感觉（类似颠球的感觉）。要求将水花向后踢，双腿间距不宜过大。

3）滑行打腿练习。身体俯卧水面，双臂前伸，头夹在两臂中间，进行打水练习。体会打水的推进作用。

4）扶板打水练习。双臂伸直放松，双手扶板或平贴在打水板面上，肘不要超过板的末端，身体平卧，双肩在水面下，脸向前，目视前方，做打水练习。可以进行头入水闭气打腿，也可以配合转头呼吸练习。

2. 手臂动作练习方法

手臂动作和手臂与呼吸配合动作的教学目的是学习体会动作，建立划水（抱水、拉水、推水）、移臂的正确概念。

（1）陆上模仿练习

1）两脚原地开立，上体前倾做直臂划水模仿练习。重点体会空中移臂动作和臂入水动作，先单臂练习，后两臂交替练习。

2）同上练习。要求屈臂划水，着重体会划水路线。除划水阶段用力外，其他动作放松。移臂时肘高于手。

3）呼吸练习。两脚开立，上体前倾，两手扶膝，做向侧转头吸气练习。

（2）水中练习

1）站立浅水中，做手臂练习。向侧转头吸气时，头不要抬高。

2）同上练习。由原地过渡到走动练习，要求划水适当用力，手掌对水，推水时掌心向后。

3）蹬边滑行，做两臂配合的划水动作时可下肢夹板，帮助身体平衡。先闭气，然后逐步增加呼吸次数。

3. 完整配合动作练习

学习、体会完整配合的节奏、时机及要求。

（1）陆上模仿练习

1）俯卧凳上做臂、腿配合模仿练习。

2）同上练习，加呼吸动作配合。

（2）水中练习

1）滑行打腿，一臂前伸，另一臂划水。

2）滑行打腿，配合两臂分解划水练习。

3）滑行打腿，两臂用前交叉或中交叉配合轮流划水练习。

4）同上练习。由划臂数次、呼吸一次，逐渐过渡到两臂各划一次、呼吸一次的练习。

5）逐渐加长游距，在练习中改进动作。

第四节　游泳救护与安全卫生常识

一、游泳中的自我保护与处置

游泳是一项很好的运动，但也带有一定的危险性。为了避免和防止发生意外事故，在从事这项运动的全过程中每个参加者都要有极强的自我保护意识。

1）在剧烈运动、强体力劳动或走了很多路、正在出汗时，不宜马上下水，应把汗水擦干，休息一段时间，做好准备活动后再下水，以免发生抽筋和感冒。

2）刚吃饱不适宜游泳。饭后肠胃的活动需要大量的血液支持，如果马上游泳，大量的血液流向运动器官，消化和吸收机能会受到影响。不仅如此，水的压力直接压迫装满食物的胃肠，影响胃肠蠕动，使消化机能产生障碍；同时，由于腹部受到冷水的刺激，造成腹腔内的血管骤然收缩，使血液供应减少，会引起胃痉挛，并出现腹痛和不舒服，如果长期下去会造成慢性肠炎。因此，饭后最好休息 1 小时左右再下水游泳。

3）在江河湖海中游泳前，一定要了解天然水域的基本特点和环境状况，如水面有无养殖物和往来船只、水深和水底情况、水流规律与潮汐变化时间，以及水中旋涡和水下暗流等。不明了情况的水域绝对不能随意下水。

4）下水前应做适当的准备活动，因为夏季地面的温度和人体的温度都高于水的温度，如果马上下水，会使大脑神经、皮肤和肌肉受到冷水的刺激，发生抽筋和拉伤。同时，因为受到冷水刺激，皮肤、肌肉的血管收缩加快，会影响血液循环对内脏器官和神经系统的营养供给，使之功能减弱，扰乱大脑的正常工作程序，从而会出现头晕、恶心和心慌不适的感觉。准备活动的内容可根据自己的实际情况决定，因人而异，一般采取做徒手操的形式，把身体各部位都活动开。如能结合游泳技术，做一些划臂、蹬腿、呼吸等陆上徒手辅助练习更好；另外，在浅水中用水洗脸、上肢和上体，使身体对水温有所适应，再下水游泳。

5）在水中常会发生抽筋现象，发生的部位主要是小腿和大腿，有时手指、脚趾甚至上腹部也会发生抽筋。如果在水中发生了抽筋，不要慌张，要保持镇静，相信自己的能力，要在设法自行解脱的同时进行呼救。下面介绍几种水中自我消除抽筋的处置方法。

① 牵引法。通过关节的屈伸使抽筋的肌肉拉长，如小腿或脚趾抽筋，先吸一口气，仰浮在水面，用抽筋腿对侧的手握住抽筋腿的脚趾，同时用另一手掌压在抽筋腿的膝盖上，使小腿伸直，并用力向身体方向拉。

② 点穴法。用指端掐皮肤之下的穴位，进行按揉。点中穴位时，会有麻木的感觉。这种方法有镇静止痛的作用。如手指抽筋，用另一手拇指、食指尖端垂直地掐内关穴（掌后横纹上 2 寸两筋间）、外关穴（腕上 2 寸两骨间，和内关穴相对）或掐合谷穴（第二骨缘中点，拇指侧）即可解除。如上腹部肌肉抽筋，可掐中脘穴（脐上 4 寸），配掐足三里（外膝眼下 3 寸，胫骨外沿约一横指）。

二、游泳中的他人救护

1. 间接救护

间接救护是指救护者设法用绳子系住救生圈掷向溺水者，但要注意绳子是否足够长。掷时不应将绳、圈一起掷出，要用脚踩住绳尾后再掷出。抛掷救生圈的最好办法是像立定掷铁饼一样掷出。可用左脚踩住绳尾，右手持圈，从身后向前摆动，由上而下地向溺水者抛出。当溺水者抓住救生圈后，救护者利用绳子把溺水者拉至船边或岸边。救生用的器材，完全靠救护者的随机应变，要充分利用木板、竹竿、救生衣等，以收到良好效果。

2. 直接救护

在没有任何救生器具的情况下，救护者应徒手直接入水救护。

1）入水。救护者入水前要迅速观察周围环境、水的流向，选择入水点，脱去有碍施救衣着。入水要快，并且始终注意溺水者。入水的方法可采用两腿前后分开，两臂向两侧张开。入水时，两手向前下方压水，同时两腿做剪水动作，使救护者的头露出水面，而不失去溺水者目标。如船体、船台离水面太高，可采用脚先入水（俗称插蜡烛）的方法。注意一手捏鼻，一手护腹。若穿救生衣，两手肘部紧压救生衣。入水后及时上浮，找见溺水者。

2）接近。救护者入水后，应采用自由泳以最快速度接近溺水者。当游离溺水者 3 米左右时，深吸一口气潜入水中，由背后接近溺水者或者潜到溺水者身前用两手扶住其髋部，然后两手一推一拉扭转溺水者，使其背对自己，随即进行拖带。

3）解脱。神志不清、神经过度紧张的溺水者，往往抓住东西就不会轻易放手。救护者必须头脑清醒，在不失掉目标的情况下，采取措施，防止被溺水者抓住。万一被抓住，必须进行解脱。解脱主要是利用反关节和杠杆原理，要求动作合理迅速，方能奏效。

① 手臂被抓解脱法。利用向溺水者拇指方向旋转的方法。双手被抓，如在下面则由下向上外转；反之亦然。单手被双手抓，可利用另一臂加力解脱。

② 后颈部被抱解脱法。握住溺水者靠近自己胸前的一只手腕，另一手从下向上推溺水者同侧臂的肘关节，同时低头从溺水者腋下钻出来，乘势将溺水者拉至背向自己，另一手夹胸进行拖带。

③ 前颈部被抱解脱法。用左（右）手推溺水者的右（左）肘关节，同时右（左）手握住溺水者的同一手腕并向下拉，然后头从溺水者腑下钻出来。

④ 拦腰被抱解脱法。正面被抱，一手按住溺水者后脑部，另一手托住其下颌向外扭转他的头。背向被抱，则用两同侧手抓住其各一指头，用力向两侧拉开，然后放开溺水者一只手，另一手拉转溺水者背向自己。若在后面连同两臂被抱，则两腿用力蹬夹水加同溺水者升至水面，深吸一口气，突然下沉，同时两臂向外撑展，向下滑脱。

⑤ 上体被抱解脱法。一是头部转动法；二是一手紧抱溺水者腰部，另一手托其下颌用力推即能解脱。如果溺水者体力超过救护者，不能及时解脱，救护者切不可慌张、死拼，而应冷静沉着，利用同时下沉、再升至水面及时换气、再下沉的办法，待溺水者体力消耗或自行脱手再突然解脱。

4）拖带。拖带可运用夹胸拖带法，如图 9-6 所示。救护者以一手越过溺水者的肩胸部，扶夹对侧腑下，髋部顶住其腰部，使之仰卧呈水平状态，便于拖带。溺水者口、

图 9-6　拖带

鼻必须露出水面，以利呼吸。救护者用单手侧泳游进。

三、岸上急救

救护者将溺水者救上岸后，立即用单人肩背运送法将其安置在适当地方进行抢救，如图 9-7 所示。肩背运送法不仅起到倒水作用，而且由于运送中的颤动，在一定程度上起着压放心脏、人工呼吸的作用。肩背运送法是救护者用左手扶住溺水者颈部，手从溺水者两腿之间穿过，用右肩将其背起，然后右手抓住溺水者右臂进行运送的方法。到目的地后，把溺水者仰卧在救护床上或地上，进行现场抢救。

现场抢救是能否使溺水者复苏的关键阶段，也为医院抢救创造了有利条件。其操作顺序与方法如下。

图 9-7　岸上急救

1. **快速（10～15秒内）检查溺水者情况，做出准确的判断**

首先检查溺水者是否清醒。可轻拍溺水者肩膀，观察其有无反应，如失去知觉，应立即畅通其呼吸道。其次检查溺水者有无呼吸。可用脸感觉其口、鼻是否有暖气呼出。若发现没有呼吸，应检查溺水者口腔是否有异物，如有异物，立即排出。再次检查溺水者是否有心跳。可用手按颈动脉或股动脉检查其有否搏动。必要时还要检查溺水者瞳孔是否散大，以了解溺水深度。

2. **对呼吸停止者的处理（口对口人工呼吸）**

当发觉溺者呼吸已停止，救护者应首先排除其口中异物，然后两手在耳垂下托住溺水者的下颚骨，使其头部尽量后仰，让其下颚尖部、颈前部与胸前部几乎保持在同一水平上，以保证其呼吸道畅通。救护者一手托住溺水者下颌，另一手捏紧其鼻孔，深吸气后，把嘴紧贴溺水者之口，向内吹气。待溺水者胸廓扩张后，停止吹气并松开口鼻，如此反复。吹气要均匀和有规律，每分钟15次左右。如发现胸廓没有起伏，其原因是呼吸道未畅通或救护者口与溺水者之口未贴紧而漏气，应立即纠正。

3. **对心跳停止或心跳、呼吸均停止的处理**

当发现溺水者心跳停止或心跳、呼吸均停止时，应立即同时进行口对口人工呼吸和胸外心脏按压（心肺复苏术）。

胸外心脏按压的操作方法：将溺水者仰卧在急救床上或地上，救护者站（或跪）在溺水者右胸侧，找到按压位置。在胸骨从上向下的2/3（从下向上的1/3）处，即为按压部位。用一只手的掌根部接触胸骨的按压部位，手指不可触及肋骨，另一手重叠在此手背上。按压时，救护者手臂伸直，上体前倾，靠身体重量，两手臂垂直，掌根用力下压，使胸骨下端下陷3～4厘米，然后两手松压，但掌根不得离位，使胸骨复位。下压时动作要慢，松压时动作要快，如此有节奏地一压一松反复进行，每分钟按压60～80次。

胸外心脏按压可分为两人配合操作和单人操作两种。两人配合操作方法是一人做胸外心脏按压5次，另一人做口对口吹气1次。配合比率为5：1。如果单人操作则按压心脏15次，口对口吹气2次，配合比率为15：2。

在按压前，先口对口吹气2次再做胸外心脏按压动作。每做10组停5秒检查心跳情况。如此反复持续进行抢救，直到恢复心跳与呼吸，或边抢救边送医院进一步抢救。

溺水者经过现场抢救，心肺复苏之后，仍要送医院进行复查，以防并发症、后遗症的出现。

四、游泳安全卫生常识

游泳是在特定环境中进行的，一定要把安全放在第一位。特别是初学者，没有教师陪同或安全保证，绝对不能下水。

游泳前应认真进行体检，防止患病者游泳时意外，同时也避免传染他人。凡患有传染性肝炎、活动性肺结核、细菌性痢疾、化脓性中耳炎、心脏病、精神病、皮肤病、严重沙眼，以及其他传染病患者，不得游泳。女生在月经期，也不宜游泳。饭后1小时内或饥饿状态下，不宜游泳。下水前应认真做好准备活动，使身体适应激烈运动和低温水的刺激。在游泳中不准乱跳水、潜泳和互相打闹，应遵守游泳池（场）的规定，在指定水域内游泳，初学者不得到深水区，以免发生危险。游泳者要有同伴，以便互教互学，互相照顾。注意公共卫生，淋浴后方可下水，不准在水中吐痰和便溺，不要租借他人游泳衣。出水后应淋浴，然后擦干身体，穿衣保暖。出现头晕、恶心、打冷战、抽筋等情况应及时上岸。在自然水域游泳时要注意水质、水的深度和流速，不要在有污泥、乱石、树桩、旋涡、杂草丛生和船只来往频繁的地方游泳，以免发生危险。

第十章 武　术

武术是我国传统的体育项目，是中华民族通过长期社会实践不断积累和丰富起来的一项珍贵的文化遗产。几千年来，武术代代相传，经久不衰。目前，武术已列为学校体育教学中的一项重要内容。

第一节　概　述

一、武术的概念与分类

武术是以踢、打、摔、拿、击、刺等技术动作为主要内容，以套路和搏斗为运动形式，注重内外兼修的传统体育项目。它遵守攻守进退、动静疾徐、刚柔虚实等格律，组成套路；或在一定的条件下，遵守一定的竞赛规则，两人斗智较力，形成搏斗，以此来增强体质、培养意志、训练格斗技术的一项体育运动。

武术套路一般分为4类：拳术、器械、对练、集体操练；武术的搏斗有两种：太极推手和散手。

二、武术在我国的起源与发展

武术在我国具有悠久的历史传统和广泛的群众基础，是中华民族的瑰宝。

武术的起源可以追溯到我国上古时代。原始人类为了生存，在狩猎过程中与凶猛禽兽进行斗争时的徒手和持简单器械的各种搏斗，就是原始人最初的运动技能。恰恰是这一原始的生产方式，在长期的斗争实践中孕育了我国古代武术的萌芽。

在氏族公社时代，部落之间经常发生战争。当一个部落的财富刺激了另一个部落的贪欲时，使用武力就成为掠夺财富最主要的手段。在这些战争中，武器随作战需要不断发展着。战争异常激烈，有器械搏斗，也有徒手搏斗，这就需要人们必须掌握一定的攻防格斗技能，在长期的实践中不断得到继承和发展，逐步形成了技击性的武术。人们把在战斗中使用比较成功的一击一伐、一拳一腿，反复模仿着、传授着、习练着，这就是早期的练武活动。

商周时代，激烈的军事斗争，不仅促进了武器由简单到复杂，向多样化发展，而且促进了攻防格斗技术的提高和发展。北方平原，战争多以车战为主。车战时，先是用弓矢远射，待到兵车错毂格斗时，戈、戟、矛、钺、殳等长兵器成为主要的武器。一旦扭打到一起，短剑、拳术等会发挥作用。南方吴越多水，战船成为水战的工具。在战斗中使用的格斗方法，也正是武术的技术内容。商周时期开始有了专门的练武教育，练武也开始成为人们有目的、有意识、有组织的社会活动。

春秋战国时期，随着生产力的发展，铁器登上了历史的舞台。作战方式由步战、骑战替代了车船战，长短兵器更加发挥了作用，从而使器械的基本使用方法逐步实现，使武术的内容、方法更加丰富多彩。在此时期，为使武术得到交流，每年春秋两季天下武艺高强的人都要聚集在一起进行较量。此期间武术在民间广泛流传，出现了不少技艺高强的武术家。《吴越春秋》中也精辟地阐述了动与静、快与慢、攻与守、内与外、虚与实、逆与顺、呼与吸等矛盾的辩证关系，把机动灵活、变幻莫测、出奇制胜的战术要素讲得非常透彻。这说明武术在当时已发展到相当水平。

秦汉、三国时期，由于经济、政治、文化的发展，人们在较长时期处于相对安定的状态，这为武术逐步由单纯的军事技能向竞技方向的发展创造了条件。角抵、手搏、击剑等竞技项目相继出现，同时也出现了剑舞、刀舞、钺舞等舞练形式的项目。此时期的武术套路技术发展较快，有单练，也有多种形式的对练。至此，武术已发展为两大类型：一类是具有攻防格斗作用的实用性较强的技术动作，它紧紧地围绕着军事技术的发展而发展；另一类则是适应表演需要，把攻防技术反复加工提炼而逐步形成的套路技术。

两晋南北朝时期，实行府兵制，选士（士兵）的标准对武艺有很高的要求，不仅对速度、耐力、力量诸方面有较高的要求，而且对武术技巧的要求也非常严格。但在两晋南北朝后期，儒、道、佛日趋合流，玄学盛行，官僚贵族信奉宗教，追求长生不老之术，其消极影响在一定程度上阻碍了武术的发展。

隋代，枪作为步骑兵的主要武器，故枪术的技术发展较快。唐代开始实行武举制，用考试的办法选拔武勇人才，考试的内容有"长垛、马射、平射、简射、马枪、翘关、负重、身材之选"，这种制度对武术的发展起了促进的作用。此时，刀术成为阵战的重要武器，枪术既有舞练的形式也有比武的形式，而剑术逐渐地脱离军事实用性而向套路技术迅速发展。

两宋时期，尚武的社会风气促进了武术的发展。民间练武，有习射的锦标社、习拳弄棒的社团、习相扑的角抵社等。而在元代，统治者为了防止人民反抗，一方面在军队里开展骑、射、摔跤等项目，以保持部队的精锐；另一方面对民间的武术则百般摧残，但民间的武术仍向前发展着。

明清是武术集大成的发展时期。流派林立，不同风格的拳术、器械都有了空前的发展。明代武术作为军事技术、健身活动及表演技艺的作用更为人们所认识。军事练武，总是选那些"真可搏打者"的"真艺"进行训练，使武术朝着退敌制胜的方向发展。在健身和表演方面，它与"真可搏打者"的技术相互吸收和补充，各自按照自己的发展规律向前发展。此时武术项目之多是过去所没有的，通常概括为"十八般武艺"，即"一弓、二弩、三枪、四刀、五剑、六矛、七盾、八斧、九钺、十戟、十一鞭、十二锏、十三挝、十四殳、十五叉、十六耙头、十七锦绳套索、十八白打"。这些意味着武术已经规范化。到了明清，由于流派较多，有人也把武术简单分为内、外两家，此外也有南、北派之说。内家以太极拳、八卦为主，外家以少林武术为主。

中华人民共和国成立前，武术也曾兴盛一时。在民间出现了许多的拳术社、武士会、体育会等武术组织，其中以上海的"精武体育会"最为庞大。中华人民共和国成立后，党和政府非常重视和关怀中华民族的体育项目。1953 年，在天津举行了规模较大的全国民族形式体育表演及竞赛大会。1979 年，国家体育运动委员会（现为国家体育总局）发出了《关于发掘、整理武术遗产的通知》，组成了调查组到 13 个省市考察。1982 年，在北京举行了全国武术工作会议。为了将武术推向世界，1985 年成立了国际武术联合筹备会，同时举行了西安第 1 届国际武术邀请赛，并列入第 11 届亚运会的竞赛项目。每年国内的武术精英，将参赛于上半年的团体赛（等级赛）、下半年的武术锦标赛（个人赛）。国家体育总局还经常派出高水平武术队出国表演，派出有经验的教练出国任教，各省市武术馆也陆继接待国外的武术爱好者来馆学习。在高校，武术是体育教学的内容之一，大学生参加习武的人数也日趋增多。许多高校已将太极拳列为大学生必须掌握的体育健身技能。

第二节　二十四式太极拳

一、二十四式太极拳的动作名称

二十四式太极拳的动作包括：①起势；②左右野马分鬃；③白鹤亮翅；④左右搂膝拗步；⑤手挥琵琶；⑥左右倒卷肱；⑦左揽雀尾；⑧右揽雀尾；⑨单鞭；⑩云手；⑪单鞭；⑫高探马；⑬右蹬脚；⑭双峰贯耳；⑮转身左蹬脚；⑯左下势独立；⑰右下势独立；⑱左右穿梭；⑲海底针；⑳闪通臂；㉑转身搬拦捶；㉒如封似闭；㉓十字手；㉔收势。

二、二十四式太极拳动作图示

1. 起势

起势：①两脚分开，与肩同宽，脚尖向前，两臂自然下垂；②两臂慢慢向前平举；③高与肩平，掌心向下；④屈膝下蹲，同时两掌轻轻下按。起势动作如图 10-1 所示。

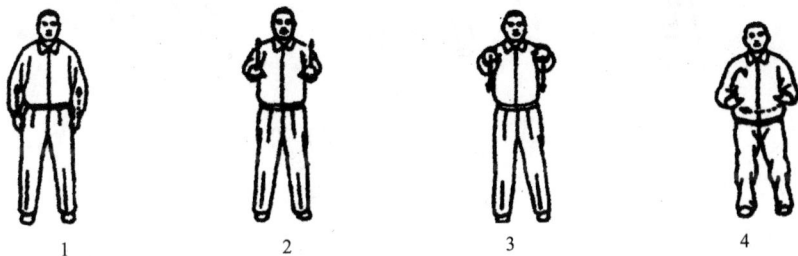

图 10-1　起势动作图示

2. 左右野马分鬃

左右野马分鬃：①上体微向右转，重心右移，右手在上，左手在下，呈抱球状；②左脚收至右脚内侧；③上体微向右转，左脚向左前方迈步；④左右手随转体，慢慢分别向左上右下分开；⑤左手高与眼平，肘微屈，右手落在右胯旁，掌心向下，指尖向前；⑥上体慢慢后坐，左脚尖翘起；⑦左脚尖外撇，左腿慢慢前弓；⑧身体左转重心移至左腿，两手呈抱球状；⑨右腿向右前方迈出，成右弓步；⑩同时上体右转，左右手分开；⑪以下动作同左野马分鬃，唯左右相反。左右野马分鬃动作如图 10-2 所示。

图 10-2　左右野马分鬃动作图示

3. 白鹤亮翅

白鹤亮翅：①上体向左转，左手翻掌向下。右手向左上画弧；②右脚跟进半步，上体后坐，左脚稍向前移；③两手慢慢向右上左下分开，右手提停于右额前，左手落于胯侧。白鹤亮翅动作如图 10-3 所示。

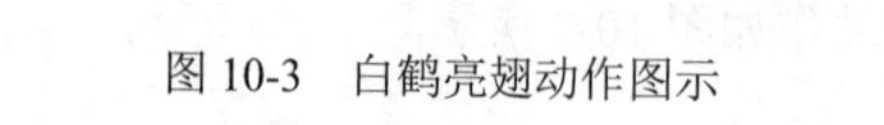

图 10-3　白鹤亮翅动作图示

4. 左右搂膝拗步

左右搂膝拗步：①右手从体前下落，画弧至右肩外侧；②左手由左下向上、向右下方画弧至右胸前；③同时上体微向左，再向右转；④上体左转，左脚向前迈出；⑤同时右手屈回由耳侧向前推出，左手搂膝至胯侧；⑥上体后坐，左脚尖翘起外撇；⑦左腿前弓，身体左转，右脚收到左脚内侧；⑧同时左手向外翻掌，由左向下画弧至左肩外侧，右手画弧落于胸前；⑨以下动作同左搂膝拗步，唯左右方向相反。左右搂膝拗步动作如图 10-4 所示。

图 10-4　左右搂膝拗步动作图示

5. 手挥琵琶

手挥琵琶：①右脚跟半步，上体后坐；②左手由左下向上挑举；③右手收回放在左臂肘部里侧，掌心向左。手挥琵琶动作如图 10-5 所示。

图 10-5　手挥琵琶动作图示

6. 左右倒卷肱

左右倒卷肱：①上体右转，手心向上，经腹前向后上方画弧平举；②右臂屈肘向前，经耳侧前推；③左臂屈肘后撤，手心向上至左肋外侧；④同时左脚轻轻提起向后退一步；⑤上体微向左转，同时左手向后上方画弧平举，右手随即翻掌；⑥以下动作重复一次。左右倒卷肱动作如图 10-6 所示。

图 10-6　左右倒卷肱动作图示

7. 左揽雀尾

左揽雀尾：①上体向右转，同时右手画弧平举，手心向下；②左手画弧至右肋前；两手呈抱球状；③身体重心落于右脚，左脚收到右脚内侧；④上体微左转，左脚向左前方迈出成左弓步；⑤同时左臂向左前方掤出；⑥身体微左转，左手前伸翻掌向下，右手向下，然后两手下捋；⑦同时重心移至右腿；⑧上体微左转，右臂屈肘附于左手腕里侧；⑨双手同时向前慢慢挤出，同时重心前移成左弓步；⑩左手翻掌，手心向下，右手经左腕上方向前、向右伸出，手心向下；⑪两手左右分开，宽与肩同，上体后坐；⑫两手屈肘，回收至腹前；⑬重心前移，两手向前，向上按出。左揽雀尾动作如图10-7所示。

1 2 3 4 5

6 7 8 9

10 11 12 13

图10-7 左揽雀尾动作图示

8. 右揽雀尾

右揽雀尾：①上体后坐并稍向右转，左脚尖里扣；②右手向右，画弧至左肋前，手心向上；③左臂平屈胸前，两手呈抱球状；④重心左移，右脚收至左脚内侧；⑤以下动作同左揽雀尾，唯左右相反。右揽雀尾动作如图10-8所示。

1 2

3 4 5 6

图 10-8　右揽雀尾动作图示

9. 单鞭

单鞭：①上体后坐，右脚尖里扣，上体左转，左高右低，两手画弧；②左手至左肋花前肋，手心向右上方；③重心右移，上体右转，左脚向右脚靠拢；④右手向右画弧，至右侧变勾手，左手画弧停于右肩前；⑤上体稍左转，左脚向前方迈步；⑥重心前移，左手左转慢慢转向前推出。单鞭动作如图 10-9 所示。

图 10-9　单鞭动作图示

10. 云手

云手：①重心右移，身体右转，左脚尖里扣，左手画弧至右肩前；②右勾手变掌，右手心向右前；③上体慢慢左移，重心左移，左手经脸前画弧；④右手由右下向左画弧至左肩前，右脚靠向左脚，成小开步；⑤上体再向右转，左手向右上画弧至右肩前，右手向右侧运转；⑥随之左脚向左横跨一步；⑦以下动作同前。云手动作如图 10-10 所示。

图 10-10 云手动作图示

11. 单鞭

单鞭：①上体右转；②右手向右运转至右侧方变勾手；③左手经腹前向右上画弧至右肩前，重心落于右脚；④以下动作同前次单鞭。单鞭动作如图 10-11 所示。

图 10-11 单鞭动作图示

12. 高探马

高探马：①重心前移至左腿，右脚跟进半步，右勾手变成掌，身体微向右转；②右掌经耳前推，左手收至左侧腰前。高探马动作如图 10-12 所示。

图 10-12　高探马动作图示

13. 右蹬脚

右蹬脚：①左手向上，两手交叉向两侧分开；②左脚提起向左前侧方迈步；③成左弓步；④两手由外向里画弧，交叉抱于胸前，右脚向左脚靠拢；⑤两臂左右画弧分开平举；⑥右腿屈膝提起，右脚向右前方慢慢蹬出。右蹬脚动作如图 10-13 所示。

图 10-13　右蹬脚动作图示

14. 双峰贯耳

双峰贯耳：①右腿收回，两手落至体前；②两手同时向下画弧分落于右膝两侧；③右脚向前落下，两掌慢慢变拳；④两拳分别从两侧向上、向前至面前，两拳相对。双峰贯耳动作如图 10-14 所示。

图 10-14　双峰贯耳动作图示

15. 转身左蹬脚

转身左蹬脚：①左腿屈膝后坐，右脚尖里扣，两拳变掌，由上向左右画弧分开平举；②以下动作同右蹬脚，左右相反。转身左蹬脚动作如图 10-15 所示。

16. 左下势独立

左下势独立：①左腿回收，上体右转；②右掌变勾手，左掌画弧至右臂前；③右腿蹲，左腿伸出成左仆步；④左手下落向左下侧左腿内侧向前穿出；⑤重心前移，左腿前弓，左掌继续前伸，右勾手下落；⑥右腿提膝，右勾手变掌，向前以弧形挑出；⑦左手落于左肘旁。

左下势独立动作如图 10-16 所示。

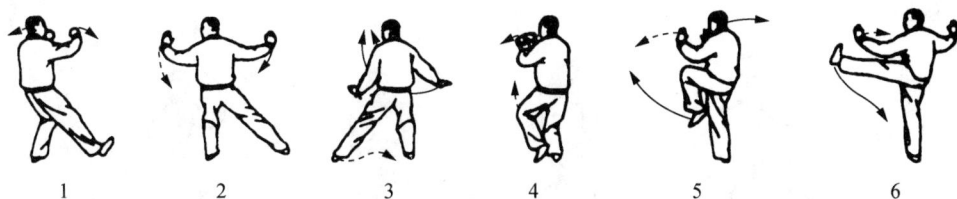

图 10-15　转身左蹬脚动作图示

图 10-16　左下势独立动作图示

17. 右下势独立

右下势独立：同左下势独立，左右方向相反，如图 10-17 所示。

图 10-17　右下势独立动作图示

18. 左右穿梭

左右穿梭：①身体微左转，左脚向前落地；②两腿屈膝半坐，两手在左胸前呈抱球状；③右脚收到左脚内侧；④身体右转右脚迈步；成右弓步；⑤右手由脸前上举停在右额前，手心斜向上；⑥左手经体前向前推出；⑦以下动作，同右穿梭，左右方向相反。左右穿梭动作如图 10-18 所示。

图 10-18　左右穿梭动作图示

19. 海底针

海底针：①右脚提起向前跟半步，重心后移，成左虚步；②身体稍右转，右手提起再下插，左手落于胯侧。海底针动作如图 10-19 所示。

20. 闪通臂

闪通臂：①上体稍右转，左脚向前迈；②屈膝弓腿成左弓步，屈臂上举，停于右额前上方，拇指朝下；③左手上起经胸前向前推出，高与鼻尖平，手心向前。闪通臂动作如图 10-20 所示。

图 10-19　海底针动作图示　　　　　　图 10-20　闪通臂动作图示

21. 转身搬拦捶

转身搬拦捶：①上体后坐，重心移至右腿，左脚尖里扣，身体向右后转，重心再移至左腿；②右手随转体向右、向下画弧至左肋，拳心向下，左掌上举于头前，掌心斜向上，眼看前方；

③向右转体，右拳向前翻转撇出，拳心向上；左手落于左胯旁，掌心向下，指尖向前；④右脚收回向前迈出，脚尖外撇，眼看右拳；⑤重心移右腿，左脚向前迈一步；⑥左手上起经左侧向前上方画弧拦出，掌心向前下方；⑦右拳向右画弧收到右腰旁，拳心向上，左腿前弓成左弓步，右拳向前打出，拳眼向上，左手附于右前臂里侧。转身搬拦捶动作如图 10-21 所示。

图 10-21 转身搬拦捶动作图示

22. 如封似闭

如封似闭：①左手由右腕下向前伸出；②两手手心逐渐翻转向上并慢慢分开回收；③同时身体后坐，左脚翘起，身体重心移至右腿；④两手在胸前翻掌，向下经腹前再向上，向前推出；⑤腕部与肩平，手心向前；⑥左腿前弓成左弓步，眼看前方。如封似闭动作如图 10-22 所示。

图 10-22 如封似闭动作图示

23. 十字手

十字手：①屈膝后坐，身体重心移向后腿，左脚尖里扣，向右转体，右手随着转体动作向右平摆画弧；②左右手成两臂侧平举，掌心向前，肘部微屈，右脚尖稍向外撇，成右侧弓步；③重心移至左腿，右脚尖里扣，向左收回，两脚距离与肩同宽，两腿蹬直，开立步；④两手向下、向上画弧交叉合抱于胸前，两臂撑圆，腕高与肩平，右手在外，成十字手，手心均向右，眼看前方。十字手动作如图 10-23 所示。

图 10-23　十字手动作图示

24. 收势

收势：两手向外翻掌，手心向下，两臂慢慢下落，停于身体两侧，眼看前方，如图 10-24 所示。要点：两手左右分开下落时，要注意全身放松，同时气也徐徐下沉（呼气略加长）。呼吸平稳后，把左脚收到右脚旁，再走动休息。

图 10-24　收势动作图示

第三节　初　级　剑

一、预备势动作

1）身体直立，两腿并拢，左手持剑于体侧，右手握剑指垂于体侧，两肘稍提，眼视前方，如图 10-25 所示。

2）①右腿向右一步，屈膝脚内扣，左腿蹬直呈弓步。同时右剑指由前向上向右前指出，眼视剑指。②两腿不动，上体右转，左手持剑则侧向上向右前画弧，成反臂持剑。同时右剑指收至右腰侧。③左腿向右腿并拢，左手持剑落于体侧，右侧指向右前方平伸指出，眼视剑指。动作如图 10-26 所示。

图 10-25　预备势 1）动作图示

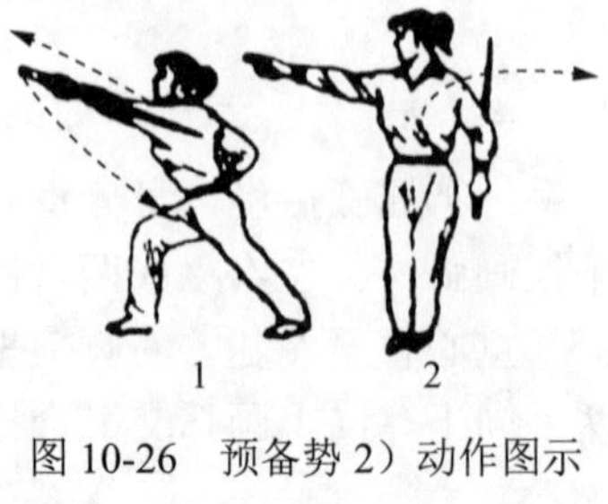

图 10-26　预备势 2）动作图示

3）①左腿向左侧上一步，屈膝脚内扣，右腿蹬直成左弓步，上体随之左转。同时左手持剑由侧经胸前向上向左前画弧平举左前，右剑指不动，眼视左剑。②右腿向左腿并拢，左手持剑落于体侧，右剑指由后向前经耳根处向前平指出，眼视剑指。动作如图 10-27 所示。

4）①左手持剑由右剑指上前穿出，拇指侧在下，右剑指屈肘收于左肩侧。上身右转，右腿向右侧一步，屈膝呈弓步，眼视左前。②两腿不动，右剑指经体向右侧平伸指出，眼视剑指。动作如图 10-28 所示。

5）上体左转，重心落在右腿上，左腿收半步，脚尖虚点地成虚步。同时左手持剑向体前屈肘，掌心朝外，右手收至胸前做好接剑准备，眼视前方。动作如图 10-29 所示。

图 10-27　预备势 3）动作图示　　　　　图 10-28　预备势 4）动作图示

图 10-29　预备势 5）动作图示

二、初级剑术主体动作

1. 第一段

（1）弓步直刺

右手接握剑，左手成剑指。左腿向前上半步，屈膝呈弓步，右腿蹬直。上体左转，剑由体前向前平刺出，立剑刃，左剑指随之体后平伸，眼视剑尖。动作如图 10-30 所示。

（2）回身后劈

右腿向前一步，屈膝呈弓步，左腿蹬直。同时右手持剑由前向上再向后劈剑。身体右转，左剑指屈肘头上架，眼视剑尖。动作如图 10-31 所示。

图 10-30　弓步直刺　　　　　　　　　图 10-31　回身后劈

（3）弓步平抹

左腿向前上一步，屈膝呈弓步，右腿蹬直，同时剑指落下再向上画弧至头上架起，右手持剑向右前平抹。掌心朝上，眼视剑尖。动作如图 10-32 所示。

（4）弓步左撩

①上体左转，右膝屈膝提起，脚面绷直。同时右手持剑由前经上向后画弧至体后屈腕，使手臂贴靠小腹部，左剑下落附在右腕上，眼视剑。②右膝向右前落下屈膝，左腿蹬直呈弓步。同时右手持剑由后向下再向前反撩起。剑指随剑运行，眼视剑尖。动作如图 10-33 所示。

图 10-32　弓步平抹　　　　　　　　　　　图 10-33　弓步左撩

（5）提膝平斩

左腿向前一步，右手手腕向左上翻转屈肘，剑向左平绕至头上方，右腿随之屈膝提起。右手持剑继续向右后绕，再向前平斩，掌心朝上。左剑指由下向左绕至头上屈肘架起，眼视前方。动作如图 10-34 所示。

（6）回身下刺

右腿向前落步，脚尖外撇屈膝，上体右转。同时右手持剑手腕反屈向后下方直刺，立剑刃，左剑指先收至体前与剑柄靠拢，在刺剑的同时左剑指向上伸出，眼视剑尖。动作如图 10-35 所示。

图 10-34　提膝平斩　　　　　　　　　　　图 10-35　回身下刺

（7）挂剑直刺

①左脚向前一步，膝稍屈。右手持剑内旋成反手翘腕，摆臂使剑尖向左上挂，当挂至左肩时，屈肘使剑平落于胸前，掌心朝内。左腿蹬直站稳，右腿屈膝体前提起。左剑指屈肘附左右腕处。②左脚碾地，上体右转，右手持剑使剑下插，左剑指仍附在手腕处，眼视剑处。③上动不停，左脚掌碾地，右脚向身后跨一大步落地后屈膝呈弓步，上体右转，左腿蹬直。同时右手持剑向前直刺，剑尖与肩平，立剑刃。左剑指随之向后平伸，眼视剑尖。动作如图 10-36 所示。

（8）虚步架剑

①右手持剑先将剑尖由左向右搅一小圈，使掌心朝外，立剑刃。同时以右脚跟和左前掌为轴碾地，右脚尖外撇，上体右后转，左腿收拢半步，两膝稍屈交叉。右手持剑反手屈肘在头上架起，左剑指附在右腕处，眼平视。②左腿向前一步，脚尖虚点地面，重心落在右腿上成虚步。同时右手持剑略向后牵引，左剑指向前平指出，掌心朝下，眼视剑指。动

作如图 10-37 所示。

图 10-36 挂剑直刺   图 10-37 虚步架剑

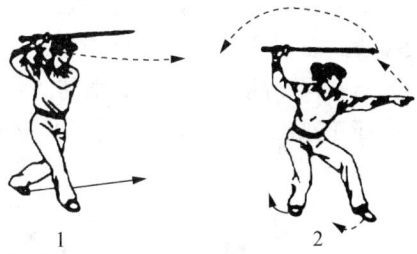

2. 第二段

（1）虚步平劈

左脚跟外展，上体右转，重心落在左腿，右脚跟随之离地，脚尖虚点地，成虚步。在转身的同时，右手持剑由上向下平劈，立剑刃。左剑指屈肘架于头上。眼视剑尖。动作如图 10-38 所示。

（2）弓步下劈

右脚踏实，重心前移，左剑指收至右腋下，右手持剑臂内旋使掌心朝下，左脚向左前上步，屈膝呈弓步，右腿蹬直。同时右手持剑向左屈腕平绕，画一小圈后向前下方劈剑，剑尖与膝平，左剑指由右腋下向左向上绕，在头上屈肘侧举，眼视剑尖。动作如图 10-39 所示。

图 10-38 虚步平劈   图 10-39 弓步下劈

（3）带剑前点

①右脚向左脚靠拢，前脚掌虚点地面，两腿稍屈蹲。右手持剑屈腕，将剑带向耳际，肘稍屈，左剑指落下附在右腕处，眼视前方。②右脚向右前跃步，落地成半蹲，全脚掌着地，左脚跟进，向右脚并步，屈膝，脚尖点地，成丁字步。同时右手持剑向前点击，立剑刃，左剑指屈肘向头上侧举，眼视剑尖。动作如图 10-40 所示。

（4）提膝下截

①左腿退步屈膝，右腿伸直，上体后抑。右臂外旋，掌心朝上，使剑向右向后上方弧形绕环。左剑指不动，眼视前方。②上动不停，右臂内旋使掌心朝下，剑继续向左向前下方弧形下截。同时左腿屈膝提起，身体前探，眼视剑尖。动作如图 10-41 所示。

（5）提膝直刺

①左腿落下，两腿稍屈，左脚外撇，右手持剑，在落脚的同时外旋后屈肘，内收使剑抱在胸前，掌心朝内，剑指落下按在剑柄上，眼视前方。②右腿屈膝提起，左腿支撑。右手持剑向前平刺出，立剑刃，左剑指向体后平伸，掌心朝下，眼视剑尖。动作如图 10-42 所示。

（6）回身平崩

①右脚向前落步，脚尖外撇，左脚脚前掌碾地使脚跟外转，两膝稍屈，同时上体右转成交叉步。右手持剑外旋使掌心朝上，屈肘收至胸前，剑指经上落在右手上，眼视剑尖。②上体稍右转，左腿伸直，右膝稍屈。同时右手持剑使剑前端用力向右平崩，掌心仍朝上，剑指屈肘在左额上方侧举，眼视剑尖。动作如图 10-43 所示。

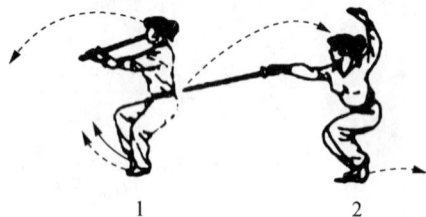

图 10-40　带剑前点

图 10-41　提膝下截

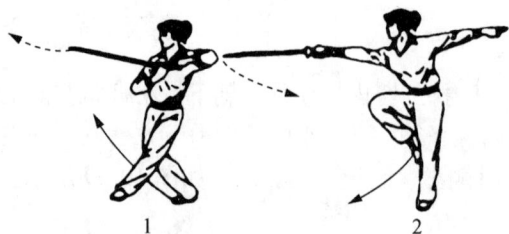

图 10-42　提膝直刺

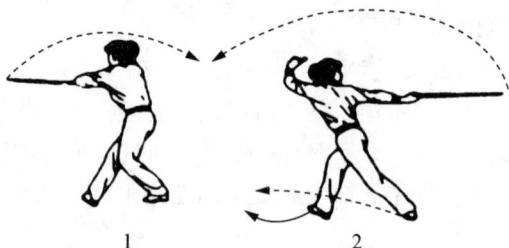

图 10-43　回身平崩

（7）歇步下劈

右脚蹬地起跳，左脚向左跃步横跨，落地后右腿向左腿后插步，两腿屈膝全蹲成歇步。在路步时右手持剑上举，在歇步时向左下劈剑立刃，剑尖与踝关节高，左剑指落下附在右手腕上，眼视剑身。动作如图 10-44 所示。

（8）提膝下点

①先使持剑手掌心朝下，剑呈平面。然后两脚碾地，上体向右后转一周，剑平行。当剑至右侧时上体后仰，剑继续向外向上弧形绕环，剑尖接近右耳侧，左剑指离开右手腕，屈肘侧举，眼视下方。②右腿伸直，左腿屈膝提直，上体右探。同时右手持剑前下点剑，立剑刃，眼视剑尖。动作如图 10-45 所示。

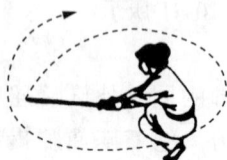

图 10-44　歇步下劈

图 10-45　提膝下点

3. 第三段

（1）并步直刺

①以右脚掌为轴碾地，使上体左后转，在转体的同时右臂内旋屈腕，使剑尖指向转体后的体前。左手随之落至体前，前指，掌心朝下，眼视前方。②左腿向前落步，右腿跟进并步，两腿均屈膝半蹲。同时右手持剑向前平刺平，左剑指落下附在右腕上，眼视前方。动作如图10-46 所示。

（2）弓步上挑

右腿向前一步屈膝，左腿蹬直呈弓步。右手持剑，直臂向上挑举，剑尖向上，左剑指在剑上挑时指向前方，掌心朝下，眼视前方。动作如图10-47 所示。

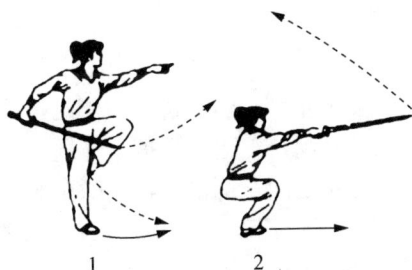

图 10-46　并步直刺

图 10-47　弓步上挑

（3）歇步下劈

右腿直立，左脚向前一步尖脚外撇，随之两腿交叉下蹲成歇步。同时右手持剑向前下劈剑，立剑刃，剑尖与踝关节同高，左剑指附在右手腕内。上体稍前倾，眼视剑身。动作如图 10-48 所示。

（4）右截腕

两脚掌碾地，两腿稍立起，上体右转，右脚向前跟半步，左脚也向前跟半步，右腿屈膝，左脚尖虚点地面成虚步。右臂内旋用剑前端向前上方弧形翻转，随之右手持剑向右后方托起，左剑指不动，眼视剑前端。动作如图10-49 所示。

（5）左截腕

左脚向前上半步，屈膝脚掌碾地，使身体向左后转，右脚随之上一步，脚尖虚点地面成虚步。同时右臂外旋使剑身前端向左前上方画弧翻转，掌心朝上，剑身与地面平行，左剑指离开右手腕，屈肘向上侧举，眼视剑前端。动作如图10-50 所示。

图 10-48　歇步下劈

图 10-49　右截腕

图 10-50　左截腕

（6）跃步上挑

①左腿经体前上一步，右腿随之在身后离地，小腿后弯。同时右臂外旋，手心朝里，使

剑由右向上向左屈肘画弧，剑至体左侧，右手近左胯时屈腕，左剑指下落附在右手腕上，眼视剑尖。②左脚蹬地，右脚向右侧跃步，落步时膝稍屈略蹲，左腿离地面后屈膝从身后向右侧方伸，呈"望月平衡"状，上体向左侧倾俯。同时右手持剑由左胯处向下向上画弧，剑在体侧右方时，屈腕使剑上挑。左剑指在上方屈肘横举，眼视右侧方。动作如图10-51所示。

图 10-51　跃步上挑

（7）仆步下压

①右手持剑使剑尖从头上经过，继而向体后向右弧形平绕，当剑绕至右侧时，屈肘将剑柄收抱于胸部前下方，掌心朝上。同时右膝伸直，上身立起，左腿屈膝提于体前，左剑指不动，眼视右前方。②左剑指落下，按在右手腕上。左腿随之向左侧落步，屈膝全蹲，右腿伸直平仆成仆步。同时右手持剑用剑身平面向下带压，剑尖斜向右上方。上体前探，眼视前方。动作如图10-52所示。

（8）提膝直刺

两腿直立站起，左腿屈膝体前提起，右腿直立。同时右手持剑向体前侧平刺出，立剑刃，在剑指屈肘再侧上举，眼视剑尖。动作如图10-53所示。

图 10-52　仆步下压

图 10-53　提膝直刺

4. 第四段

（1）弓步平劈

左脚向左后侧落步屈膝，右腿蹬直呈弓步。同时右手持剑外旋使剑刃反上，左剑指向右向下再向左向上画圆弧绕至头上侧举，右手持剑向体前平劈，立剑刃，眼视剑尖。动作如图10-54所示。

（2）回身后撩

右腿向前上一步，膝稍屈，在腿随之离开地面时小腿向上弯曲，上体前俯，腰要向右拧转。右手持剑向后反撩，剑尖斜对下方。左剑指伸向侧前上方，眼视剑尖。动作如图10-55所示。

（3）歇步上崩

①右脚蹬地，左腿向左前跃步，上体右转，左脚落地，脚尖外撇，右腿向身后摆。在上体右转的同时，右臂外旋，掌心朝前，左剑指掌心朝下，眼视剑尖。②右脚落地，两腿屈膝

全蹲，两腿叉紧成歇步。同时右手持剑屈腕直臂下压，使剑尖上崩，左剑指屈肘头上方侧举，眼视剑尖。动作如图 10-56 所示。

（4）弓步斜削

①左脚尖内扣，上体右转，右腿随之向前一步屈膝呈弓步，左腿蹬直。右手持剑外旋，使掌心朝上，在转体的同时屈肘收至左肋前，左剑指从体前落下，按在剑柄上。上体右前倾，眼视前方。②两腿不动，右手持剑由后向前上方斜面弧形上削，掌心斜向上方，手腕斜向侧稍屈，左剑指向后伸直，手心朝前，眼视剑尖。动作如图 10-57 所示。

图 10-54 弓步平劈

图 10-55 回身后撩

图 10-56 歇步上崩

图 10-57 弓步斜削

（5）进步左撩

①右腿伸直，上体左转，左腿屈膝。同时右手持剑使掌心朝里，经脸前边转体边向左画弧，剑至体前时左剑指附在右手腕里侧，眼视剑尖。②右脚跟碾地，脚尖外撇，上体向右后转，左脚向前一步，脚前掌虚点地面。同时右手顶剑反手向下向前再向上画弧撩起，剑至体前方时，肘部略屈，立剑刃，剑尖与肩平，左剑指随之而动，眼视剑尖。动作如图 10-58 所示。

图 10-58 进步左撩

（6）进步右撩

①右手持剑，直臂向上向右后方画弧。左剑指收至右肩前，掌心朝左，眼视剑尖。②在脚踏实后碾地，脚尖外撇，右腿随之向前上一步，脚掌虚点地面。同时右手持剑由右向下向前画弧撩起，肘稍屈，掌心朝上，剑尖与肩平。左剑指随之由前向下向前再向后上方绕环后屈肘头上架起，眼视剑尖。如图 10-59 所示。

（7）坐盘反撩

右脚踏实后向前上一小步，随即左脚向右腿后插一步，两腿屈膝下坐，成坐盘式，在插腿的同时右手持剑向上向左向下再向右上方反手绕环斜上撩，剑尖略高于头，左剑指经体前向下向后上方画弧，屈肘横举左耳侧。上体左前倾俯，眼视剑尖。动作如图 10-60 所示。

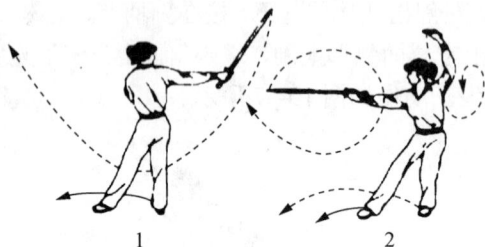

图 10-59　进步右撩　　　　　　　　　　图 10-60　坐盘反撩

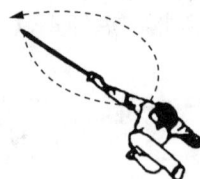

（8）转身云剑

①右脚蹬地，两腿伸直站起，并以两脚的前脚掌碾地，使上体向左后转，转身后右膝屈略蹲，右脚踏实，左膝稍屈，脚尖点地，重心落于右腿。同时右手持剑随身体转动一周后屈肘使剑平举，左剑指附在右腕处，眼视剑尖。②上动不停，上身后仰，右手持剑向左向后向右再向前圆形云绕一周，剑至体前时右掌心朝上，松把，使剑尖下垂，左剑指放开，拇指朝上，准备接握右手之剑。此时重心前移，左脚踏实，右腿伸直，上体前倾，眼视左手。动作如图 10-61 所示。

三、结束动作

①右手将剑柄交于左手后即握成剑指，在手接剑后再握住剑柄向身体左侧下垂。此时右脚向右前方上步，脚尖里扣，屈膝稍蹲，上身随之左转，左脚向前移步。脚尖虚点地面，膝稍屈。在转体的同时右剑指由身后屈肘侧举头右上方，掌心朝上，眼视左前。②右腿伸直，右脚向左脚并拢，并步站立。右剑指落于体侧，掌心朝下，两眼前平视。还原。动作如图 10-62 所示。

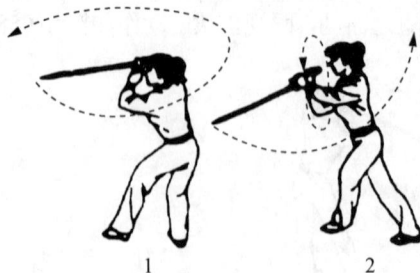

图 10-61　转 身云剑　　　　　　　　　　图 10-62　结束动作

第四节　防　卫　术

人们在日常生活中，有时会受到他人的不法侵害，生命财产安全受到威胁。特别是当遭遇袭击、抢劫等非法暴力侵害时，为了保护自己、抵御犯罪、惩治邪恶，就要学习、掌握一些自我防卫的方法与技巧。在这里要特别指出的是只有在自己生命财产安全受到危害时，才能使用这些技巧和方法，否则不得随意使用。

一、被暴徒右手抓住头发时的防卫

应将右臂上屈肘，右手握住暴徒右手手背，右脚向后侧撤步，右手翻暴徒右手腕，左臂屈抬，用左小臂下压（砸）暴徒右臂肘关节，如图 10-63 所示。

图 10-63 被暴徒右手抓住头发时的防卫动作

要点：在做翻腕压肘动作时，右手要迅速扣握住暴徒抓发之手，撤步时注意身体右转，翻腕有力、压（砸）肘突然。

二、被暴徒右手抓住胸前衣领时的防卫

1. 防卫之一

应将右臂屈肘，右手扣握住暴徒抓衣领之手，左脚向暴徒右腿前上步，同时右转体，用左上腿别（打）其右小腿，左手成掌推压暴徒右臂肘关节，如图 10-64 所示。

要点：在做翻腕压肘动作时，首先看清暴徒抓衣领之右臂是否屈肘，如屈肘，可将其手腕后拉，暴徒右臂即伸直。扣腕要牢，上步、转体、别腿迅速，推压肘有力，上下肢配合协调。

图 10-64 被暴徒右手抓住胸前衣领时的防卫动作之一

2. 防卫之二

应立即屈左臂上抬，左手扣住暴徒右手手背，随后右手抓握住暴徒右手腕，左手向外翻暴徒右手，同时右手向外拧其右手腕，迅速屈抬右脚，弹踢暴徒裆部，如图 10-65 所示。

图 10-65 被暴徒右手抓住胸前衣领时的防卫动作之二

要点：做翻拧踢裆动作时，双手抓握暴徒手腕要快、牢，翻拧有力，踢裆突然。如暴徒用手打来，可向左侧闪身，也可以用右小臂格挡后再踢裆。

三、被暴徒在背后用右手抓住颈后衣领时的防卫

应立即向后撤左步，左转身，右手扣握暴徒右手腕，左小臂从暴徒右臂上穿过，用左小臂压其右肘关节随即抬右腿，用右腿上顶暴徒头（面）部，如图 10-66 所示。

图 10-66　被暴徒在背后用右手抓住颈后衣领时的防卫动作

要点：做圈臂顶头动作时，首先要判断暴徒用哪一只手抓衣领，随后撤步、转身、扣腕紧、圈臂快，下压有力、顶头（面）部突然。

四、被暴徒在正前方用双手抓握右手腕时的防卫

应立即向右前上左腿，右转体，左臂下伸，由暴徒双臂之间穿过，右手回拉，左臂伸直，用左小臂下压暴徒左小臂，用左大臂别其右臂肘关节，如图 10-67 所示。

图 10-67　被暴徒在正前方用双手抓握右手腕时的防卫动作

要点：在做穿臂别肘动作时，应首先向前上步，左臂穿臂快，别压肘有力，协调自然。

五、被暴徒在背后用左手抓握左手腕时的防卫

应将左臂突然前伸，解脱被暴徒控制的左手腕，然后左臂迅速屈肘，左后转体，用左肘猛顶暴徒右侧肋部或腹部，如图 10-68 所示。

图 10-68　被暴徒在背后用左手抓握左手腕时的防卫动作

要点：在做屈臂顶肋时，首先要解脱暴徒对左手腕的控制，而后突然屈臂、转体，顶肋（腹）要准、狠。

六、被暴徒在背后用右手抓握左臂肘关节时的防卫

应将右脚向左侧前上步，身体向左后扭转，左臂后摆，右手握拳，用下勾拳猛击暴徒腹

部，如图 10-69 所示。

图 10-69 被暴徒在背后用右手抓握左臂肘关节时的防卫动作

要点：在做转身击腹动作时，首先要上步，转身快，左臂自然后摆，出拳击腹快而有力。

七、被暴徒在正前方用右手抓住左臂肘关节时的防卫

应立即向后撤右步，左小臂上屈，右手从暴徒右臂上穿过，手翻其右肘关节；左小臂、大臂夹住暴徒抓握肘之右手，右手向下翻拉（压）其右肘关节，同时屈抬右腿，用右膝上顶暴徒面（头）部，如图 10-70 所示。

图 10-70 被暴徒在正前方用右手抓住左臂肘关节时的防卫动作

要点：在做翻肘顶头动作时，首先要屈肘，夹手快、牢，翻拉（压）肘要协调、有力，顶头要突然。

八、被暴徒在正前方用双手抓住两肘关节时的防卫

应将左臂屈肘，左手或掌上托暴徒右臂肘关节，同时右臂屈肘，右手成掌托其左肘关节，当双手上托暴徒两肘后右腿屈抬猛顶暴徒裆部，如图 10-71 所示。

图 10-71 被暴徒在正前方用双手抓住两肘关节时的防卫动作

要点：在做托肘顶裆动作时，要注意双手同时完成上托暴徒两肘动作，上托时要快、有力，顶裆突然。

九、被暴徒在正前方用双臂（手）抱住双臂及腰时的防卫

应将上体后仰，而后向前勾头，用前额撞击暴徒面（鼻）部，然后上体后仰，屈抬右腿，用右膝上顶暴徒裆部，如图 10-72 所示。

图 10-72　被暴徒在正前方用双臂（手）抱住双臂及腰时的防卫动作

　　要点：在做撞面顶裆动作时，适合在被抱双臂（手）不能活动条件下采用，先用头撞其面部，而后用膝顶裆，动作应连贯、有力。

十、被暴徒在背后用双手同时抓握双肘时的防卫

　　左脚立即向左后侧撤左步，左转身，同时将右臂屈肘、平抬，身体左转，用右臂肘关节横顶暴徒左侧太阳穴，如图 10-73 所示。

图 10-73　被暴徒在背后用双手同时抓握双肘时的防卫动作

　　要点：在做转身顶头动作时，首先要撤步，转身要快，身体转动自然，横顶太阳穴要准、狠。

十一、被暴徒在正前方用双手掐住颈喉时的防卫

　　应立即向后撤右步，双臂上屈抬，双小臂由里向外格挡暴徒左、右小臂；双手成掌，左、右掌同时砍暴徒颈部；双手砍颈后握住暴徒后颈部用力回拉，同时屈抬右腿，用右膝顶其裆部。防卫动作如图 10-74 所示。

图 10-74　被暴徒在正前方用双手掐住颈喉时的防卫动作

　　要点：在做拉颈顶裆动作时，首先应屈臂格挡，砍颈突然，顶裆准、狠，拉颈及时。

十二、被暴徒右拳击胸部时的防卫

　　应立即向左侧上左步，左闪身，右小臂向外格挡暴徒右小臂；右手格挡后顺势抓握暴徒右手腕，同时出左拳击其右侧下颌；收左拳，用右手下拉暴徒右手腕，同时起右腿，上勾踢其腹部。防卫动作如图 10-75 所示。

图 10-75 被暴徒右拳击胸部时的防卫动作

要点：在做击头踢腹动作时，要及时上步、闪身、格挡，以避开暴徒的攻击路线。抓腕牢，击下颌准、有力，拉腕及时，勾踢腹狠。

十三、被暴徒摔倒成仰卧且骑身双手抑喉时的防卫

应将右臂上屈抬，右手抓握住暴徒右手腕，左手抓住暴徒右肘，向右侧推其右臂肘关节，并迅速抬右腿，用脚踢暴徒左侧太阳穴，如图 10-76 所示。

图 10-76 被暴徒摔倒成仰卧且骑身双手抑喉时的防卫动作

要点：在做推肘踢头动作时，应快速抓住暴徒腕、肘关节，推肘有力，踢头突然。

十四、被暴徒在正面用双手抢皮包后拉时的防卫

应右手握拳猛击暴徒下颌，收右拳时右腿屈抬，用脚弹踢暴徒裆部，同时左手后拉皮包，如图 10-77 所示。

图 10-77 被暴徒在正面用双手抢皮包后拉时的防卫动作

要点：在暴徒抢皮包后拉的同时，应用右拳有力地击其头，弹踢裆要准、狠。

十五、被暴徒在背面用双手抢皮包时的防卫

应将左脚向左后侧撤步，右转身，左臂上屈举，用左手成掌砍暴徒右侧颈部，并用左手握其后颈部回拉，同时屈抬左膝前上顶其右肋部，如图 10-78 所示。

图 10-78 被暴徒在背面用双手抢皮包时的防卫动作

要点：在做砍颈顶肋动作时，撤步、转身要快，砍颈有力，拉颈、顶肋应同时完成。

十六、被暴徒从正前方用右手持匕首刺向头部时的防卫

应立即向左侧前上左步，右小臂由外向里格挡暴徒右小臂；右手抓握其右手腕，同时左拳击其右肋部；再上左步时，用左小臂由上向下砸压其右肘关节。防卫动作如图 10-79 所示。

图 10-79　被暴徒从正前方用右手持匕首刺向头部时的防卫动作

要点：在做击肋压肘动作时，上步、格挡要快，抓腕及时，压肘要狠，下砸压肘要有力。

十七、被暴徒从正面用右手持匕首刺向喉（胸）部时的防卫

应立即向左侧上左步，右闪身，左手由外向里抓握暴徒右手腕，用右手向前推其右手手指，卷其手腕，如图 10-80 所示。

图 10-80　被暴徒从正面用右手持匕首刺向喉（胸）部时的防卫动作

要点：在做闪身卷腕动作时，上步、闪身要快，抓腕紧，卷腕、推手背要有力。

十八、被暴徒从正前方用右手持刀砍向头（肩）部时的防卫

应立即向左侧前上步，右闪身，左手顺势由上抓握其右手腕，左臂屈肘从暴徒右臂上穿过，夹住其右肘，同时上左步别暴徒右小腿，如图 10-81 所示。

要点：在做别臂打腿动作时，上步、闪身要快，左手抓腕牢、夹肘紧，别打腿要有力。

图 10-81　被暴徒从正前方用右手持刀砍向头（肩）部时的防卫动作

十九、被暴徒从背后用右手持枪顶住腰部时的防卫

应立即向右后撤左步，左转体，左小臂从暴徒右小臂下穿过，上圈其右小臂，同时右臂屈肘横顶暴徒头部；右手从暴徒右肩上穿过，反身扒其颈部，同时起右膝顶暴徒腹（裆部）。防卫动作如图 10-82 所示。

图 10-82 被暴徒从背后用右手持枪顶住腰部时的防卫动作

要点：在做顶头顶腹动作时，撤步、转身要快，格挡臂及时，圈夹臂要紧，扒颈及时，顶腹突然、有力。

第十一章　健美运动

"人的一切都应该是美丽的：容貌、衣裳、心灵、思想。"俄国著名作家契诃夫的这句名言，今天已为越来越多的人所理解。人们在追求美的心灵、美的情操的同时，也在追求着身体的健美。

第一节　概　述

健美运动又称健身运动，是将人体解剖学、生理学、运动医学与美学结合发展起来的新兴的体育锻炼项目，它按照人体解剖结构、生理特点，针对人的不同性别、年龄、体质状况和体形特点，通过各种不同形式的负荷训练，运用现代科学的方法，来锻炼身体、增长体力、发达肌肉、改进体形体态和陶冶情操。

一、健美运动的起源与发展

最早倡导且推动健美运动发展的是德国的体育家欧琴·山道，他生于 1868 年，年幼时体弱多病，后为古代角力士雕像的雄伟体魄所吸引，每天锻炼身体，并从实践中摸索出一套锻炼肌肉的方法。他先后到英国、澳大利亚、新西兰和南美洲等地表演各种健美技艺和力的技巧。为了更广泛地宣传健美运动，他除了在舞台上表演之外，还根据人体解剖学理论，撰写了一本有关哑铃锻炼方法的书。后来他成立了一个健美组织，到世界各地向健美爱好者传授健身训练方法。山道在首创和提倡健美运动方面做出了重大贡献，为现代健美运动组织的创建及健美运动思想、方法评判标准和比赛组织等方面的发展奠定了基础。

20 世纪中期，健美运动虽有发展，但体育界多数人认为健美运动会引起肌肉僵硬，有碍速度、弹跳力和灵敏度的提高。加拿大人本·韦德和他的胞弟裘·韦德经过几十年的艰苦研究与实践，终于以大量的科研数据纠正了这些错误观点。他们还自费到 90 多个国家进行讲学，宣传健美运动。1946 年，国际健美联合会（IFBB）正式创建，本·韦德当选为主席。协会制定了健美比赛国际规则，举办正式国际业余健美锦标赛，从而使健美运动得到推广和发展。为此加拿大政府授予他"加拿大勋位"。1984 年，本·韦德荣获"诺贝尔和平奖"。还有 10 多个国家向他颁奖。1985 年，本·韦德来我国观看力士杯健美比赛，并进行指导和讲课。1988 年，他又一次来我国接受上海体育学院"顾问教授"证书。由于在健美运动领域的卓越贡献，本·韦德被推举为国际健美联合会终身主席。

男子健美比赛在 20 世纪 30 年代已开始在各国举行，其中英国、美国、德国，特别是美国最为风行，参加比赛者不仅要有肌肉发达完美的体格，而且要用良好的姿势将各部分肌肉充分表现出来。目前，国际健美联合会创办的国际比赛有世界男子健美锦标赛、女子健美锦标赛、"奥林匹亚小姐"大赛、"奥林匹亚先生"大赛、世界男女混双健美锦标赛等，这些大赛多为每年举行一届。比赛按体重设 8 个级别，竞赛内容为自选动作和规定动作。男子比赛以突出肌肉发达和平均发展为主要内容，女子比赛以突出体形的健美和女性曲线美为主，男女混双比赛则旨在全面展示男女各方面的健美英姿，在优美的音乐旋律中充分体现男性阳刚和女性阴柔和谐的整体美。

二、健美运动在我国的发展

1930 年在上海成立了沪江大学健美会，由赵竹光先生任会长并执教，吸引了大量的爱好者参加训练。它是中国第一个健美运动组织。1939 年赵竹光先生在上海商务印书馆任总编辑的同时和曾维祺先生合作创办了健身俱乐部。1940 年 5 月正式成立了上海健身院，赵竹光先生任院长。当时的院训是"健全的身体，健全的人格，健全的头脑，健全的灵魂"。上海健身院还设置了健美函授课，同时赵竹光还创编了我国最早的健美杂志《健力美》。20世纪 40 年代初，曾维祺在上海创办了现代健身馆。赵竹光、曾维祺两位先生是中国健美运动的创始人，为中国健美运动的发展做出了巨大的贡献。1985 年和 1986 年国际健美联合会先后授予赵竹光、曾维祺"功劳奖状"。

20 世纪 80 年代初，为了推动健美运动的开展，全国各地恢复和兴建了一大批健美运动的场馆，为广大健美爱好者尤其是青年人提供了良好、安全的健美环境。

到了 20 世纪 90 年代，健美运动也像其他体育运动一样相继在大学校园开展起来，由于健美运动效果显著，因此，它深受青年学生的青睐，不少高等院校还将健美运动列入体育教学内容，成立了健美俱乐部，使健美运动得到了很大发展。

随着人类文明的进步，人们对精神生活的追求会更加强烈，可以预言：健美运动会更加兴旺，并将成为美化人们生活不可缺少的内容之一。

第二节 健美锻炼的方法与手段

健美对象在实施健美锻炼之前，首先应对自己的颈、胸、腰、臂、臀、腿等部位进行测量，其次要了解健美锻炼的要求、方法与手段，明确需改善的部位，从而为制订合理的锻炼计划提供依据。

一、健美锻炼的要求

1）锻炼前要做好准备活动，要根据自己的体力等条件选择适合的器械和重量，以防肌肉拉伤和关节损伤。

2）锻炼时要循序渐进，重量由轻到重，速度由慢到快。

3）锻炼中要采取必要的保护措施。特别是在进行大重量负荷练习时，一定要有保护措施，防止伤害事故发生。

4）一般初练者，每周锻炼 3 次，每次训练安排 1～3 个动作为一组，每组各个动作练 8～12 次，每 2～3 周换一组新动作。

5）锻炼时要注意呼吸方法，健美锻炼一般采用肌肉收缩用力时吸气、肌肉放松时呼气，这样有助于氧气的充分供给，防止出现头晕和休克症状。

6）锻炼后要充分地做放松整理活动，放松身体使肌肉纤维得到恢复和伸展，以提高肌肉的弹性和协调性。

二、健美锻炼的方法

1. 重复练习法

重复练习法是指选用固定负荷及练习的次数、组数，不断重复锻炼某一局部肌肉的练习方法。这种方法较适合初练者和家庭健身。

2. 循环练习法

循环练习法是指把几个不同锻炼效果的练习组合成一套练习，反复进行锻炼的练习方法。一般选用 4～5 个不同的练习。这种方法能使锻炼者得到较全面的锻炼，又无枯燥感。

3. 孤立训练法

孤立训练法是指在锻炼某部位肌肉时，尽可能排除协作肌的作用，使其单独（孤立）承受运动负荷的集中刺激，以达到重点发展及突出该部位肌肉的目的。

身体各部位主要肌肉功能及练习方法如表 11-1 所示。

表 11-1　身体各部位主要肌肉功能及练习方法

肌肉名称	功能	典型练习
斜方肌	使肩胛骨上提、上回旋、后缩、下降，使头和脊椎伸直	提铃耸肩、负重扩胸、持铃侧上举
三角肌	使上臂屈、旋内、旋外，使上臂伸直，加固肩关节	直臂侧平举
胸大肌	使上臂屈、内收和旋内，拉引躯干，提肋	引体向上、卧推、双杠双臂屈伸
肱二头肌	屈上臂，使前臂屈和外旋	肘弯举、引体向上
背阔肌	使上臂伸、内收和旋内，使躯干向上臂拉引	引体向上、后拉拉力器
肱肌	屈前臂	引体向上、肘弯举
肱三头肌	伸上臂、伸前臂	屈臂伸
髂腰肌	使大腿屈、外旋	悬垂举腿、仰卧起坐、负重下蹲
臀大肌	使大腿伸、外旋、内收	上腿、躬身、直腿硬位、俯卧举腿
股四头肌、股中肌	伸小腿、屈大腿	伸小腿、负重下蹲起、悬垂直举腿（股直肌）
小腿三头肌（腓肠肌、比目鱼肌）	屈小腿、伸膝关节	提踵、蹲跳
腹肌	使骨盆后倾、脊柱侧屈	仰卧起坐、收腹举腿

4. 塔式练习法

塔式练习法是指在一套连续练习中每一组所能完成的负荷重量与次数的关系呈塔状序列：负荷重量先由轻到重，直到最高点，次数则由多到少；再使负荷由重到轻，次数由少到多，呈塔状。这种练习方法的主要作用在于增大肌肉的体积和力量。

5. 多组数练习法

多组数练习法是指在锻炼过程中对所选用的练习动作进行较多组数（3～4 组或更多）

的重复间歇练习，以保证该锻炼部位所承受的负荷总量达到足够的数值，从而使该部位肌肉群得到充分、彻底的锻炼，以达到"发胀"的极限程度或"饱和"的理想状态。

6. 分化训练法

分化训练法是指根据锻炼者的能力及目标，将全身各部位肌肉"分而治之"，按部位分别安排在不同课次中进行训练的方法，从而保证各部位肌肉均可获得较充足的锻炼时间和刺激强度。

三、健美锻炼的练习手段

1. 俯卧撑

作用：主要发展胸大肌、肱三头肌和三角肌。
方法：可在地上或支撑架上做，还可将手或脚垫高，或负重进行。
要领：练习中始终保持全身挺直，收腹、紧腰，不能沉肩、弓腰、提臀等。

2. 直臂扩胸

作用：发展胸大肌、肱三头肌。
方法：两脚开立，两手握住哑铃于胸前平举，拳眼向上。
要领：身体直立，动作中速，注意力要集中。

3. 屈体飞鸟

作用：发展三角肌、背肌和腰部肌肉。
方法：两脚开立与肩同宽，手持哑铃，上体前屈约90°，两臂平行下垂动作开始，两臂向身体左右两侧上平举，然后慢慢下放还原。
要领：两腿伸直，上举时要快，下放还原要慢。

4. 仰卧飞鸟

作用：发展胸大肌和三角肌。
方法：仰卧在凳上，两脚踏稳地面，两臂伸直向上与身体垂直，手持哑铃，拳心相对。动作开始，两臂分别向身体两侧慢慢落下，同时两臂稍屈肘，稍停，胸大肌突然收缩，使两臂顺原路伸直向上，如图 11-1 所示。
要领：两臂下落时用胸大肌控制慢降，下落时胸大肌充分伸展；上举还原时稍快，臂伸直后胸大肌保持收缩。

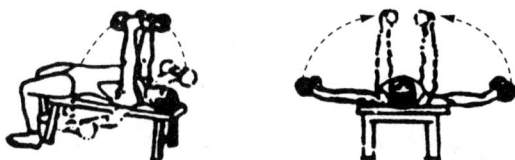

图 11-1　仰卧飞鸟

5. 引体向上

作用：发展背阔肌、肱二头肌、三角肌、胸大肌（正握练背阔肌，反握练肱二头肌和胸大肌，同时对背肌、肩部肌肉也有作用）。

方法：分颈前和颈后两种上拉，手可正握和反握；以胸、背、肩和臂发力，屈臂上拉；当下过杠面以上时稍停，然后慢慢放下至两臂伸直；能拉 15 次以上时，应在腰上或脚上挂重物进行。

要领：上引时腰、腿放松，不可摆动借力。

6. 颈后推举

作用：发展背阔肌、肱三头肌、三角肌，对发展斜方肌、大圆肌、小圆肌、菱形肌也有很大作用。

方法：脚平行开立比肩稍宽，发力将杠铃从颈后向上推起，至两臂伸直，稍停，然后慢慢下落还原。

要领：上推过程中，使两肘尽量向后展开，重量过重时关节可稍屈。

7. 侧平举

作用：主要发展三角肌外侧肌肉，增加两肩宽度。

方法：脚开立同肩宽，两手握哑铃、皮筋或拉力器等；运动时用肩部发力，两臂伸直向两侧平举至肩高，稍停，用三角肌控制慢速直臂还原。

要领：上举时不要耸肩，三角肌收紧，放下后全臂肌肉放松。

8. 双手反握臂屈伸

作用：发展肱二头肌、肱肌、肱桡肌及前臂肌。

方法：脚开立同肩宽，上臂靠近身体，两侧固定，不耸肩，臂在体前屈伸；还原时继续用肱二头肌控制，放下后臂伸直，肩关节、肱二头肌、肱肌前臂肌肉伸展。

要领：上体保持不动，肘关节不得前后移动。

9. 斜板双手臂屈伸

作用：发展肱二头肌等。

方法：两臂同肩宽，双手反握杠铃放在斜板上，以肘关节为轴用力弯举，当举至肩上时，用肱二头肌控制，稍停后慢慢还原，这时伸展放松，如图 11-2 所示。

要领：注意力集中，上弯、下放要充分，不使用其他力量。

10. 深膝蹲

作用：发展腿部股四头肌、臀大肌和躯干背肌。

方法：平衡屈膝下蹲，当蹲到大腿平行地面或稍低时停 1 秒，快速用力收缩肌肉，伸腿起立，同时提踵，如图 11-3 所示。

要领：不含胸、松腰、弓背。

11. 提踵深蹲

作用：发展小腿肌群，同时对股四头肌和臀大肌也有作用。

方法：同深膝蹲，不同处是下蹲时先提踵，以脚掌着地。

要领：屈膝下蹲动作要慢而稳，起立时两腿伸直，要紧收腓肠肌和比目鱼肌。

12. 仰卧起坐

作用：发展腹直肌及腹外斜肌、腹内斜肌。

方法：在平地或斜板上，可双臂向头上伸直或抱头做。

要领：坐起时，动作要快，下落还原时，动作要适当慢一点。

13. 仰卧收腹举腿

作用：发展腹肌、腹直肌、髂腰肌力量。

方法：仰卧，双臂向头上方伸直，上体与两腿同时上举起为练习一次；当腿和臂还原将触地面时，再快速上举，反复练习，如图 11-4 所示。

要领：两手臂尽量前伸，手触脚。

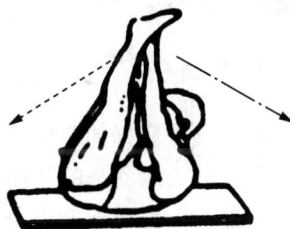

图 11-2　斜板双手臂屈伸　　　　图 11-3　深膝蹲　　　　图 11-4　仰卧收腹举腿

14. 负重挺身

作用：发展骶棘肌、躯干肌肉和髋关节肌肉力量，矫正拱背。

方法：俯卧于地面或练习器械上，用腰背肌肉群收缩抬起上体，尽量伸展躯干至最大时，上体慢慢屈体放下。

要领：抬起时，要尽量做到抬头挺胸。

第三节　健美体形的简易评价方法

一、体形的分类

健美锻炼要求有较强的针对性，应因人而异，因体形而定，绝不能无的放矢，盲目进行。目前对在校大学生的身体形态测量表明，很少有人达到标准，绝大多数为不理想体形。其主要表现为以下 3 种类型，其中 1）、3）类型占多数。

1）瘦弱型：身体瘦弱、肌肉不发达。

2）肥胖型：身体脂肪多，肥胖。

3）混合型：兼有上述两种现象的，如上肢瘦弱，腰、腹、臀肥胖。

二、健美体形的标准

体形即人体的外形，是由人体的骨骼、脏器、肌肉等组织器官决定的。只有人体各组织器官发育完好，才称得上健美。身体的长度和围度、力度感、肌肉、匀称等因素直接影响人体健美。

1. 长度和围度

适度的身高和围度是体形健美的重要因素。对我国 16 个省市 18～25 岁的青年男女身高的调查显示，男性平均身高为 165～175 厘米，女性平均身高为 154～164 厘米。在这个范围内的身高是符合中国国情的正常身高。腿长为身高的一半，或大于 2～8 厘米，表明身高在正常的范围内；大于 9 厘米，腿显修长。在围度指标中，亚洲地区理想的标准身材为身高 163 厘米，胸围 84 厘米、腰围 62 厘米、髋围 86 厘米。对于一般人，可用下列方法计算：胸围略为身高的一半，即胸围为身高×0.5，腰围为身高×0.34，较胸围小 10 厘米；髋围为身高×0.542，较胸围大 4 厘米；大腿围较腰围小 10 厘米；小腿围较大腿围小 20 厘米。皮下脂肪的厚度不能超过 3 厘米。

2. 肌肉

只有发育完好的肌肉才称得上健美，我们所说的肌肉要达到形体美的标准，并不是要求达到竞技健美运动员的肌肉发达程度，而是要符合一定的比例。成年男子肌肉占全身总重量的 40%左右，女子肌肉占全身总量的 35%左右，却符合健美体形的标准。

3. 力度感

人体的力度感通过躯体清晰的脉络和强健富有弹性的肌肉体现出来，来自形体的运动感、耐久力。健美的男性体形是由接近直线的线条组成的楔形形状：宽肩细腰，扇形身段；健美的女性体形是由流畅变化的曲线组成的此起彼伏、连绵不断的波浪形：体态丰满、腰细有力、臀部圆满、下肢修长。

4. 匀称

在身高和力度感的基础上，还要进一步达到整体和谐。整体和谐是指形体各部分间的比例协调和对称。比例协调就是要求肌肉发达，围度适中，比例匀称。就人体整体而言，体形的比例要符合"黄金分割"的要求，即人体以肚脐为分割点；肚脐以上和以下的身体比例为0.618：1；面部以印堂穴为分割点；肚脐以上的部位的分割点在咽喉；肚脐以下部分的分割点在膝盖；上肢的分割点在肘关节。如果一个人的体形是按这个比例来分割，就会给人赏心悦目的感觉。

男性健美体形可理解为，身体外形形状的和谐匀称及内部显示出的健美和力量。具体地说，男性健美体形离不开男性特征——匀称的骨架，全身肌肉发达对称，布局合理，轮廓清晰，肩、胸、腰部构成倒三角形的比例特征。

女性绝不能以苗条、柔软、纤细和病态为美，而是结实精干、肌肉强健、富有区别于男性的曲线美，既不失女性的妩媚，又能承受生活负担和肩负起社会工作。

中外美学家对人体体形健美的见解，可归纳成以下几条标准。

1）骨骼发育正常，关节灵活自然，不显粗大凸起，体态丰满而不显肥胖臃肿，匀称是关键。

2）肌肉均衡发达，皮下脂肪适当。

3）双肩对称，男宽阔，女圆浑。肩部不沉积脂肪，略外展、下沉。

4）脊柱正位垂直，曲度正常。男子胸廓隆起厚实，上体呈"V"形；女子胸部丰满不坠，侧视有明显曲线，微挺胸拔背。

5）女子腰细而结实，微微呈圆柱形，腹部扁平，腰部比胸部略细 1/3；男子有腹肌垒起隐现。

6）臀部圆满适度，略上翘，有弹性。

7）两腿修长，腿部线条柔和，小腿腓部突出，跟腱长。正、侧观有屈曲感，体现敏捷与活力。

三、人体健美应具备的条件

人体健美主要取决于 3 个基本条件，即人体美的三要素：骨骼、肌肉和脂肪等皮下组织、皮肤和毛发。

1. 骨骼

骨骼构成了人体的支架，赋予人体一定的外形，人的身高、肢体间的比例、面部轮廓，都靠骨骼来固定。所以，一个形体美的人，各部分骨骼的比例必须是均匀和对称的。

2. 肌肉和脂肪等皮下组织

人体不能是骷髅。修长的双腿、丰满的胸部、平滑的腹部、强健的臀部等全靠肌肉和脂肪等组织来填充，这些组织的多少对人体美有较大的影响。

骨骼肌是决定体形的重要因素。骨骼肌附在骨骼上，使人体外形初显，骨骼肌发育良好是形体美的重要保证。骨骼肌收缩牵动骨骼产生各种各样的运动。肌肉及其肌力的均匀，是预防体形畸形的关键。适度的皮下脂肪使体形显得更加饱满，体内脂肪蓄积过多，人体显得肥胖臃肿。

3. 皮肤和毛发

皮肤和毛发是用肉眼能看到的人体表面部分。皮肤光滑，色泽正常，富有弹性，毛发有光泽，是人体美不可忽略的条件。人的衰老、病态，也往往表现在皮肤和毛发上，从而影响人体的审美。

因此，只有人体的骨骼、肌肉和脂肪等皮下组织、皮肤和毛发发育完好，和谐匀称，才能体现完美的人体美，这些因素缺一不可。体育锻炼能促进骨骼、肌肉正常发展，提高肌肉质量，改变身体外形，对肌肤也有良好的健美作用。所以，体育锻炼是人体美塑造的有效工具。

第十二章 健美操

健美操是深受大学生喜爱的一项健身运动，它对增进健康、培养正确的身体姿态、塑造健美的形体、陶冶美的情操具有特殊的作用。

第一节 概 述

健美操是在音乐的伴奏下，以操化动作的方式，融入体操、舞蹈、武术等内容，组成单个动作、成套动作，通过参与者的身体练习，达到健身效果，追求完美体形的一项新颖运动项目。

竞技健美操是在音乐伴奏下，展示运动员连续表演复杂和高强度动作的能力。它起源于传统的有氧健身操。

一、现代健美操的兴起与发展

自从人类有审美观念和美学思想以来，人们就开始倾慕和推崇健壮的体魄、追求人体美和心灵美。

我国西汉时期的《导引图》中有站、跑、坐的基本姿势，也有屈伸、转体、弓步、跨跳等基本动作，还有持球和持棍的动作，这些动作和当今的徒手健美操、持轻器械健美操动作十分相似。

19 世纪末欧洲（先后在德国、瑞典、丹麦、捷克）出现了许多体操流派，对人体的健美锻炼各有独到的见解。瑞典体操派认为健美操是体操的一种，是以表现人的思想感情为目的的体操，强调身体要协调发展，养成健美姿态，促进身体健康；德国把体操引入学校，并且将动作与音乐节奏相融合。

英国早在 1956 年就建立了大不列颠健美协会，其主要任务是培养健美操教员。美国健美操的代表人物是著名影星简·方达，她为了追求健美的身体曾用过"节食减肥法""自导呕吐法"，还服用过减肥药，结果身体很虚弱。她在 20 世纪 70 年代后期，进行了健美韵律操的锻炼，收到理想的健美效果。1981 年她编写的《简·方达健身法》一书出版后立即引起轰动，该书很快被译成 19 种文字发行，在 20 多个国家出售，受到各国妇女的喜爱，使越来越多的人投身到这一运动中；各国的健身俱乐部和健美中心应运而生，健美操风靡全球。

健美操在德国、波兰、保加利亚的发展也很快，只要能使形体变美，人们不惜花费巨资。

俄罗斯早在 20 世纪 20 年代就有人跳健美操，但当时还不普遍。现在健美操已发展成为深受广大群众欢迎的体育运动项目之一。

1985 年美国举行了全国健身操锦标赛，从而健美操发展成竞技运动项目。

1979 年以来，在我国的北京、广州、上海等地也相继举办了各种健美操训练班，将我国的武术和民间舞与欧洲的健美操融为一体，创造了具有中国特色的健美操。从 1982 年起各种形式的健美操相继在电视台播放，以及在杂志、报刊上登出，健美操开始走向大众，使练习者在身体形态、机能和素质上受益很大。如今，健美操已被列入体育课，并深受广大女性的喜爱。1985 年北京体育学院成立了健美操教研室。1987 年在北京举行了"首届青年韵律操比赛"和"首届长城杯健美操邀请赛"，把我国的健美操运动推向一个新高潮。此后，群众性的健美操比赛如雨后春笋，层出不穷。

健美操作为一项美的运动，一个时代发展的产物，将随着人类物质生活水平的提高而不断改善。

如今，健美操已成为全民健身的普及项目，它有助于人们实现心灵美的追求，使人们的身体匀称、和谐、健美地发展；使人动作优美，从而塑造健美形体，将理想形体的追求变为现实。

二、健美操的分类和特点

1. 健美操的分类

根据健美操的特点、发展趋势和不同的目的、任务、对象，健美操可分为大众性健美操、竞技性健美操和表演性健美操三大类。

1）大众性健美操是以锻炼身体、增进健康为目的的健身操，包括形体健美操、减肥健美操、持轻器械健美操（环、球、花、带）、医疗保健健美操等。它面向广大群众，可用于自娱自乐，可根据练习者的年龄、性别、目的、任务进行创编。

2）竞技性健美操是在大众性健美操的基础上提高和发展起来的一项新兴的竞赛项目，根据特定的规则进行编排、训练和比赛，有男、女单人，混双，3 人和集体 6 人等竞赛项目。不同的项目在比赛的场地、时间、特定动作上有所区别，成套动作中必须有特定动作，鼓励创新，动作和编排要有独创性。不鼓励做任何有危险的和有损健康的动作。

3）表演性健美操是以在表演过程中展示自己美的姿态、美的追求及人身价值为目的的表演形式，包括搏击操、爵士操、拉丁操等。表演性健美操是事先编好，专为表演者而设计的成套健美操，比大众性健美操动作复杂，不受人数限制，音乐速度可快可慢，动作较少重复，并有一定的表演效果，要求参与者具备一定的身体条件、协调性和表演意识等。

2. 健美操的特点

现代健美操除了具有内容丰富、形式多样、易于普及、能全面地有重点地锻炼身体、有一定的艺术性和不断创新等特色外，还具有以下特征。

1）是以节奏为中心的运动。健美操的动作节奏表现为动作力度的强弱和速度的快慢上，合理支配肌肉紧张与放松，是体现动作节奏性的关键。力度是快速完成动作时能急速制动的能力，动作的多变是多关节、多部位的同步运动变化。在健美操的练习中，有一拍一动、二拍二动和一拍二动动作，对称和不对称的动作，同步和依次完成的动作，它改变了广播操的平均节奏，特别是采用了迪斯科和爵士舞的髋部动作，使健美操的动作更新颖，内容更丰富多彩，增强肌体的锻炼效果。

2）具有一定的运动量。任何身体练习都要承受一定的运动负荷，只有适宜的运动负荷才能使练习者达到健身和健美的目的。成套健美操动作连贯，每节和每个动作之间都是紧密相连、有机配合的整体。由于动作幅度大，练习不间断、重复练习并持续一定的时间，因而练习的密度较大，消耗一定的体力达到一定的运动负荷。

3）音乐是健美操的灵魂。健美操是在节奏鲜明、欢快、奔放的乐曲伴奏中进行的练习，音乐是健美操不可分割的一部分。健美操的音乐不仅能让练习者在完成动作时准确地把握每一个节拍，而且能让练习者激发感情，精神饱满，并陶冶美的情操。健美操的动作风格与类型，以及练习者的表现和音乐的特色完美结合，才能使健美操更富有感染力，使练习者得到美的享受。

4）具有群众性和针对性。健美操的运动量可大可小，动作可易可难，时间、体力也可以自行调节，且不受场地、器械、年龄等条件的限制，既可健身，又可自娱自乐，因此深受广大群众的喜爱，具有广泛的群众性。健美操不仅对全身或某些关节、韧带、肌肉群等进行卓越有成效的健美锻炼，还可根据不同对象、年龄、性别、能力等进行编排，这就突出了它的针对性。

三、健美操的作用

长期坚持不懈地进行健美操的练习，可以促进身体健康，塑造健美的形体，提高审美观、陶冶情操。

1. 促进身体健康

健康是人体美的首要条件，所谓健康就是指身体器官、系统发育良好，五官端正，四肢发达，腰身匀称，肌肉丰满，骨骼正常。只有健康的人，才能表现出精神饱满，情绪快乐，动作敏捷、协调、优美。

健美操动作简单易学、内容灵活多样，可因人因时因地制宜，它把徒手体操和舞蹈的基本动作进行操化处理，使动作更有弹性，造型更美观大方。有针对性的持轻器械专门练习可以对肌肉进行塑造，使肌纤维变粗且坚韧有力，并使其所含蛋白质及糖原的储量增加，血管丰富，新陈代谢提高；使骨骼强壮，骨质坚固；能提高人体的协调性，关节的灵活性和韧性。长时间的练习可消除体内多余的脂肪，达到健美的目的。

2. 塑造健美的形体

健美操是在解剖学、生理学和人体造型学的科学指导下进行的锻炼，它的每个动作都能对身体的各个部位进行有效的锻炼，并对动作的完成有严格的要求和规格，动作必须讲究姿态、力度、表现力和速度等。因此，舒展、优美、规范的动作可以纠正日常生活中的不正确体态和习惯，如含胸低头、端肩等。例如，具有针对性的胸部、腰部、髋部和腿部健美操可以使各对应部位的肌肉得到锻炼，消除多余的脂肪，增加各关节的灵活性、柔韧性及肌肉的弹性。

3. 提高审美观、陶冶情操

健美操是在节奏鲜明、强烈而欢快的音乐伴奏下融体操、舞蹈、艺术体操、现代舞为一体的身体练习，动作欢快而活泼，富有朝气，节奏感强，容易引发人的兴趣，令人产生跃跃欲试的运动愿望。通过练习可以培养和提高练习者对身体美、动作美、神态美、造型美和音乐美的感受力，提高艺术素养，树立正确的审美观，产生积极向上、追求美好未来的健康情绪，陶冶情操。

第二节 健美操的基本动作及创编原则

一、健美操的基本动作

掌握健美操的基本动作是练习者进行健身、健美的基础。通过基本动作的练习，可以掌握正确的动作技术，培养良好的动作形态。

1. 常见手形

常见手形如图 12-1 所示。

1）并拢式。五指伸直，相互并拢，大拇指微屈。

2）分开式。五指用力伸直，充分张开。

3）芭蕾手式。五指微屈，后三指并拢，稍内收，拇指内扣。

4）拳式。握拳，拇指在外，指关节弯曲，紧贴于食指和中指。

5）立掌式。五指伸直，手掌用力上翘。

6）西班牙舞手式。五指用力，小指、无名指、中指自掌指关节处依次屈，拇指稍内扣。

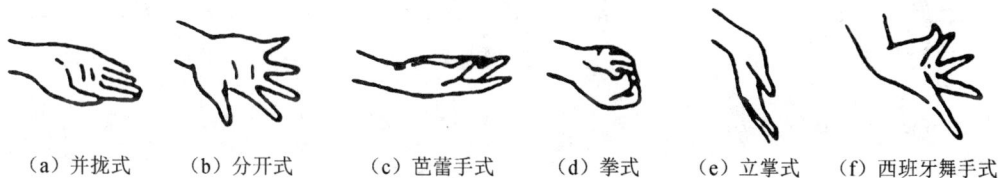

（a）并拢式　（b）分开式　（c）芭蕾手式　（d）拳式　（e）立掌式　（f）西班牙舞手式

图 12-1 常见手形

2. 基本步法

1）踏步。大腿抬平，小腿自然下垂，落地时用前脚掌过渡到全脚掌，两臂前后自然摆动，身体保持自然。

2）滚动步。从脚尖至全脚依次落地，两脚交替做。

3）交叉步。一脚向另一脚前后交叉进行。

4）跑跳步。两脚交替进行，跑后支撑阶段有一次跳的过程。

5）并腿跳。双脚并拢，直膝或屈膝跳。

6）开合跳。跳起分开落地，髋部、脚尖外开，膝关节在同方向弯曲。蹬地还原时，脚跟并拢，膝缓冲。动作要起伏、连贯、有弹性。

7）弹踢腿跳。动力腿屈膝后摆，两膝之间要靠拢，前弹时不要过分用力，膝关节、髋关节运动伸展要有控制，然后换后腿做，如图 12-2 所示。

8）后踢腿跳。一腿屈膝后摆，髋和膝在一条线上。跑跳过程中，膝、踝关节充分缓冲，手臂可自然摆动，如图 12-3 所示。

图 12-2　弹踢腿跳

图 12-3　后踢腿跳

9）吸腿跳。膝抬起，大腿平行于地面，小腿垂直于地面，脚面绷直，落地时由脚尖过渡到脚跟，两腿交替进行。跳起时，脚离地，身体保持自然。如图 12-4 所示。

10）踢腿跳。一腿前踢，腿要抬平或更高，膝盖伸直，收腹立腰。落地还原到位，两腿交替进行，如图 12-5 所示。

11）弓步跳。一腿后摆由脚尖过渡到前脚掌（脚后跟不需要着地），脚尖方向向前。身体稍前倾，立腰收腹。还原时屈膝缓冲，换腿做，方向相反，如图 12-6 所示。

图 12-4　吸腿跳

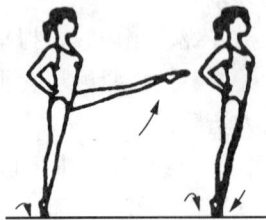

图 12-5　踢腿跳

图 12-6　弓步跳

3. 其他关节的基本动作

1）头颈动作。屈、转、绕和绕环。
2）肩动作。提肩、沉肩、展肩、绕和绕环。
3）上肢动作。摆动、屈伸、绕和绕环、振臂等。
4）躯干动作。胸部的含展、体侧、体转、前屈、后屈，髋部的顶、摆、绕和绕环等。

这里不再对头颈及躯干等部位的基本动作做叙述，仅介绍一些简单的动作组合，以供课后练习健身。

二、健美操的动作组合

1. 踏步击掌组合（8×12）

踏步击掌组合（8×12）的具体动作如下。

第 1～2 个 8 拍：原地踏步，如图 12-7 所示。

第 3 个 8 拍：①两腿屈膝，两臂上举击掌；②两手叉腰，还原成直立；③～⑧同①②，如图 12-8 所示。

第 4 个 8 拍：同第 3 个 8 拍。

第 5 个 8 拍：①～④踏步成分腿站立；⑤分腿屈膝半蹲，两臂上举击掌；⑥分腿站立，两手叉腰；⑦～⑧同⑤～⑥。

图 12-7　踏步击掌组合第 1～2 个 8 拍动作

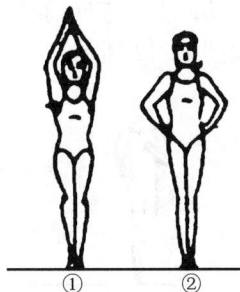

图 12-8　踏步击掌组合第 3 个 8 拍①～②动作

第 6 个 8 拍：①～④踏步还原成直立；⑤并腿屈膝半蹲，两臂上举击掌；⑥直立，两手叉腰；⑦～⑧同⑤～⑥。

第 7～8 个 8 拍：同第 5～6 个 8 拍。

第 9 个 8 拍：①～⑧向前踏步。

第 10 个 8 拍：①～②左侧弓步，两手击掌两次；③～④直立，两手叉腰；⑤～⑥同①～②，方向相反；⑦～⑧同③～④，如图 12-9 所示。

第 11 个 8 拍：①～⑧后退踏步。

第 12 个 8 拍：同第 10 个 8 拍。

图 12-9　踏步击掌组合第 10 个 8 拍①～⑥动作

2. 开合、弹踢、后踢跳组合（8×14）

开合、弹踢、后踢跳组合（8×14）的具体动作如下。

第 1 个 8 拍：①两手叉腰，左脚向侧一步；②右脚在左脚旁点地；③～④同①～②，方向相反；⑤～⑧同①～④，如图 12-10 所示。

第 2 个 8 拍：①跳成分腿开立，两臂侧举，手握拳；②蹬地跳起还原成直立，两臂向下摆至体前交叉，反复做 4 次，如图 12-11 所示。

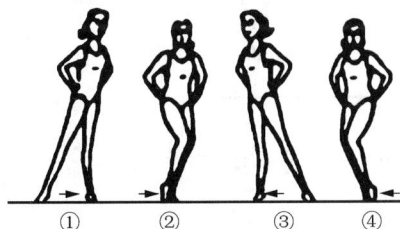

图 12-10　开合、弹踢、后踢跳组合第 1 个 8 拍①～④动作

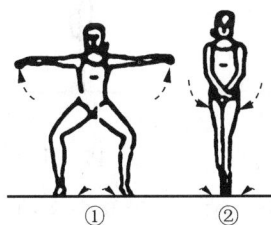

图 12-11　开合、弹踢、后踢跳组合第 2 个 8 拍①～②动作

第3～4个8拍：同第1～2个8拍。

第5个8拍：①～④向前移动后踢跳，两臂自然摆动，手握拳；⑤～⑧两手叉腰，做两次开合跳，如图12-12所示。

图12-12　开合、弹踢、后踢跳组合第5个8拍①～⑧动作

第6个8拍：①～④向后退的后踢跳；⑤～⑧两手叉腰，做两次开合跳。

第7个8拍：①～④向前移动后踢跳；⑤跳成开立，两臂侧举，手握拳；⑥向左后跳转180°成直立，同时两臂于体前交叉；⑦～⑧开合跳1次，如图12-13所示。

图12-13　开合、弹踢、后踢跳组合第7个8拍①～⑧动作

第8个8拍：①～④面向后移动后踢跳；⑤跳成分腿开立，两臂侧举，手握拳；⑥向右跳转180°成直立，两臂于体前交叉；⑦～⑧开合跳1次，如图12-14所示。

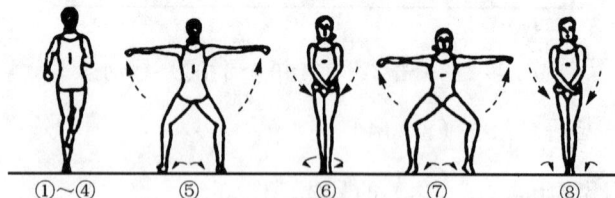

图12-14　开合、弹踢、后踢跳组合第8个8拍①～⑧动作

第9个8拍：①～④两手叉腰弹踢腿跳；⑤～⑧同①～④，如图12-15所示。

图12-15　开合、弹踢、后踢跳组合第9个8拍①～④动作

第10个8拍：同第9个8拍。

第11个8拍：①～⑧踏步同时向左转360°，两臂自然摆动，手握拳，如图12-16所示。

第12个8拍：①左腿向前弹踢跳，两臂上举，五指分开，掌心向前；②右腿后屈，两

臂屈肘于腰部，手握拳；③～④同①～②，动作相反；⑤～⑧同①～④，如图 12-17 所示。

图 12-16 开合、弹踢、后踢跳组合第 11 个 8 拍
①～⑧动作

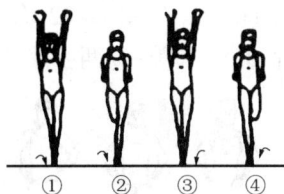

图 12-17 开合、弹踢、后踢跳组合第 12 个 8 拍
①～④动作

第 13 个 8 拍：①～⑧踏步同时向右转 360°，两臂自然摆动，手握拳。

第 14 个 8 拍：同第 12 个 8 拍。

3. 吸腿、踢腿、弓步跳组合（8×14）

吸腿、踢腿、弓步跳组合（8×14）的具体动作如下。

第 1 个 8 拍：①左腿屈膝上抬，右膝微屈；②还原；③抬右腿；④还原；⑤～⑧同①～④，如图 12-18 所示。

第 2 个 8 拍：①～④左腿吸腿两次，右膝微屈，同时臂前屈，手握拳；⑤～⑧同①～④，方向相反，如图 12-19 所示。

第 3 个 8 拍：①～⑧左右腿交替连续踢腿跳 4 次，同时两臂前举，手握拳，如图 12-20 所示。

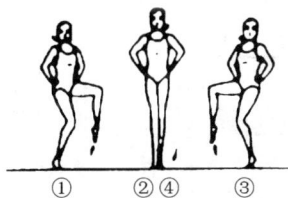

图 12-18 吸腿、踢腿、弓步跳
组合第 1 个 8 拍①～④动作

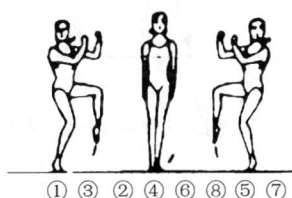

图 12-19 吸腿、踢腿、弓步
跳组合第 2 个 8 拍①～⑧动作

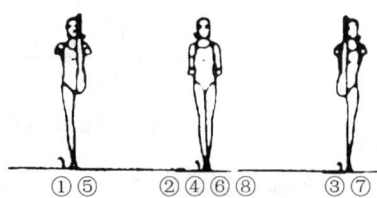

图 12-20 吸腿、踢腿、弓步跳组合
第 3 个 8 拍①～⑧动作

第 4 个 8 拍：①～⑧原地踏步。

第 5～6 个 8 拍：同第 3～4 个 8 拍。

第 7 个 8 拍：①左脚向侧一步，脚跟着地，两手叉腰；②右脚于左脚后交叉，前脚掌着地；③左脚再向侧一步；④右脚并于左脚；⑤～⑧原地踏步，如图 12-21 所示。

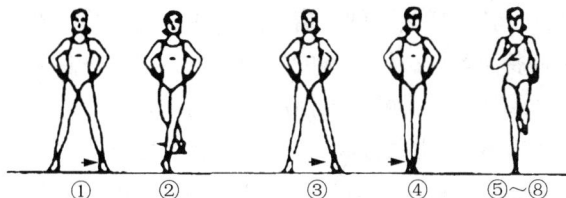

图 12-21 吸腿、踢腿、弓步跳组合第 7 个 8 拍①～⑧动作

第 8 个 8 拍：同第 7 个 8 拍，方向相反。

第 9～10 个 8 拍：同第 7～8 个 8 拍。

第 11 个 8 拍：①～④两手叉腰，左腿屈膝，右腿后伸，膝盖伸直，做两次；⑤～⑧同①～④，方向相反，如图 12-22 所示。

第 12 个 8 拍：①～⑧两手叉腰，左右弓步跳转 4 次，如图 12-23 所示。

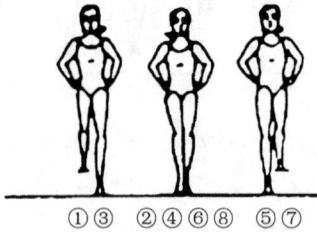

图 12-22　吸腿、踢腿、弓步跳组合
第 11 个 8 拍①～⑧动作

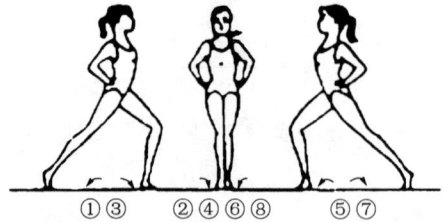

图 12-23　吸腿、踢腿、弓步跳组合
第 12 个 8 拍①～⑧动作

第 13 个 8 拍：①～③向左后交叉步，同时手臂前举放下；④两臂屈，手握拳于腰部；⑤左腿屈膝，右腿伸直后伸，脚尖点地，同时右臂伸直前举（冲拳）；⑥右脚并于左脚，右臂收回于腰部；⑦～⑧同⑤～⑥，如图 12-24 所示。

第 14 个 8 拍：①～⑧同第 13 个 8 拍①～⑧，方向相反。

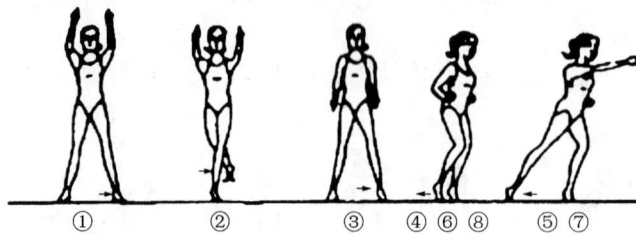

图 12-24　吸腿、踢腿、弓步跳组合第 13 个 8 拍①～⑧动作

三、健美操的创编原则

创编一套美观大方、朝气蓬勃的健美操，达到健身、健美和健心的目的，必须遵循以下原则。

1. 全面性原则

（1）身体活动的全面性

要想使身体得到全面的发展，就应在运动中尽可能地调动肢体，让整个机体获得最大的动员。健美操的成套动作一般包括头、颈、肩、胸、髋、腰、腹、背和上下肢的运动，每个部位的动作类型也尽可能多种多样。如头颈的屈伸、绕、绕环，躯干的屈、伸、举、摆、振、绕、绕环，下肢的屈、伸、举、摆、踢及各种走跑跳动作。同时，动作设计应讲究对称，如左臂绕环，则右臂也要有绕环，左腿大踢，右腿也要有大踢动作，这样有利于身体全面、均衡地发展。另外，健美操还是一种注重小关节运动的项目，因此对指、腕、踝等部位的动作也应予以重视。

（2）动作时空变化的全面性

在设计动作时，还应充分展现动作的变化，不致使成套动作显得机械、呆板。例如，在方向上可以有上下、前后、斜向等变化，在路线上有长短、曲直的搭配，在幅度、速度、力度等上有大小、快慢、强弱的对比。在操中加入跳跃动作，不仅使健美操富于变化，而且可以锻炼人的心肺功能。

2. 针对性原则

（1）针对创编的目的

创编一套健美操是带有一定目的的，在创编中，动作的选择及运动量的分配要与目的紧密联系。例如，以减肥为主的健美操，强度不应过大，保证体内氧气供应的充足，并且操的长度不少于 40 分钟；在对患肢进行功能锻炼时，要多设计一些以患肢为主，幅度由小到大，单个动作持续时间不宜过长的动作组合。

（2）因人因地而异

不同年龄、性别、职业、身体状况、运动水平、文化层次的练习者，对健美操的需求、爱好及接受能力也有所不同，因此创编时要根据不同对象的生理、心理特点，在操的内容、风格、难度、速度及运动负荷等方面有所区别。

另外，创编时还要考虑气候、场地、器械等条件。天气冷时应选择活动量大、重复次数多的动作，这样可使身体尽快得到充分活动，达到应有的效果。又如，地面条件不好，就不宜编入卧地动作，否则不仅起不到锻炼效果，还会使练习者产生厌烦情绪。在一些器械设备较好的地方，可以借助器械，变化动作形式。

3. 合理性原则

（1）动作选编的合理性

动作的选择首先应从锻炼任务出发，切实有效，避免华而不实。注意简单与复杂、容易与困难，以及动静起伏的交替穿插，使练习者的体力得到均衡的支配，既不失整体的节奏和连贯性，又能获得合理的间歇。成套操的动作顺序一般分 3 部分：第一部分为预备动作，包括脊柱伸展及深呼吸；第二部分为主体动作，包括若干身体部位的运动，通常从身体远端开始，自头或足始，逐渐过渡到肩、胸、腰、髋等关节，身体运动由局部到整体，由慢至快，逐渐加大运动量，最激烈的则是跳跃运动；第三部分为整理动作，一般为全身放松和踏步调整，动作速度渐慢，呼吸加深，使心率逐渐恢复。

（2）安排运动负荷的合理性

如果运动的目的是健身，那就应该使机体的指标符合健身的指标。当然健身指标有很多种，通常较多采用的是心率。

4. 艺术性原则

健美操是一种在音乐伴奏下进行的身体练习，它的艺术性主要体现在音乐的选配和动作设计上。音乐是操的灵魂，而健美操中的动作又是音乐内涵的体现，两者应该相辅相成。健美操的音乐应该有助于体现操的健、力、美，所以音乐的旋律要动听，富于变化，节奏鲜明、强劲、规整，速度要适中。一般迪斯科和爵士音乐用得较多，较古老经典的曲目可加入混音后使用。音乐的风格应与整套操的设计风格相吻合，优美抒情的动作需配上流畅轻盈的音乐，弹跳活泼或快速灵活的动作需要用明快灵巧的跳音，力度较大、宽广向上的乐曲更有益于表现跳跃。健美操的基本动作是有限的，但巧妙多样的组合可以变有限为无限，产生新颖丰富的视觉效果。尤其顺序连贯的连接动作，可以使整套操过渡自然，给人以一气呵成的感觉。

但动作的艺术性也应该是统一的，不能一节古朴典雅，一节颇具爵士风度，一节持重老成，一节稚气十足。另外，创编时每节操的动作不宜太满、太急，以练习者能充分做到位和充分发力为宜。

四、健美操的创编步骤

1）明确创编的目的要求，了解练习者的情况及练习的时间、场地、器材设施情况。

2）学习有关健美操的文字和音像资料。

3）结合实际，开始创编健美操。

4）在练习过程中，进行多方面测试和检查，并做适当修改和调整。

5）撰文绘图，留作资料。

第十三章　体 育 舞 蹈

第一节　概　　述

体育舞蹈是体育与艺术高度结合的一项新兴起的体育项目，集娱乐、运动、艺术于一身，是文明社会里的一种高雅活动。

一、体育舞蹈的起源与发展

体育舞蹈经历了民间舞（即原始舞或土风舞）—宫廷舞—交谊舞—国际标准舞—体育舞蹈 5 个发展阶段。文艺复兴前夕，在欧美国家就有了民间舞，但大半处于消亡状态，这些舞蹈也可以作为如今体育舞蹈的前身，当时新的民间交谊舞方兴未艾。11～12 世纪，欧洲国家将民间交谊舞加以精练和规范形成了宫廷舞，文艺复兴时期具有交谊舞特点的宫廷舞开始在欧洲宫廷盛行。直到几个世纪后，这种舞蹈才进入平民社会。14～15 世纪，交谊舞不断流传发展，同时在意大利产生了国际标准交谊舞，16 世纪流传到法国。1768 年，法国巴黎出现了世界上第一家舞厅，从此国际标准交谊舞再次流行于欧洲各国。1924 年，英国皇家舞蹈教师协会对当时的舞种进行了整理，将各种舞步、舞姿、跳法加以系统化和规范化，名副其实的国际标准舞终于成形。随着此舞蹈赛事的不断推广而发展，1960 年拉丁舞也成为世界交谊舞锦标赛的比赛项目。

体育舞蹈兼有文化娱乐的内涵和体育锻炼及竞赛的形式，成为人们建立友谊、陶冶情操、锻炼身体的极好方式，因此有着广泛的发展前景。1985 年，ICAD（国际业余舞者理事会）在德国为了用运动竞赛的方式推广国际标准舞，并希望得到奥林匹克委员会的支持，特地将 ICAD 改名为 IDSF（国际体育舞蹈联合会）。1995 年，IDSF 被国际奥委会接纳，其影响力与日俱增，国际标准舞改名为"体育舞蹈"。近年来不少国家已将体育舞蹈纳入体育联合会的范畴，至此体育舞蹈广为流传。

1995 年体育舞蹈被世界运动会接纳为运动项目，并在 2000 年悉尼奥运会上成为表演项目。目前，国际体育舞蹈组织正在积极争取将体育舞蹈列入奥运会项目。这也大大推动了体育舞蹈在世界各国的推广和发展。

我国体育舞蹈的开展深受西方文化的影响，早在 20 世纪 30 年代，交谊舞率先进入上海，后在天津、广州等大城市广泛流行。中华人民共和国成立后，国内盛行内部舞会，通常由各地的工会、共青团、妇女联合会组织，领导与群众同乐，大家一起跳交谊舞。1965 年以后，交谊舞陷入困境。20 世纪 80 年代初，随着改革开放的进一步深入，体育舞蹈在我国也进入新的发展时期。外国专家及优秀选手纷纷来华讲学、表演、交流、培训，体育舞蹈迅速由北京、广州向全国推广。1989 年，中国舞蹈家协会正式成立了中国国际标准舞总会，20 世纪

90 年代后改名为中国国际标准舞协会，并于 1987 年举办了第 1 届全国国际标准舞锦标赛，以后每年举行一次。1991 年 5 月 3 日，中国体育舞蹈运动协会宣告成立，并依照国际规则，制定了我国第一个《体育舞蹈竞赛规则草案》。1998 年，体育舞蹈被列入文化部"荷花奖"的评奖单元。2007 年 1 月 19～21 日，国家体育总局人力资源开发中心（职业技能鉴定指导中心）在国家体育总局自行车击剑运动管理中心举办了 2007 年全国第一期社会体育指导员职业技能鉴定考评员培训班，涉及健美操、健美和体育舞蹈 3 个项目。体育舞蹈教师开始真正国家化，虽然过去中国体育舞蹈联合会也颁发过各级教师证，其中也包括国家级教师证，但这次的体育舞蹈教师国家化与以往有所不同，是将体育舞蹈大众化。据有关数字统计，我国已有将近 300 万的体育舞蹈爱好者，并且各个年龄阶段的爱好者分布均匀。在 2011 年广州亚运会上，体育舞蹈首次被列为正式比赛项目，我国运动健儿包揽了体育舞蹈项目的 15 块金牌，不但为我国争得了荣誉，而且让更多的人认识、了解了体育舞蹈。这些举措和成绩对我国体育舞蹈的普及与提高具有重大的意义。

二、体育舞蹈的分类

体育舞蹈也称社交舞或交际舞，是生活舞蹈的一种，对于舞步种类的顺序没有明确的规定，可以选择合适的舞步自由组合，随着音乐即兴起舞。长期以来体育舞蹈以自娱性、社交性为主要功能特征，后经过舞蹈家对一部分内容进行整理，加以系统化、规范化，立名为国标标准体育舞蹈（以下简称国标舞），并制定了比赛规则。国标舞的诞生与发展丰富了体育舞蹈的内容与表现形式，打破了自娱自乐的局限性。目前社会上的体育舞蹈包括：①传统体育舞蹈，保持了舞会（厅）中的自娱、社交性质，具休闲舞蹈特点；②教育舞蹈（高等学校），以健身、美体为主要特征，为进行美育教育的一种手段；③竞技性国标舞，作为一个独立的竞赛项目，有各种规定和评分规则。体育舞蹈的具体分类如图 13-1 所示。

1. 标准舞

标准舞又称摩登舞，其特点是由侧贴身握抱的姿势开始，沿舞程线逆时针方向绕场行进。步法规范严谨，上肢和胯部保持相对稳定挺拔，完成各种前进、后退、横向、旋转、造型等舞步动作，舞伴之间合作默契。舞蹈为情绪型，具有端庄典雅的绅士风度。

标准舞大都源于欧洲大陆，曲调大多抒情优美、潇洒华丽，旋律感强，时而激情昂扬，时而缠绵性感。服饰雍容华贵，体现欧洲男士的绅士风度和女士的妩媚。男士需身着燕尾服、系白（黑）领节；女士则以飘逸、艳丽的长裙表现出她们华贵的美丽姿态。

1）华尔兹舞。华尔兹舞是体育舞蹈中历史最悠久、生命力最强的一种舞蹈。它于 16 世纪传入法国，17 世纪进入维也纳宫廷，18 世纪正式出现在英国舞厅，被誉为"欧洲宫廷舞之王"，20 世纪初经过英国皇家舞蹈教师学会整理规范，从而形成现代意义上的华尔兹舞。音乐 3/4 拍，每分钟 30～32 小节，基本上一拍一步，每音乐小节跳 3 步。在舞中也有不同的变化，如前进并合步（追步）、前进锁步、后退锁步等步伐中每小节跳 4 步。

2）探戈舞。探戈舞起源于美洲中西部的民间舞蹈"探戈诺"舞，16 世纪末，融合了拉丁美洲民间舞蹈的风格，在阿根廷得到极大的发展，成为阿根廷的国舞。探戈舞是一种内向的舞蹈，体现了化为舞步的悲哀思绪。探戈舞的节奏、旋律乃至舞步都融进了阿根廷民族的历史，是阿根廷民族的象征。它在"情绪抑制"中具有"引诱性"，是拉丁美洲艺术和文化的体现和焦点。

3）狐步舞。狐步舞起源于美国舞蹈，它的产生晚于华尔兹舞和探戈舞，大约 1914 年，它是美国音乐戏剧明星哈利·福克斯模仿马慢走而设计的一种舞蹈，再后来经过英国舞蹈家的改编而成为当今体育舞蹈中的狐步舞。

4）快步舞。快步舞起源于美国，它是一种快速四拍子舞蹈。早期舞步吸收了狐步舞动作，后引入芭蕾舞的小动作，使人显得更加轻快灵巧。

5）维也纳华尔兹舞。维也纳华尔兹舞起源于奥地利地区的农民舞蹈，又称快华尔兹舞，是由德国农村的土风舞和三拍子的奥地利民间舞相结合而成的。

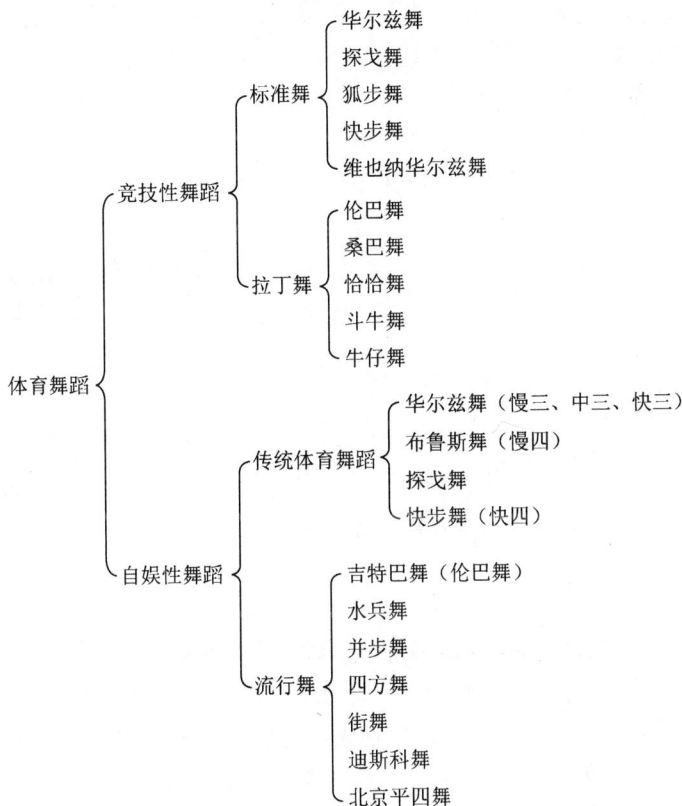

图 12-1 体育舞蹈的具体分类

2．拉丁舞

拉丁舞曲调缠绵浪漫，活泼热烈，节奏感强，以淋漓尽致的脚法律动为引导，自由流畅展现女性优美线条，动人入情、气氛迷人、生动活泼，充分表达了青春欢快的气息。跳拉丁舞时的着装浪漫洒脱，男士着上短下长的紧身或宽松装，展现彪悍刚健、气势轩昂、威武雄壮的个性美；女士着紧身短裙，显露女性曲线的美。拉丁舞的特点是舞伴之间可贴身、可分离，各自在固定范围内辐射式地变换方向角度，展现舞姿；步法灵活多变，各种舞通过对胯部及身体摆动不同的技术要求，完成各种舞步，表现各种风格；舞姿妩媚潇洒、婀娜多姿，风格生动活泼、热情奔放，现代感强，舞蹈有情节性。

1）伦巴舞。伦巴舞起源于非洲的民间舞，最初是表现男女爱情的哑剧舞蹈，只在社会的最低阶层中流行，跳得很快，男女跳舞时互不接触，臀部动作夸张。20 世纪 30 年代由英国的舞蹈家推广,受到人们的极大欢迎,于是风行欧洲各国。伦巴舞音乐缠绵浪漫,舞蹈风格柔媚而抒情,是表现爱情的舞蹈,由于音乐的基调不同,伦巴舞曲表现的情感也不尽相同,有的是欢快的,有的是深沉而柔情的,也有的是忧虑而伤感的。总的来讲,伦巴舞动作本身更多展现了女性婀娜多姿的美态,被称为"拉丁美洲音乐和舞蹈的精神与灵魂"。

2)桑巴舞。桑巴舞源自非洲,原指一种激昂的肚皮舞,是安哥拉最流行的一种舞蹈。桑巴舞区别于其他拉丁舞的一个显著特点是,舞蹈时沿舞程线方向绕场移动,是一种行进性舞蹈,音乐 2/4 拍,每分钟 50~52 小节。

3)恰恰舞。恰恰舞起源于非洲,传入拉丁美洲后,在古巴获得了很大的发展。它是模仿企鹅的动作创编而成的舞蹈,借以表达青年男女之间追逐嬉戏的情景,风趣诙谐,热烈而俏美。音乐 4/4 拍,每拍跳 5 步。

4)斗牛舞。斗牛舞起源于法国,流行于西班牙,后发展为国际标准舞,它是由西班牙风格进行曲伴舞,模仿西班牙斗牛士的动作创编而成的舞蹈。音乐 2/4 拍,每分钟 60~62 小节。

5)牛仔舞。牛仔舞又称摆舞、吉特巴舞、水兵舞,源于美国西部,20 世纪 30 年代为适应新型爵士乐的表现而演变出来。第二次世界大战以后传入英国,得到广泛推广。音乐 4/4 拍,每分钟 42~44 小节。

三、体育舞蹈的锻炼价值

体育舞蹈运动是一项新兴的体育项目,是体育与舞蹈的完美结合,具有运动与艺术的双重性。因此,体育舞蹈极富时代气息,具有健身价值、观赏价值和社会价值。

1. 健身价值

1)健美体形。经常参加体育舞蹈锻炼,可以对人的形体进行"生物学"改造,使形体符合一定的健美标准。还可以减肥瘦身,保持健美的体形和良好的体态。

2)健身。长期进行体育舞蹈锻炼,能使人的心肌发达,有效提高心肺机能。

3)健心。经常参加体育舞蹈锻炼,能调整身心,促进人际交往,消除情绪障碍,以取得心态平衡,保持乐观的心情,促进心理健康。

2. 观赏价值

体育舞蹈具有独特的艺术表演价值,给舞蹈者和观赏者以美的享受,提高人们的艺术修养和审美情趣。如今体育舞蹈中表现出来的人体美、运动美、音乐美、服饰美、礼仪美等,都能体现出很高的观赏价值。

3. 社会价值

体育舞蹈是人们交流思想、抒发情感、消除障碍、相互沟通的最好形式之一,尤其适合不同群体民族及年龄层次。体育舞蹈不会因体格论高低,不会因长相论美丑,能把不同阶层、年龄、性别的人融合在一起,使他们有机会进行体育活动。只有人人参与到健身运动的大潮中,终身体育教育才能够实现,社会体育才能得到更好的发展,才能真正达到全民健身。

第二节 体育舞蹈的握姿和基本方位

一、体育舞蹈的握姿

1. 闭式舞姿

闭式舞姿如图 13-2 所示。

图 13-2 闭式舞姿

（1）男士闭式舞姿的握姿

1）直立，两脚并拢，挺胸立腰，收腹微提臀，两膝自然放松。

2）左手与女士右手掌心相对互握，虎口向上，前臂与大臂的夹角为 135° 左右，高度在女士右耳峰水平位置。

3）右手五指并拢，轻轻置于女士左肩胛骨下端，前臂与大臂夹角为 75° 左右。

4）头部自然挺直，目光从女士右肩方向看出。

5）身位稍向女士右侧偏移约 1/3 距离。

（2）女士闭式舞姿的握姿

1）直立，两脚并拢，膝关节放松，收腹提臀，紧腰，上体向后微屈。

2）右手轻轻挂在男士左手虎口上，与男士左手掌心相对互握。

3）左手轻轻搁在男士右肩峰处，虎口位于男士三角肌上端。

4）头部略向左倾斜，目光从男士右肩方向看出。

5）身位稍向男士右侧偏移约 1/3 距离。

2. 散式舞姿

在闭式舞姿的基础上，男士上体稍向左转开，女士上体稍向右转开，目光朝同一方向看出，如图 13-3 所示。

图 13-3　散式舞姿

二、体育舞蹈的基本方位、舞程线及比赛场地

1. 基本方位

为了便于舞蹈进行中正确地辨别方位，一般情况下，以主席台（乐队演奏台）的一面为房屋的基点，定为"1"点。按顺时针方向转动，每 45°变动一个方位，依次类推，共有 8 个点，也可以根据这 8 个点确认旋转的角度，如图 13-4 所示。

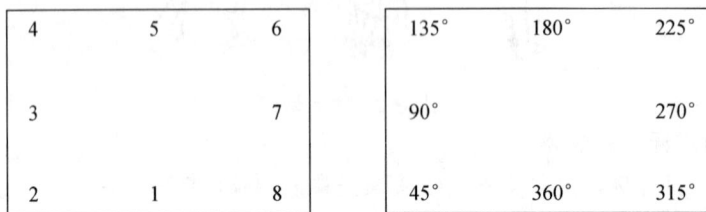

4	5	6
3		7
2	1	8

135°	180°	225°
90°		270°
45°	360°	315°

图 13-4　体育舞蹈的基本方位

2. 舞程线

在跳舞时为了有序行进，防止碰撞，必须按逆时针方向运行，这条运行线就是舞程线（图 13-5）。为了清楚地指示舞蹈者每个舞步的运行方向，使其不断地变换方位，也能沿着舞程线的运行规律向前移动，特别规定了 8 条方向线：①面向舞程线；②面向斜壁线；③面向壁线；④背向斜壁线；⑤背向舞程线；⑥背向斜中央线；⑦面向中央线；⑧面向斜中央线。

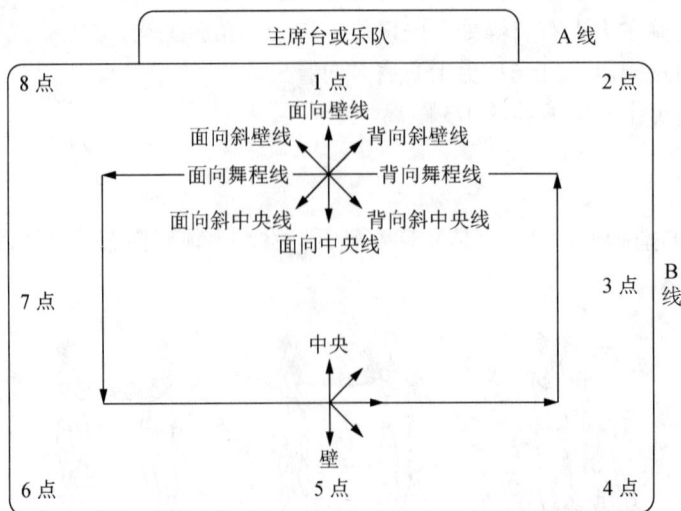

图 13-5　体育舞蹈的舞程线

3. 比赛场地

竞技国标舞比赛的场地是有一定规格的，一般赛场要求地面平整光滑，场地长 23 米、宽 16 米，面积 368 平方米。最小尺寸为长 20 米、宽 15 米，面积 300 平方米。赛场长的两条边线叫 A 线，短的两条边线叫 B 线，如图 13-6 所示。

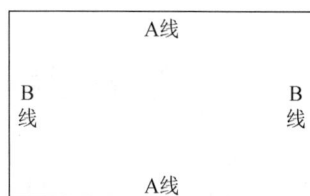

图 13-6 竞技国标舞比赛的场地

第三节 华尔兹舞（慢三）

华尔兹舞音乐节奏是 3/4 拍，第 1 拍为重拍，速度有慢、中、快 3 种。因此，人们习惯称之为"慢三""中三""快三"。其中慢三和快三在竞技国标舞中的正规叫法分别是华尔兹舞和维也纳华尔兹舞。华尔兹舞（慢三）的速度较慢，每分钟有 28～30 小节。一般情况下，根据音乐节奏每小节 3 拍走 3 步，每 3 拍一次柔和的重心起伏，第 1 拍结尾开始上升，第 2 拍继续上升，第 3 拍继续上升，结尾下降。前进步时由脚跟过渡到脚掌，后退步时由脚掌过渡到脚跟。

一、基本舞步

1）前进直步。男士动作如表 13-1 所示，女士动作如表 13-2 所示，动作演示如图 13-7 所示。

表 13-1 男士前进直步动作

步数	节拍	步法	方位	重心升降	转度	倾斜
1	1	左脚前进	面向舞程线	结尾开始上升		
2	2	右脚前进	面向舞程线	继续上升		左
3	3	左脚并于右脚旁	面向舞程线	继续上升，结尾下降		左
4	1	右脚前进	面向舞程线	结尾开始上升	不转	
5	2	左脚前进	面向舞程线	继续上升		右
6	3	右脚并于左脚旁	面向舞程线	继续上升，结尾下降		右

注：表中的方位是指在一个舞步结束时，双脚（并非身体）在舞池中指示的方向，下同。

表 13-2 女士前进直步动作

步数	节拍	步法	方位	重心升降	转度	倾斜
1	1	右脚后退	背向舞程线	结尾开始上升	不转	
2	2	左脚后退	背向舞程线	继续上升		右
3	3	右脚并于左脚旁	背向舞程线	继续上升，结尾下降		右
4	1	左脚后退	背向舞程线	结尾开始上升		
5	2	右脚后退	背向舞程线	继续上升		左
6	3	左脚并于右脚旁	背向舞程线	继续上升，结尾下降		左

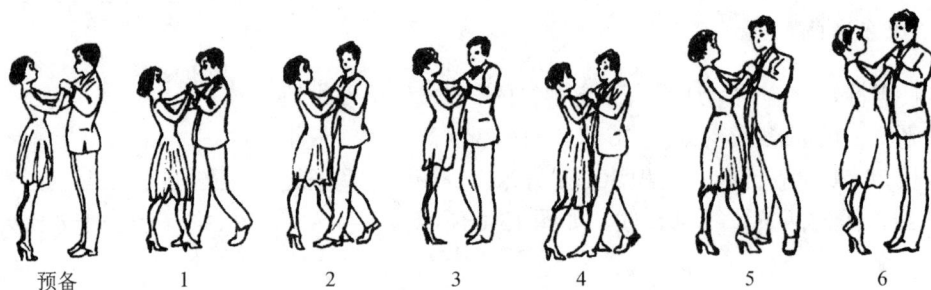

图 13-7　前进直步

2）后退直步。动作同前进直步，方向相反。

3）前进横步。男士动作如表 13-3 所示，女士动作如表 13-4 所示，动作演示如图 13-8 所示。

表 13-3　男士前进横步动作

步数	节拍	步法	方位	重心升降	转度	倾斜
1	1	左脚前进	面向舞程线	结尾开始上升		
2	2	右脚经左脚前横步	面向舞程线	继续上升		左
3	3	左脚并于右脚旁	面向舞程线	继续上升，结尾下降	不转	左
4	1	右脚前进 1 步	面向舞程线	结尾开始上升		
5	2	左脚经右脚前横步	面向舞程线	继续上升		右
6	3	右脚并于左脚旁	面向舞程线	继续上升，结尾下降		右

表 13-4　女士前进横步动作

步数	节拍	步法	方位	重心升降	转度	倾斜
1	1	右脚后退	背向舞程线	结尾开始上升		
2	2	左脚经右脚前横步	背向舞程线	继续上升		右
3	3	右脚并于左脚旁	背向舞程线	继续上升，结尾下降	不转	右
4	1	左脚后退	背向舞程线	结尾开始上升		
5	2	右脚经左脚旁横步	背向舞程线	继续上升		左
6	3	左脚并于右脚旁	背向舞程线	继续上升，结尾下降		左

注：在跳第 2 步时，男、女士的身体要向侧面做倾斜，升到最高点时，重心落下后再走下一步。

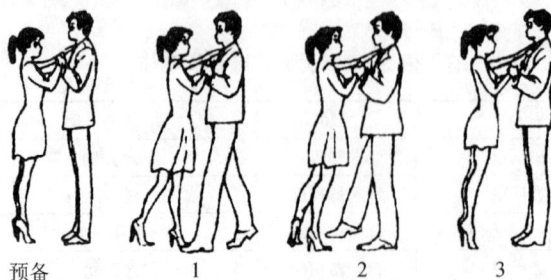

图 13-8　前进横步

4）后退横步。动作同前进横步，方向相反，动作演示如图 13-9 所示。

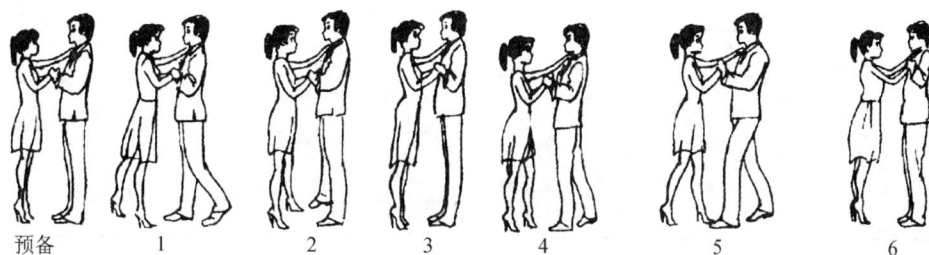

图 13-9 后退横步

5）右转步。男士动作如表 13-5 所示，女士动作如图 13-6 所示，动作演示如图 13-10 所示。

表 13-5 男士右转步动作

步数	节拍	步法	方位	重心升降	转度	倾斜
1	1	左脚前进	面向斜壁线	结尾开始上升	开始右转转至90°	
2	2	左脚经右脚旁横步	背向斜中央线	继续上升		右
3	3	右脚并于左脚旁	背向斜中央线	继续上升，结尾下降		右
4	1	左脚后退（稍向外侧）	背向舞程线线	结尾开始上升	继续右转转至90°	
5	2	右脚经左脚旁横步	面向斜中央线	继续上升		左
6	3	左脚并于右脚旁	面向斜中央线	继续上升，结尾下降		左

表 13-6 女士右转步动作

步数	节拍	步法	方位	重心升降	转度	倾斜
1	1	左脚后退	背向斜壁线	结尾开始上升	开始右转转至90°	
2	2	右脚经左脚旁横步	面向斜中央线	继续上升		左
3	3	左脚并于右脚旁	面向斜中央线	继续上升，结尾下降		左
4	1	右脚前进	面向舞程线	结尾开始上升	继续右转转至180°	
5	2	左脚经右脚旁横步	背向斜中央线	继续上升		右
6	3	右脚并于左脚旁	背向斜中央线	继续上升，结尾下降		右

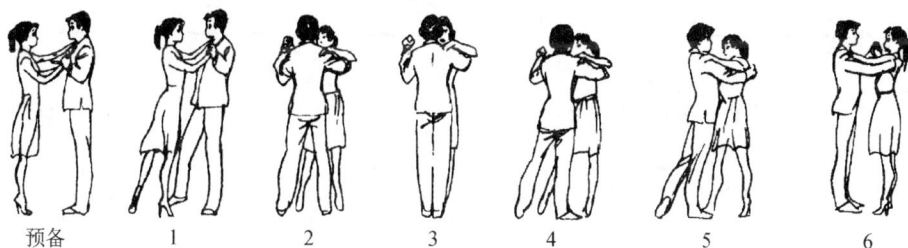

图 13-10 右转步

6）左转步。男士动作如表 13-7 所示，女士动作如表 13-8 所示，动作演示如图 13-11 所示。

表 13-7 男士左转步动作

步数	节拍	步法	方位	重心升降	转度	倾斜
1	1	左脚前进	面向舞程线	结尾开始上升	开始左转转至90°	

续表

步数	节拍	步法	方位	重心升降	转度	倾斜
2	2	右脚经左脚前横步	背向斜壁线	继续上升	开始左转 转至90°	左
3	3	左脚并于右脚旁	背向斜壁线	继续上升，结尾下降		左
4	1	右脚后退	背向斜壁线	结尾开始上升	继续左转 转至180°	
5	2	左脚经右脚旁横步	面向斜中央线	继续上升		右
6	3	右脚并于左脚旁	面向斜中央线	继续上升，结尾下降		右

表 13-8　女士左转步动作

步数	节拍	步法	方位	重心升降	转度	倾斜
1	1	右脚后退	背向舞程线	结尾开始上升	开始左转 转至90°	
2	2	左脚经右脚旁横步	面向斜壁线	继续上升		右
3	3	右脚并于左脚旁	面向斜壁线	继续上升，结尾下降		右
4	1	左脚前进	面向斜壁线	结尾开始上升	继续左转 转至180°	
5	2	右脚经左脚旁横步	背向斜中央线	继续上升		左
6	3	左脚并于右脚旁	背向斜中央线	继续上升，结尾下降		左

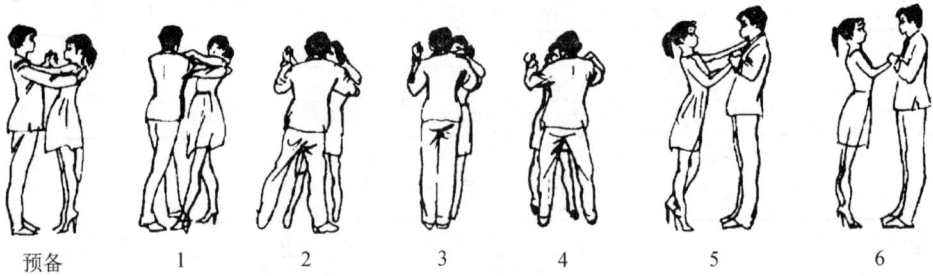

预备　　　1　　　2　　　3　　　4　　　5　　　6

图 13-11　左转步

7）右旋转步。男士动作如表 13-9 所示，女士动作如表 13-10 所示，动作演示如图 13-12 所示。

表 13-9　男士右旋转步动作

步数	节拍	步法	方位	重心升降	转度	倾斜
1	1	左脚后退摇摆上体后倾（右反身）让位于女士通过	背对舞程线	结尾开始上升	开始右转	
2	2	右脚前进	面向斜中央线	继续上升		右
3	3	左脚后退（偏外）	面向斜壁线	继续上升，结尾下降	转至180° （转至270°）	
4	1	右脚后退	面向斜壁线	结尾开始上升		
5	2	左脚经右脚前横步	面向斜壁线	继续上升		右
6	3	右脚并于左脚旁	面向斜壁线	继续上升，结尾下降		右

表 13-10　女士右旋转步动作

步数	节拍	步法	方位	重心升降	转度	倾斜
1	1	右脚前进（较大）	面向舞程线	结尾开始上升	开始右转	左
2	2	左脚前进（较小）	背向斜中央线	继续上升		
3	3	右脚前进（偏外）	背向斜壁线	继续上升，结尾下降	转至180°	
4	1	左脚前进	背向斜壁线	结尾开始上升		

续表

步数	节拍	步法	方位	重心升降	转度	倾斜
5	2	右脚经左脚旁横步	背向斜壁线	继续上升	转至270°	左
6	3	左脚并于右脚旁	背向斜壁线	继续上升，结尾下降		左

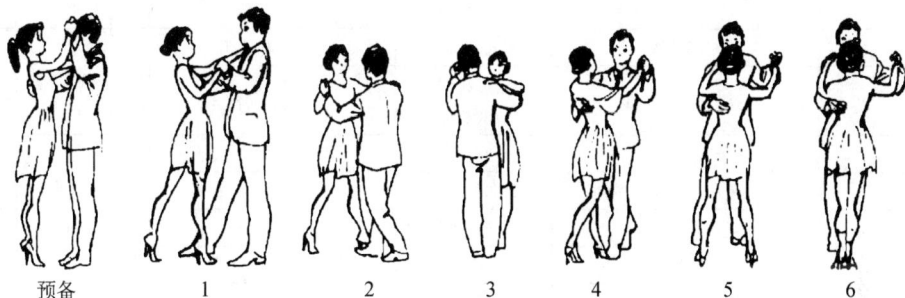

图 13-12　右旋转步

8）让步。男士动作如表 13-11 所示，女士动作如表 13-12 所示，动作演示如图 13-13 所示。

表 13-11　男士让步动作

步数	节拍	步法	方位	重心升降	转度	倾斜
1	1	左脚前进	面向斜壁线	结尾开始上升	开始左转	
2	2	右脚后退	面向斜壁线	继续上升		
3	3	左脚并于右脚旁	面向斜壁线	继续上升，结尾下降		
4	1	右脚后退	换面向斜壁线	结尾开始上升	转至90°	
5	2	左脚经右脚旁横步	面向斜壁线	继续上升		右
6	3	右脚并于左脚旁	面向斜壁线	继续上升，结尾下降		右

表 13-12　女士让步动作

步数	节拍	步法	方位	重心升降	转度	倾斜
1	1	右脚后退	背向斜壁线	结尾开始上升	开始左转	
2	2	左脚前进	背向斜壁线	继续上升		
3	3	右脚并于右脚	背向斜壁线	继续上升，结尾下降		
4	1	左脚后退	换向面向斜壁线	结尾开始上升		
5	2	右脚经左脚旁横步	背向斜壁线	继续上升		左
6	3	左脚并于左脚	背向斜壁线	继续上升，结尾下降		左

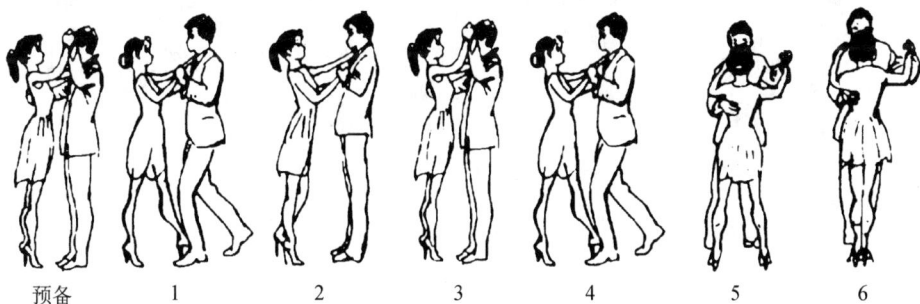

图 13-13　让步

9）并进步。男士动作如表 13-13 所示，女士动作如表 13-14 所示，动作演示如图 13-14 所示。

表 13-13　男士并进步动作

步数	节拍	步法	方位	重心升降	转度	倾斜
1	1	左脚前进	面向斜壁线	结尾开始上升	不转	
2	2	右脚向前侧横步	面向舞程线呈散式舞姿	继续上升		
3	3	左脚并于右脚后（锁步）	面向舞程线	继续上升，结尾下降	左转45°	
4	1	右脚在左脚前交叉前进	面向舞程线	结尾开始上升		
5	1/2	左脚前进	面向舞程线	继续上升		
&	1/2	右脚并于左脚后（锁步）				
6	3	左脚前进	面向舞程线	继续上升，结尾下降		
7	1	右脚前进	面向壁线	结尾开始上升	不转	
8	2	左脚经右脚旁横步	背向斜中央线	继续上升	右转90°	右
9	3	右脚并于左脚	背向斜中央线	继续上升，结尾下降	续转45°	右

注：&符号为英文 and 的缩写，即为拍子的一半，下同。

表 13-14　女士并进步动作

步数	节拍	步法	方位	重心升降	转度	倾斜
1	1	右脚后退	背向斜壁线	结尾开始上升	不转	
2	2	左脚向后侧横	背向斜壁线	继续上升		
3	3	右脚后退在左脚后（锁步）	面向舞程线呈散式舞姿	继续上升，结尾下降	右转45°	
4	1	左脚在右脚前交叉前进	背向舞程线	结尾开始上升		
5	1/2	右脚后退	背向舞程线	继续上升		
&	1/2	左脚并于右脚前（锁步）				
6	3	右脚后退	背向舞程线	继续上升，结尾下降		
7	1	左脚后退	背向壁线	结尾开始上升	左转180°	
8	2	右脚经左脚旁横步	面向斜中央线	继续上升	右转90°	左
9	3	左脚并于右脚	背向斜中央线	继续上升，结尾下降	续转45°	左

图 13-14　并进步

10）交叉步。男士动作如表 13-15 所示，女士动作如表 13-16 所示，动作演示如图 13-15 所示。

表 13-15 男士交叉步动作

步数	节拍	步法	方位	重心升降	转度	倾斜
1	1	左脚经右前方落,于女士左脚外延	面向斜壁线	结尾开始上升	右转45°	无
2	2	右脚前进	面向斜壁线	继续上升		
3	3	左脚并于右脚	面向斜中央线	继续上升,结尾降		
4	1	右脚向左前方落,于女士右脚外延	面向斜中央线	结尾开始上升	左转45°	
5	2	左脚前进	面向斜中央线	继续上升		
6	3	右脚并于左脚	面向斜壁线	继续上升,结尾下降		

表 13-16 女士交叉步动作

步数	节拍	步法	方位	重心升降	转度	倾斜
1	1	右脚向左后方退	背向斜壁线	结尾开始上升	右转45°	无
2	2	左脚后退	背向斜壁线	继续上升		
3	3	右脚并于左脚	背向斜中央线	继续上升,结尾下降	左转45°	
4	1	左脚向右方退	背向斜中央线	结尾开始上升		
5	2	右脚后退	背向斜中央线	继续上升		
6	3	左脚并于右脚	背向斜壁线	继续上升,结尾下降	右转90°	

注: 交叉步可以重复多次,可以反方向做,即男女做变换。

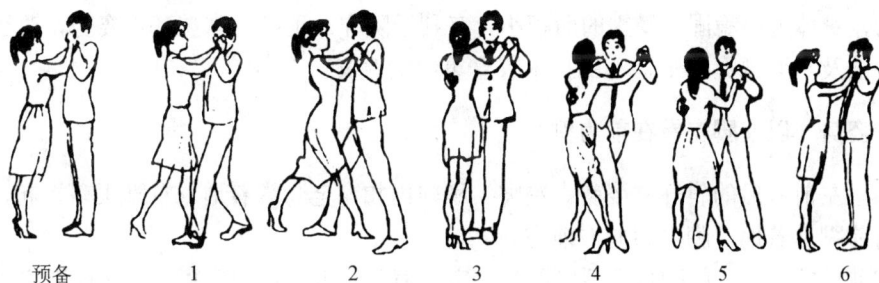

图 13-15 交叉步

二、组合范例

1) 男士动作（面向斜壁线开始）。进：直步右转 90°→退：直步左转 90°→进：横步右转 90°→退：直步左转 90°→进：直步右转 90°→退：横步左转 90°→进：让步左转 90°。

2) 女士动作（背向斜壁线开始）。退：直步右转 90°→进：直步左转 90°→退：横步右转 90°→进：右旋转步（270°）横步→退：直步右转 90°→进：横步左转 90°→退：让步左转 90°。

第十四章 拳 击

拳击，不仅是现代体育运动的重要项目之一，还是一项实用的健身运动。

拳击比赛是在两个人之间进行的运动，选手在一个正方形的绳围赛场中，戴着特制的柔软手套，在规则限制下攻击或防守，主要靠技术得分定胜负。拳手必须经过长期系统的训练才能参加比赛，而且需要具有优良的技术、充沛的体力和良好的意志品质。所以，拳击被称为"勇敢者的运动"。

拳击的基本技术如下。

第一节 基本姿势

拳击的基本姿势是进攻与防守最有利的开始姿势。正确的开始姿势要求起动灵活，出击迅速有力，身体重心稳固，暴露的面积小，有利于防守。正确地掌握基本姿势，对进一步学习各种拳法及全面掌握拳击运动的技术有着重要的意义。

一、脚的姿势（以左脚左拳在前为例）

两脚呈左前右后的斜开立姿势。左脚尖稍向内扣，全脚掌着地。右脚跟略提起，并微向内转，用前脚掌着地，脚尖斜向右前方。

两脚前后的距离（前脚尖至后脚跟）略宽于肩。两脚左右的距离，即从前脚尖内侧和后脚跟内侧各画一条直线，并使两线平行，两线之间的距离为 10～15 厘米。左腿近乎自然伸直，右腿微屈，弯成 130°左右，身体重心落在两脚之间，右脚跟不落地。

二、躯干的姿势

左肩斜对前方以减少被攻击面积，两肩保持平齐，并内收放松。上体略前倾，稍低头，收下颏，含齿闭唇，目视对方，表情要镇静自若。

三、头和颈部的姿势

头和颈部的姿势如图 14-1 所示。

四、两臂和手的姿势

两臂自然屈曲，肘部向下，左臂肘关节屈曲约 90°，右臂屈曲约 60°，肘置于肋部，以保护肝区。左拳位置略高于下颏，手

图 14-1 头和颈部的动作演示

腕挺直，使拳背与前臂呈一直线，两肘放松下垂，不耸肩。动作演示如图 14-2 所示。

五、拳的握法

四指并拢，指尖内屈贴住掌心，大拇指贴于食指及中指的第二指骨上，手背和四指根部（即第三指骨）呈直角，使拳峰（第二指关节与第三指关节之间的部位）对着对手。动作演示如图 14-3 所示。

图 14-2　两臂和手的动作演示

图 14-3　拳的握法

六、拳击得分的合法部位

拳击得分的部位，是攥紧拳头的拳面（图 14-4）清晰地击打对方头的正面腰带以上的上体的正面及前侧部分，即图 14-5 中的阴影部分。

图 14-4　拳面

图 14-5　拳击得分的部位

第二节　基本步法

步法在拳击技术中是十分重要的，在实战练习与比赛中，双方之间的距离不断变动，只有快速地移动步法才能抓住时机，有效地击中对方。同样，为了避开对方的进攻和击打，也必须运用快速的脚步移动来摆脱。因此，初学者在开始练习时就要重视步法练习，并在训练中不断改进和提高。

拳击的基本步法有下列几种。

一、前滑步

前滑步是用来配合各种拳法前进击打用的步法，或作为寻找与对手之间的合适距离而使自己处于有利地位的步法。其足迹如图 14-6 所示。

动作：由基本姿势开始，先将左脚向前滑进一步，右脚随即跟进，两脚保持原来的部位与距离。

二、后滑步

后滑步是退步防守和退后还击的步法。其足迹如图 14-7 所示。

动作：由基本姿势开始，右脚先向后滑退一步，左脚随即跟进，两脚保持原来的基本姿势与距离。

图 14-6　前滑步足迹　　　　　　　　　　　图 14-7　后滑步足迹

三、左滑步

左滑步是结合向左侧移动的步法。其足迹如图 14-8 所示。

动作：左脚掌向左侧擦地横向滑动，右脚蹬地横滑跟上保持原来的姿势。

四、右滑步

右滑步是配合向右侧闪的步法。其足迹如图 14-9 所示。

动作：由基本姿势开始，先将右脚略微提起，同时利用左脚向左蹬地的弹力，推动右脚向右侧滑动一步。

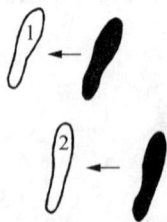

图 14-8　左滑步足迹　　　　　　　　　　　图 14-9　右滑步足迹

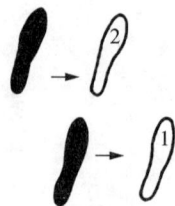

五、冲刺步

冲刺步是用于长距离击打左直拳的步法。其足迹如图 14-10 所示。

动作：由基本姿势开始，左脚跟稍微提起，右脚用短而快的弹力向后蹬地，接着左脚向前冲刺急进一步，右脚随即跟进保持原来的距离。

六、闪步

闪步是向左闪躲后准备还击的步法。其足迹如图 14-11 所示。

动作：由基本姿势开始，以左脚掌为轴，右脚跟向左移 45°，身体突然向右转体，改变方向，右脚迅速向左后移动。

图 14-10 冲刺步足迹　　　　　　图 14-11 闪步足迹

注意事项：被对方用左直拳击头部时，可用此闪步，并在转体的同时用左直拳迎击对方头部。

第三节　基本拳法

基本拳法是学习拳击的根本，必须规范化每一个动作。只有学好基本拳法，才有可能成为合格的拳击手。

基本拳法包括直拳、摆拳、勾拳等。

一、直拳

直拳是拳击技术中最基本的拳法，也是最常用的拳法。此拳法在单位时间内连续出拳数量比其他拳法多，特别是左直拳的连续直击动作使用得较多。

1. 左直拳

左直拳是拳击中所有其他击拳的基础。左手距离击打目标最近，利于防守和进攻，如配以准确的距离感和灵活多变的步法，快速地出击能使对手感到手足无措，进退两难。

左直拳的作用：①试探对手；②迷惑、干扰对手；③阻击对手或摆脱对手时，用内、外交叉拳可阻击对方的右直拳；④由于左直拳离击打目标最近，因此快速而精确的左直拳较容易得点，而且身体的平衡不易受到破坏；⑤可作为其他拳法的引路拳，给其他拳法创造进攻的条件。

左直拳击头的动作要领：由实战预备姿势开始，左臂迅速用弹力伸直，同时左肩前送，上体略向右转，以加大出拳的速度和力量。在臂向前伸直的同时，拳向内转至拳心一条线击出，肘关节随着拳心内转向上抬平。在出击的同时，后脚用力蹬地，前脚（左脚）顺势向前滑出；用前脚掌的内侧着地，后脚蹬地后，脚跟提起，后腿略伸直，身体重心移至前脚。拳迅速放松由原路收回，恢复原姿势。动作演示如图 14-12 所示。

2. 右直拳

右直拳是拳击运动中采用的重拳之一，适合于远距离的攻击，但一般使用时机较少，在有充分把握时才能使用。由于右拳较左拳离对方远，发拳时身体变化幅度较大，所以右直拳较左直拳慢。动作演示如图 14-13 所示。

直拳练习时的注意事项：①拳要直线击出，直线收回；②击打和退回要快速、敏捷；③出拳时要利用蹬地和转髋力量的配合；④左（右）直拳击上体时，要注意防对手左（右）拳迎击。

| 图 14-12　左直拳动作演示 | 图 14-13　右直拳动作演示 |

二、摆拳

摆拳是指从左向右或者从右向左循弧线打击的击拳方式，一般分为左摆拳和右摆拳（此处以左摆拳为例）。

左摆拳由基本姿势开始，拳由自己的左肩前从左侧向前呈弧形路线移动击打目标，上臂与前臂呈 120°～150°，臂与肩平，并利用腿、腰、胯的发力，重心移至左脚。在出拳过程中拳及前臂略向内旋，肘部微向上翻，与肩同高。动作演示如图 14-14 所示。

左摆拳练习时的注意事项：①击打时不可有预拉动作；②左摆拳出击时，右拳微向上举，保护下颏；③左拳出击后立即收回，还原成预备姿势。

图 14-14　左摆拳动作演示

三、勾拳

勾拳是一种中、近距离的击打拳法，通常配合直拳或摆拳组成组合拳进攻对手。

当对手身体前倾时出左上勾拳击其头部，发拳时一般侧对对手，同时抬起右手防护，尤其远距离发上勾拳时更要注意侧身，以便加长发拳的距离。这时重心前移，落在前腿上，在击打的瞬间，上体猛然向右稍转体，同时挺直身体保持基本姿势，左前臂屈曲，拳头自下向上做短促的击打。

练习左上勾拳击头时易犯的错误：①从预备姿势出拳时，左拳拳心没有向里翻转就击打；②没有利用蹬腿和左髋向前上方猛烈伸展的动作，只用手臂力量进行击打；③出拳击打时左肘下落后拉过大。动作演示如图 14-15 所示。

①　　　　　　　②

图 14-15　左上勾拳击头时易犯的错误动作演示

第四节　防守方法

　　防守是拳击的基本技术之一。如果比赛中能运用防守技术，不断地挫败对手的进攻，使对手出击落空，不仅可以消耗对手大量体力，而且可以转守为攻。

　　积极防守是指与进攻有机结合的防守。还击或迎击对手，防守动作就是其开始姿势。若要真正发挥防守作用，就必须更好地提高进攻能力，做到攻防一体。

一、防守的主要部位

　　拳击运动员身体防守最薄弱的部位，就是对手主要进攻的目标。被对手有力而准确地击中身体的薄弱部位时，就会被击昏，从而短时间内失去战斗能力或者结束战斗。

　　这些最薄弱的部位是下颌（下巴）、颈部侧面（颈动脉）、左胸部（心脏部位）、上腹腔部位和右肋部位（肝部）。

二、防守的种类

　　1）阻挡防守。根据对手来拳击打的路线不同可采用掌、肘、臂和肩阻止对方来拳。用阻挡防守法可有效地防守对手在中、远、近距离的各种拳法。例如：①左右肘阻挡左（右）直拳击腹，如图 14-16（左图）所示；②肩阻挡右直拳击头，如图 14-16（右图）所示。

　　双方由实战预备姿势开始，甲出右直拳击打乙面部，乙迅速将身体重心后移，并略向右转，同时迅速将左肩耸起，以左肩阻挡右直拳。

　　2）格挡防守。格挡是格架或拍击对方来拳，使之改变方向，以便于还击的一种防守形式。例如，右臂格挡左摆拳或左臂格挡右摆拳，如图 14-17 所示。

图 14-16　阻挡防守演示　　　　　　　　图 14-17　格挡防守演示

　　双方由实战预备姿势开始，甲以左摆拳击打乙面部右侧，乙迅速以右前臂格挡甲的摆拳，使之改变方向。

　　动作要领：格挡时，上体与前臂约呈 90°，同时上体稍向左转，以便于还击。

　　3）闪躲防守。闪躲防守是用身体的闪躲使头离开击打路线。在实战中，闪躲被认为是一种最实用的防守方法，因为防守者可以空出两手以便进行反击。闪躲技术要求能准确地判断时间。如果运动员掌握了良好的闪躲技术，就会使对手的来拳不断失误和击空，使之失去平衡，对其暴露的部位可趁机给予击打。在闪躲的同时可以发迎击拳。闪躲法专门用于防守对手击头部，对直拳的防守要向侧面闪躲，对摆拳和上勾拳可做向后移步。

　　4）潜避防守。潜避防守是对摆拳击头的一种主要防守方法，是在身体重心下降的同时快速完成缩身下潜动作。在潜避中运动员用头和上体画出一个半圆的连贯动作，微屈腿的同时向对手出拳方向下潜，然后直起身。在做这个动作过程中，要始终注视对手，动作要快而有力。这一防守动作是由身体和腰部动作来完成的，要保持稳定的姿势，以利恢复实战预备姿势和进行还击。

　　例如，从左向右摇避左摆拳，如图 14-18 所示。甲用左摆拳击打乙面部，乙迅速下蹲，同时头部和上体微向前倾，利用腰、腹的力量将头从左至右闪，从对方左臂下闪过。

图 14-18　潜避防守演示

　　动作要领：①潜避动作幅度不可太大，也不宜蹲得太低；②摇闪时两眼仍要注视对方，以便还击和进一步防守。

第十五章 余暇体育

余暇体育，是指利用空余休闲时间进行的具有体育运动特性的娱乐休闲性较强的活动。本章主要介绍象棋、围棋、桥牌、软式排球、保龄球、毽球等。

第一节 象 棋

一、象棋简介

象棋是我国人民创造的文化遗产之一，是以黑、红棋子代表两军对垒的智力竞技。象棋在我国源远流长，历史悠久。有关近代和现代象棋的记载，最早见于唐代。南宋后期的棋制与行棋原理，特别是急攻、缓攻和胜负得失的原理，和现代中国象棋基本相同。

中华人民共和国成立后，在党和政府的关怀下，象棋运动得到了迅速发展。1956 年，象棋被纳入国家体育运动正式项目，并在当年举办了全国象棋比赛。以后各地有关象棋的杂志、书籍相继出版，各省、市陆续建立起专业性的棋队、棋校。

1978 年，亚洲象棋联合会成立，多年来举办了多场国际性和区域性象棋比赛。象棋以其独特的魅力吸引了众多的国外爱好者，成为扩大中外文化交流、增进我国人民和世界各国人民友谊的桥梁。

二、象棋比赛器材

1. 象棋盘

象棋盘由 9 道直线和 10 道横线交叉而成，共有 90 个交叉点，棋子就摆放和活动在这些交叉点上。棋盘中间没有画通直线的地方叫作"河界"，上方和下方画有交叉线的地方称为"九宫"。

2. 棋子

棋子共有 32 个，分红、黑两组，由对弈的双方各执一组。棋子的名称和对弈前棋子在棋盘上的摆法如图 15-1 所示。

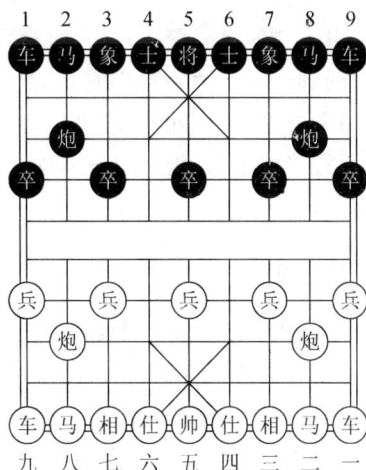

图 15-1　棋子的名称和对弈前棋子在棋盘上的摆法

三、象棋比赛规则和裁判法

1．走棋和吃子

对局时，由执红旗的一方先走，双方轮流各走一着，直至分出胜负或走成和棋为止。轮到走棋的一方，将某个棋子从一个交叉点走到另一个空着的交叉点，或者吃掉对方的棋子而占领其交叉点，均算走了一着。各种棋子的具体走法如下。

1）帅（将）每一着只准走一步，前进、后退、横走都可以，但不准走出"九宫"。帅与将不能在同一直线上对面，即"明将"。

2）仕（士）每一着只准沿"九宫"的斜线走一步，可进可退。

3）相（象）不能越过河界，每一着斜走两步，可进可退，即俗称的"象走田"。当"田"字中心有别的棋子，即俗称的"塞象眼"时则不许走过去。

4）车每一着可以直进、直退、横走，步数不限，但中间不能隔子。

5）马每一着走一直（或一横）一斜，可进可退，即俗称的"马走日"。如果要走的方向紧靠一直（或一横）的地方有别的棋子，即俗称的"绊马腿"时就不能走过。

6）炮在不吃子情况下的走法与车同。

7）兵（卒）在没过"河界"前，每着只许向前直走一步；过"河界"后每着可以向前直走一步，也可以横走一步，但不能后退。

8）走一着棋时，如果两方棋子可以走到的位置有对方的棋子存在，就可以将对方的棋子吃掉而占领那个位置，只有炮吃子时才允许隔一个棋子（无论是哪一方的）跳吃。

9）除帅（将）外，其他棋子都可以被对方吃或主动送吃。

2．将军、应将、将死、困死

一方的棋子攻击对方的帅（将），并要在下一着把对方的帅（将）吃掉，称为"将军"，或简称为"将"，被"将军"的一方必须立即"应将"。应将的办法如下。

1）帅（将）从被攻击的地方避开。

2）吃掉对方进行"将军"的棋子。

3）用己方的棋子置于对方"将军"的棋子与帅（将）之间，即俗称的"垫将"。

4）遇到对方炮"将军"时，除以上"应将"办法外，还可以把己方被作为炮架的棋子撤开。如果被"将军"而无法"应将"，就算被对方"将死"。轮到走棋的一方，帅（将）虽没有被对方"将军"，但被禁在一个位置上无路可走，同时己方其他棋子也不能走到时，就算"困死"。

3．胜、负、和

1）对局时一方出现下列情况之一，就算输棋，对方得胜：帅（将）被对方将死；"困死"；自己宣告认负；帅（将）被对方"将军"而无法避免同对方帅（将）直接对面，即"明将"。

2）对局时出现下列情况之一，就算和棋：双方的棋子或棋势都没有取胜的可能；一方走出自己轮走的一着棋后，提议作和，对方表示同意；双方走棋出现循环反复达 3 次以上的属于"允许着法"，且均不变着。

4. 记录着法

记录着法是阅读参考资料、进行技术交流的重要工具。记录着法的方式有两种，一是完整记录，二是简写记录。

1）完整记录。每一着棋用 4 个字来记录。第一个字是棋子的名称，如"车""兵"等，不能用符号代替；第二个字是棋子现在所在的直线号码，如"1""2"等；第三个字是棋子的运动方向，如横走用"平"，向前用"进"或"上"，向后用"退"或"下"；第四个字是棋子进、退的步数，或者是平走到达直线的号码。

2）简写记录。它是完整记录的简写，记棋子移动的方向时，省掉"平"字，以符号"一"写在最后一个字的下方代替"进"，写在上方代替"退"。记数码时，双方均用阿拉伯数字记录着法。

第二节　围　　棋

一、围棋简介

围棋是中华民族的创造发明。古书上尧造围棋的说法虽然不一定可靠，但至少说明围棋已有很长的历史。湖北荆州曾经出土过楚国的博弈器具，其中黑白两种小石子颇似围棋子。

围棋对弈千变万化，紧张激烈。在严阵交锋，运智逐鹿之际，大与小、先与后、虚与实、取与弃、实地与形势、全局与局部等，都富有丰富的哲理。工作之余，促膝手谈，既有利于锻炼人们的思维能力，又能陶冶情操，培养人们顽强、坚毅和冷静沉着的性格。

二、围棋比赛器材

1）棋盘。标准的棋盘略呈长方形，由纵横各 19 条等距离的垂直交叉的平行线组成 361 个交叉点。横线的等距离为 2.25 厘米，纵线的等距离为 2.4 厘米，盘面上共标有 9 个小圆点，称为星位（中央的星位称为天元）。棋盘格局如图 15-2 所示。

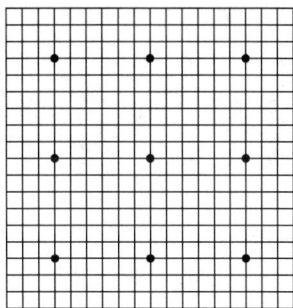

图 15-2　围棋的棋盘格局

2）棋子。标准的围棋子为扁圆形，直径为 2.2～2.3 厘米，厚度不超过 1 厘米，棋子分黑白两色，各有 180 子。

3）计时钟。围棋比赛的计时钟由两个钟面和两个按钮组成，通过操控按钮能够使计时钟一停一走或同时停止。

三、围棋比赛规则和裁判法

1. 围棋的下法

对局时，双方各执一色棋子，由执黑子方先下一子，执白子方继下一子，双方轮流下子直至终局（但允许任何一方放弃着子权）。落子时，棋子需下在棋盘的交叉点上（禁止点不得落子），落子后不得向其他点移动。

2. 棋子的气

一个棋子在棋盘上，与它直线紧邻的空点便是这个棋子的"气"。在棋子作为气的点上，如果有同色棋子存在，则它们便相互连接成一个不可分割的整体。每个棋子各自具有的气成为整体共有的气。在棋子作为气的点上，如果有异色的棋子存在，则双方棋子会因此减气。如果棋子的气均被异色棋子占领，则棋子便呈无气状态，无气状态的棋子不能在棋盘上存在。

3. 活棋和死棋

终局时，凡经双方确认不可避免被提的棋都是死棋，凡经双方确认不能被提出的棋都是活棋。

4. 提子

一方着子后，误将对方有气之子提出，判误提者警告一次，把有气之子放回原处。
一方自填满，应由自填满方提去，不自提则判警告一次，无气之子提去。

5. 终局

一方表示终局，意味着着手弃权；如另一方不同意终局，可再下子，此时弃权方恢复着手权利，对局继续进行，直至双方确认终局。
双方都表示终局，如棋盘尚有双方活棋之间的点数子时双方平分。
对死棋和活棋的确认，必须由对局的双方一致意见而定。如有争议，以实战解决。

6. 计时

计时是保证比赛顺利进行的重要手段。一切有条件的比赛都应采用计时制度。
1）时限。根据比赛性质的不同，通常可先规定一局棋的每方可用时限。棋手用时不得超过规定时限。规定一局棋的时限可长可短。一般基层比赛可规定为1~2小时。
2）读秒。在确定有读秒的比赛中，要事先确定保留时限的几分钟开始读秒。全国比赛保留5分钟开始读秒，基层比赛可保留5分钟或1分钟开始读秒。
读秒的工作由裁判员执行，在30秒、40秒、50秒、55秒、58秒、1分钟时各报一次时间。
棋手每扣除保留的1分钟，裁判员应及时通知棋手"还剩×分钟"。在最后1分钟的读秒方式是30秒、40秒、50秒，然后以准确的语调逐秒报出1、2、3、4、5、6、7、8、9，最后报出"10，超时判负"。

7. 胜负的计算

围棋盘上共有 361 个交叉点，以 180 1/2 为其半数。如果一方占有的地域（包括已有的活着的子和虽没有子但己方已经控制的交叉点）。超过此数即为胜，不够即为负，相等则为和棋。

现代的围棋比赛中，为了弥补白方后下子的不利，特规定黑方在最后计算胜负时贴给白方 2 3/4 子，这样黑方的基数为 183 1/4 子，白方为 177 3/4 子，超过此数为胜，不足为负。

第三节　桥　　牌

一、桥牌简介

桥牌是用扑克牌进行比赛的一种有趣的文化活动，也是一系列具有某些共同特点的牌戏的总称，因比赛的双方自始至终都围绕"搭桥"和"拆桥"进行明争暗斗而得名。

桥牌和许多牌戏的共同特点：由 4 人进行，两人一组，互相对抗，52 张牌全部发完，每一牌手拿到 13 张牌。

打桥牌不仅是一种饶有兴趣的游戏，还可以锻炼参加者的记忆力，提高独立思考的能力，培养紧密协作、团结一致的精神，是一种积极性的休息，有助于消除疲劳，使人焕发出旺盛的学习和工作精力。

二、桥牌打法

打桥牌要以叫牌开始，在叫牌的过程中分析出牌型和实力，这就要求牌手进行逻辑推理，还需具备数字概率知识，并要求同伴之间用合法手段相互传递最多的信息，以互相了解，紧密配合。因此，桥牌的特点是有一整套的叫牌法和战略战术，这也是其魅力所在。桥牌是很容易开展的一项活动，不需特殊的场地和设备，只要有扑克牌和计分表格就可以开始。

打桥牌时，先由一人向左方依次发牌，每人 13 张牌，然后由发牌人根据自己所持牌的实力看能否叫牌。如果估计所持牌实力太弱无法叫牌时，也可不叫。发牌人表态后，依次向左逐人叫牌，直到某一方一人叫牌后其余 3 人均不叫时，叫牌过程即告结束，这副牌即由叫牌人一方确定"一个定约"，也就是这一方的两人约定这副牌他们要赢得的墩数（一副牌共13 墩，最多能拿 13 墩）。

"定约"分为"有将定约"和"无将定约"两种，"有将定约"是在 4 种花色中确定一种花色为将牌，如果一人出将牌以外的花色，别人手里无此花色时即可用将牌吃掉，从而赢得这墩牌。

"无将定约"是每张牌都依出牌人所出花色来比大小，最大的赢得这墩牌，没有这种花色的牌时，只能垫牌（是指跟牌时，如果跟不出花色相同的牌时，就得跟另一种花色的牌。叫牌时要叫出定约数字、将牌花色或无将。定约数字加基数 6，即为定约要求的赢牌墩数。叫将牌的花色以无将为最高，再次为黑桃、红心、方块、梅花。另外，在叫牌过程中如防守方认为有击败定约的把握时，可叫"加倍"，表示防守方要惩罚对方，使定约方失分更多。但如定约方仍认为有完成定约的把握时，可对防守方所叫的"加倍"叫"再加倍"，也表示处罚对方，使本方的得分更多。确定"加倍"和"再加倍"定约后，定约方的得失分数分别按 2 倍和 4 倍计算。确定定约的一方为定约方，其对方为防守方。定约方两人中首先提出定约将牌花色或无将定约中首先提无将的人是定约人，其同伴则是明手，将手中的牌全部摊开，4 人出齐后赢得第一墩牌的人接着出牌，然后由赢得第二墩的人出牌，一直到第十三墩牌出完为止，最后统计定约人赢得的墩数。

三、桥牌计分方法

桥牌的计分方法比较复杂，可根据计分表查核。计分有 3 类：基本分、奖分、罚分。下面介绍 3 类计分表，以供初学者参考。

1. 基本分

定约方完成定约得分情况如表 15-1 所示。

表 15-1　定约方完成定约得分情况

	定约类型	未加倍	加倍	再加倍
有将定约	低花色方块或梅花每一墩	20	40	80
	高级花色黑桃或红心每一墩	30	60	120
无将定约	第一墩	40	80	160
	从第二墩起每一墩	30	60	120

一个定约的完成，不论成局与否，另加奖分。

2. 奖分

定约方超额完成定约，每超一墩得分情况如表 15-2 所示。

表 15-2　定约方超额完成定约，每超一墩得分情况

项目	无局方		项目	有局方	
未加倍	加倍	再加倍	未加倍	加倍	再加倍
基本分	100	200	基本分	200	400

定约方完成小满贯定约，奖无局方 500 分，奖有局方 750 分。

定约方完成大满贯定约，奖无局方 1000 分，奖有局方 1500 分。

3. 罚分

定约方完不成定约时的罚分情况如表 15-3 所示。

表 15-3　定约方完不成定约时的罚分情况

宕墩（即输墩）	无局方			有局方		
	未加倍	加倍	再加倍	未加倍	加倍	再加倍
一墩	50	100	200	100	200	400
二墩	100	300	600	200	500	1000
三墩	150	500	1000	300	800	1600
四墩	200	700	1400	400	1100	2200

续表

宕墩（即输墩）	无局方			有局方		
	未加倍	加倍	再加倍	未加倍	加倍	再加倍
五墩	250	900	1800	500	1400	2800
六墩	300	1100	2200	600	1700	3400
七墩	350	1300	2600	700	2000	4000

以此类推。

下面举例说明是怎样计分的。

1）南方是有局方，叫到 4 红心定约，结果完成计分如下：

① 4 红心，红心每墩 30 分，得 120 分（4×30）。

② 基本分满分为一局，有局方得奖分为 500 分，故南北方共得 620 分。

上述计分，仅做了简单的加法，不同的定约和不同的结果，会有不同的计分方法，现再举一例来加以说明。

2）南方是无局方，叫 3NT（无将）定约，结果超额一墩完成，计分如下：

① 3NT，头一墩 40 分，从第二墩起每墩 30 分，得 60 分（2×30），合计 100 分。

② 基本分满分为一局，无局方得奖分 300 分。

③ 超额一墩完成，得基本分 30 分，所以南北方共得 430 分。

④ 如果南北宕一墩，就是没完成定约，罚去 50 分，则东西方得 50 分。

第四节 软 式 排 球

一、软式排球简介

软式排球运动是日本排球协会推出的一项娱乐排球活动，于 1982 年 10 月在日本山梨县兴起。1988 年 10 月，在山梨县举行了第 1 届中老年软式排球比赛。1989 年，在日本出版了首部软式排球规则，当年还举行了全国家庭软式排球赛。1992 年 2 月，软式排球正式成为日本中小学体育课的教学内容。近年来，美国、意大利、加拿大等欧美国家及亚洲的韩国、新加坡等国家也相继开展软式排球运动，并举办了不同程度的比赛。

软式排球运动 1995 年传入我国北京体育大学，同年 4 月在北京体育大学举办了我国历史上首次软式排球比赛，同年 11 月在天津体育学院举办了教职工软式排球比赛；1996 年 1 月，中国排球协会宣布要大力发展软式排球活动。教育部已明确决定将软式排球运动列为正式授课内容。

软式排球由柔软的橡胶制成，球的重量为（210±10）克，周长（66±1）厘米，在活动中可采用排球技术和各种点球的动作。软式排球分为软排活动性游戏和软排竞赛两大类。其具有球柔软、重量轻、气压小、不易挫伤手指，球速较皮制排球（硬制）慢，不易落地，趣味性浓的特点。软式排球技术比较容易学习和掌握，深受不同性别、年龄的人们喜爱。

二、软式排球比赛场地及设备

1. 比赛场地

1）场地面积。比赛场区为长 13.4 米、宽 6.10 米的长方形，其四周至少有 2 米宽的无障碍区，从地面向上至少有 7 米高的无障碍空间。

2）场地地面。必须是木地板、塑胶或土地、草地、沙地，尽可能平坦，不得有任何可能伤害队员的石块、壳类等隐患，不得在粗糙或易滑的地面上进行比赛。

3）场地画线。两条边线和两条端线划定了比赛场区，边线和端线都包括在比赛场区的面积之内。所有界线均宽 5 厘米，颜色必须区别于场地地面。

4）发球区。端线之后、两条边线延长线之间的区域为发球区，其深度延至无障碍区终端。

比赛场地示意如图 15-3 所示。

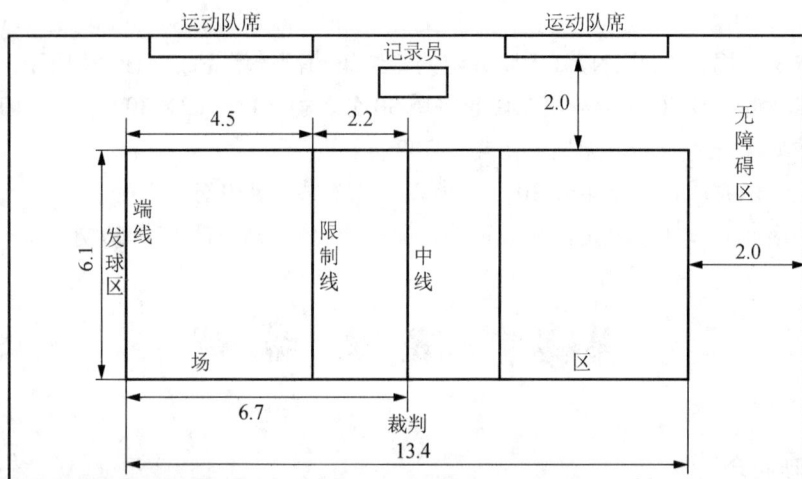

图 15-3　比赛场地示意（单位：米）

2. 球网和球柱

1）球网。球网设在场地中央中心线的垂直上空，拉紧时长 6.60 米、宽 0.80 米，球网网孔为 8～10 厘米见方，球网下沿缝有 4～6 厘米宽的双层帆布带。球网高度成人组为 2.20 米，家庭组和 12 岁以下组为 2.10 米，10 岁以下组为 2.00 米。

2）标志杆和标志带。标志杆是长 1.60 米、直径 10 毫米的有韧性的两根杆子，由玻璃纤维或类似质料制成，分别设置在标志带的外沿、球网的不同侧面。标志杆高出球网 80 厘米，高出的部分每 10 厘米应涂有明显对比的颜色，最好红白相间，标志杆为球网的一部分，并视为过网的界线。标志带是两条宽 4～6 厘米、长 80 厘米的彩色带子，分别设在球网两端，垂直于边线，是球网的一部分。

3）球柱。支架球网的两根网柱必须为高 2.55 米的光滑圆柱，固定在两条边线外 0.5～1 米的地方。

3. 球

球是圆形的，由柔软的材料制成，球的颜色为浅色。球的圆周：成人组、家庭组和 12

岁以下组为 66 厘米，10 岁以下组为 64 厘米。球的重量：成人组、家庭组和 12 岁以下组为
180 克，10 岁以下组为 150 克。

4. 比赛队

1）组成及设置。一个队由 3～8 名队员组成，只有登记在记分表上的队员才可参加比赛，
上场 6 名队员比赛。上场比赛的 6 名队员在比赛中只有 4 名队员站在场内，当发球队员击球
前，双方 4 名队员（发球队员除外）必须按位置站好：1 号为后排队员，2 号、3 号、4 号为
前排队员，前后排队员位置不能颠倒，同排队员位置不能交叉。

2）服装。同队队员上衣、短裤、袜子、鞋的颜色可以不一致（不允许赤脚），但号码必
须是 1～8 号。服装号码必须与服装颜色明显不同，前胸和短裤前号码至少 10 厘米高、1.5
厘米宽，后胸号码至少 158 厘米高、2 厘米宽。

三、软式排球比赛记分方法

软式排球比赛采用三局两胜制，胜两局的队胜一场，若出现 1∶1 平局，决胜局（第 3
局）采用每球得分制。在前两局比赛中采用发球得分制，先得 15 分同时至少超过对方 2 分
的队胜 1 局，最高分限为 17 分，即当比分为 16∶16 时，先获得 17 分的队取得这局比赛的
胜利。在决胜局先得 15 分并至少超过对方 2 分的队胜该局，无最高分限。

四、软式排球比赛规则

1. 比赛中击球

每队最多可击球 3 次，将球从球网上空击回对方，一名队员不得连续击球两次（拦网除
外），身体任何部位均可击球，击球必须清晰并不得持球（包括捞捧、推掷、搬动或携带等）。
比赛中击球犯规：4 次击球、持球、连击等均属击球犯规。

2. 发球

发球队员必须在裁判员鸣哨 5 秒内将球发出，球被抛起或落地前在肩部以下用一只手或
手臂任何部位将球击出，如球被抛起或持球手撤离后，未触及发球队员而落地，被称为“发
球试图”。一次发球试图后，裁判员应允许再次发球，发球队员必须在再次鸣哨后 3 秒内将
球击出。发球时，不得进行发球掩护。

3. 暂停和换人

暂停是正常的间断比赛，时间为 30 秒。每局比赛中，每队最多可请求两次暂停，请求
暂停必须在比赛成死球时，在裁判员鸣哨发球之前；一次暂停可与另一次暂停连续使用，中
间无须经过比赛。成人组、12 岁以下组、10 岁以下组必须按顺时针方向轮转换人（即 2 号
发球，1 号下场，5 号上场到 4 号位）。

4. 进攻性击球犯规

队员在对方场地空间击球、队员击球出界、队员对对方发过来的整体高于球网上沿时完
成进攻性击球、队员用手指吊球完成进攻性击球、队员用上手传球且传球轨迹不垂直于双肩

连线完成进攻击球均属进攻性击球犯规。

5. 拦网犯规

10 岁以下组参与拦网、在对方进攻性击球前或击球同时、拦网队员在对方场区空间触球、队员从标志杆以外伸入对方空间拦网、队员拦对方发球、拦网出界均属拦网犯规。

第五节　保　龄　球

一、保龄球简介

保龄球又叫"地滚球"，其起源可以追溯到远古时期，相传在原始社会人们就开始用石子来击兽骨取乐）。据考古研究，在公元前 5000 年的埃及古墓中发现有类似现代保龄球的游戏用品，即一个石球和九块长方形的石头，专家称之为"九柱戏"。我国古代宫廷中也有"十五柱戏"的游戏活动。

现代保龄球运动起源于德国，是一项集娱乐性、趣味性、抗争性和技巧性于一身的运动。在欧美、大洋洲和亚洲的许多国家普遍开展。保龄球运动有非常明显的娱乐作用，以通过不断调整掷球方向和力量达到击倒尽可能多的瓶为目的。整个过程变化较大，有很多的偶然性，有的人从来没有玩过，第一球就能达到全倒，而经常玩的人却没有把握次次都能打出好球。整个过程充满成功的惊喜、失败的惋惜及再试一次的渴望等丰富的情感体验，加上球与瓶的撞击声，清脆悦耳，令人兴奋清心。保龄球馆一般采用开放式球道管理，给人一种开阔明亮的感觉。玩保龄球常常是结伴相约的集体活动，大家在一起可以比赛，可以交流经验，善意地开玩笑，气氛变得十分轻松愉快，对加强人际交往具有很大好处。

二、保龄球比赛规则

1）保龄球比赛以局为单位，一局为 10 轮，每轮可投两次。如果第一次投了"全中球"，就不能再投第二次。

2）每击倒一个瓶得 1 分，投完一轮将两次所得分相加，即为该轮得分，每轮依次累计，即为全局的总分。

3）第一次投"全中球"，该轮所得分为 10 分（不投第二次），应奖励下轮两个球的所得分，其所得分数之和为该轮的应得分。

4）第 1 球未全中，而第 2 球将剩余瓶全部击倒，称为"补中"，该轮所得分也为 10 分。

5）第 10 轮全中时，应在同一条球道上继续投完最后两个球，结束全局。第 10 轮为补中时，则在同一条球道上继续投完最后一个球，结束全局。

6）如果球落入边沟，即为"失误球"，得分为 0。

7）如果第 10 轮中第 1 球犯规，该球得分为 0，但第 2 球击倒全部木瓶时，应视为 10 轮补中，该球的所得分为 10 分。并允许继续投完最后一个球，同时把最后一个球所得分累计在该局总分内。

8）如果从第 1 轮第 1 球开始到第 10 轮，连续 12 个球全中，按规定每个全中球应奖励下轮两个球的所得分，即每轮以 30 分计，最高分达 300 分。

9）比赛结束，如出现比分相等，应从第 9 轮开始决胜负。

10）保龄球比赛，均以 6 局总分决定名次。比赛分为单人赛、双人赛、三人赛、四人赛、全能赛及精英赛等。团体赛常采用五人制。

第七节　毽　球

一、毽球简介

毽球是我国特有的一项具有民族特色的体育运动，从踢毽子游戏逐步发展而来。其体积很小，重量很轻，携带方便，不受场地限制，四季可行。

踢毽球对身体健康极为有益。踢毽球主要用腿、脚做接、落、跳、跷、踢等动作，使下肢的关节、肌肉、韧带都能得到锻炼，也使腰部得到锻炼。而跳踢时，腿部、腰部、上肢、颈部等都要运动，连续跳踢数十次，心跳每分钟可达 150 次。由此可见，毽球运动是一项全身运动。经常参加这项活动，不仅可以使下肢肌肉、韧带富有弹性，关节灵活，而且可使心肺功能得到全面锻炼。除此，还有利于提高反应、灵敏和动作协调的能力。多人合踢还可培养团结协作的精神。

二、毽球比赛场地及设备

1. 比赛场地

比赛场地长 12 米，宽 6 米。场地上空 6 米内（由地面算起）和场地四周 2 米以内不允许有障碍物。

场地两条长边叫边线，两条短边叫端线。连接场地两边线的中点，并与端线平行的线叫中线。在中线两侧 2 米处各画一条与中线平行的线，叫限制线。在两端线中点的两侧 1 米处向外画一条 20 厘米与端线垂直的短线，叫发球线。发球线向后无限延长的区域叫发球区。所有线宽 4 厘米，包括在场内的分界线。如图 15-4 所示。

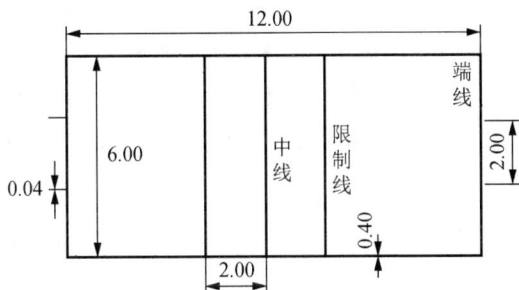

图 15-4　比赛场地示意（单位：米）

2. 球网、标志杆、标志带

球网长 7 米，宽 76 厘米，球网必须垂直悬挂在中线的上空。球网为深绿色。男子网高 1.6 米，女子网高 1.5 米，网的两端距地面的垂直高度必须相等，两端的高度与中间的高度相差不得超过 2 厘米。在球网的两端，垂直于边线和中线交接处，各系上一条标志带和连接标志带外侧的两根标志杆。标志带宽 4 厘米，长 76 厘米，标志杆长 1.2 米，直径 1 厘米。标志杆应高出球网上沿 44 厘米，并用对比鲜明的颜色画上 10 厘米长的格纹。

图 15-5　毽球外形

3. 毽球

毽球由毛、毽垫等构成。毽毛由 4 支白色或彩色鹅翎呈"十"字形插在毛管内。毽垫有上下两层，均用橡胶制作，毽垫直径 3.8～4 厘米。上垫和下垫中间套有 3 层以上的垫圈。毽球的高度为 13～15 厘米，重量为 13～15 克。毽球外形如图 15-5 所示。

三、毽球比赛记分方法

1）比赛队由 6 人组成，上场队员 3 人，其中 1 人为队长（应佩戴明显标志）。靠近网的两个队员，从左至右分别为 3 号位和 2 号位队员，靠近端线的队员为 1 号位队员。发球时，发球一方 2 号位、3 号位队员一定要在发球队员的前方，彼此之间相距不得少于 2 米。赛场部位示意如图 15-6 所示。

2）比赛中，每队将球踢入对方场区前，在本方场区最多只能有 3 人次共击 4 次。每队队员可以连续击球两次或触球两次，但不得用手触球。球不能明显地停留在队员身体的任何部位，否则判为持球违例，并由对方发球或得 1 分。

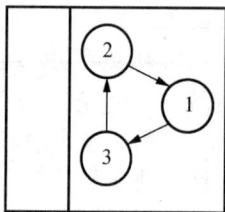

图 15-6　赛场部位示意

3）接发球失误，应判对方得 1 分。发球失误，则判对方发球。某队得 15 分并至少比对方多得 2 分时，则为胜 1 局。例如，比分是 14∶14 时，比赛应继续进行，直至某队领先 2 分方为胜 1 局。比赛采用三局两胜制，每次比赛应有主、副裁判员，记录员、记分员各一名和司线员两名。

四、毽球比赛规则

1. 比赛局数和场区选择

比赛采用五局三胜制。赛前要选择场区或发球权。第 1 局结束后双方交换场区或发球权，决胜局开始前召集双方队长重新选择场区或发球权。任何一个队先得 8 分时两队应交换场区。如未及时交换场区，一旦裁判员或任何一方队长发现，应立即交换。比分不变。

2. 暂停

比赛成死球时，教练员或队长可以向裁判员请求暂停。每局比赛每队可以要求两次暂停。每次暂停不得超过 30 秒，某队在一局中请求第三次暂停，应判该队失发球权或对方得 1 分。

3. 换人

在比赛成死球时，教练员或队长可向裁判员要求换人，每个队在每一局比赛中换人不得超过 3 人次。比赛中因故被取消比赛资格的队员，不能继续参加该场比赛，可由替补队员替换。如该队在该局已换人 3 次，或场外无人替换，则判为负局。

4. 局间休息

局间休息 2 分钟，主要是双方交换场地、换人和记录员登记号码，双方教练员在不影响上述工作的情况下可进行场外指导。

5. 发球

发球队 1 号位的队员必须站在本方发球区内，用手持球，将球抛起，用脚踢向对方场区。球发出后，发球队员才能进入场区，在发球时，2 号位、3 号位队员不得有任何掩护动作，否则判由对方发球。某队取得发球权时，应先按顺时针方向轮转一个位置，即由 1 号位队员到 3 号位，由 3 号位队员到 2 号位，由 2 号位队员到 1 号位去执行发球。

6. 发球失误

下列情况之一，应判发球失误：①发球队员发球时，踏及端线或发球区及其延长线；②球触及任何障碍物或进入对方场区前触及本队队员；③球未过网、触网或触及标志杆；④球从标志杆及其延长高度以外过网或从网下穿过；⑤裁判员鸣哨后 5 秒内未将球发出；⑥球落在界外。

7. 重发球

下列情况之一，应判重发球：①在比赛进行中，球挂在网上；②在比赛进行中，毽毛和毽垫在飞行时脱离；③在裁判员鸣哨之前发球。

8. 死球

球触地及违例为死球。

第十六章　医务监督、运动损伤与运动处方

第一节　医务监督

医务监督是指用医学和生理学的方法，对从事体育运动的人的身体进行全面检查和观察，评价其发育水平、训练水平和健康状况，为体育教师和教练员科学训练提供依据，保证运动训练顺利进行并取得较好成绩，保证健康，预防伤病，提高运动技术水平。

一、高校体育教学课的医务监督

对学校体育教学课进行医务监督的主要内容包括体育教学课的医学观察即安全检查等。

通过医务监督，保证体育教学能够切实贯彻区别对待原则、循序渐进原则和系统性原则，提高教学质量，预防运动性伤病的发生。

1. 体育教学组织的医务监督

体育课所安排的运动内容，其运动量的大小、动作难易程度、身体活动部位等都应符合渐进性、全面性原则。课上应随时观察学生的反应，根据需要及时调整运动量和强度。

2. 运动场地设备的医务监督

经常对场地、器材和服装等进行安全检查，加强对学生的体育卫生宣传教育。

1）对场地、器材、服装的安全检查。每次上课之前应检查运动场地、跑道和沙坑是否平整且符合标准，检查一系列教学用具有无年久失修的潜在危险，以及用具的摆放是否符合安全要求。

教育学生穿运动鞋、运动服上课，鞋要大小合适、舒适，便于运动，服装要宽松合适，不要过于肥大或过紧。禁止将锋利的物品放在衣服口袋中，以免刺伤。

2）经常对学生进行体育卫生宣传教育，制定相应的规章制度来保证体育运动卫生。

3. 学校运动会期间的医务监督

在运动会期间一般要求做好下列几个方面的工作。

1）运动会前对参赛者进行体格检查，重点检查心血管系统。除一般医学检查外，还要进行机能试验，必要时应做肝功能、心电图等特殊检查。严格把关，不允许机能不良者参加力所不及的竞赛，更不能让患有感冒发烧或严重慢性内脏疾病者参赛。

2）协助做好比赛程序的组织和编排工作，避免运动员连续过多参加比赛，防止不考虑性别、年龄的编组现象。协助做好赛期运动员的伙食管理，保证运动员合理充足的营养补充。

3）做好比赛场地、设备的卫生检查，组织运动会期间的医疗和临时救护工作。

4）开展体育卫生宣传工作，如充分做好准备活动，遵守比赛规则，讲究饮水卫生。

二、运动训练和比赛期的医务监督

很多学校有这样的运动队，除平时在学习之余有一定的训练安排外，在一定时期还要参加不同规模的比赛。针对这部分人群，在训练和比赛期间的医务监督的主要任务是预防运动损伤和过度训练，保证运动员营养充足和身体健康。在此使用的很多方法对普通学生也是行之有效的，了解并掌握这些方法会更利于体育教学或平时学生的自我锻炼。

1. 自我监督

（1）自我监督的意义

自我监督是指参加体育运动的人，在训练、锻炼或比赛的过程中，主动观察自己的身体健康状况，并把观察结果定期记载在训练日记中或专门设计的表格上的检查方法。

通过自我监督，可以间接地评定运动量的大小，有利于及时调整运动量，并可预防过度疲劳和运动损伤。自我体格检查是其他客观检查和观察的重要补充，也是预防运动性伤病、掌握运动量、安排教学、训练的重要依据之一。因此，自我监督不论是对运动员、教练员、医生、体育教师、学生都是必要的。

（2）自我医务监督的内容

自我医务监督包括两部分：①主观感觉，一般感觉、运动心情、睡眠、食欲、排汗量等；②客观检查，脉搏、体重、运动成绩，训练内容、机能与成绩的一致性，其他如肺活量、握力、背力、女子月经卡片等。

参照表16-1，结合学生的具体情况可增减内容，常选用的指标是一般感觉、食欲、睡眠、脉搏、体重。

表 16-1　自我监督表

姓名：		填表日期：　　年　　月　　日
主观感觉	一般感觉	良好　　一般　　不良（须写清异常感觉的性质）
	运动心情	极想锻炼　　愿意锻炼　　不想锻炼　　冷淡或厌倦
	睡眠	睡眠持续时间：　　小时 睡眠状态：　　良好　　入睡迟　　失眠
	食欲	增加、良好　　正常、一般、平常　　减退、厌食
	排汗量	汗量平常　　汗量增加　　汗量减少 大量排汗、面部或汗衫盐迹　　盗汗（指睡眠时出汗）
客观检查	脉搏	脉搏次数：　　次/分 脉搏状况：　　节律是否整齐　　有无停跳
	体重	千克
	肌力	握力　　背力
	运动成绩	上升（提高）　　保持较好成绩　　下降　　明显下降

2. 大运动量训练的医务监督

学校运动队为取得优异的成绩，训练时安排适宜的运动量是很重要的。因此，协助运动员科学适应适宜的大运动量，成为训练期医务监督的重要内容。通常以定期观察脉搏、血压等多项指标的变化，作为评定适宜大运动量的客观依据。

评定运动量有两类方法：①根据训练课的练习数量、强度、密度和时间等来评定；②根据运动员的主观感觉和客观生理机能检查来评定，用医学检查方法来观察运动员机体在大运动量中的变化和反应情况。常用的医学指标有脉搏、血压、心功能指数、血红蛋白、尿蛋白、心电图等。

（1）脉搏变化

1）训练期间观察晨脉的变化。一般情况下，在训练期间，晨脉基本是稳定的，或者随着训练水平的提高稍有减慢的趋势。如果发现晨脉频率加快，每分钟增加 12 次左右，多表明身体机能不佳；如果脉搏次数显著增加，且长期不能恢复，可能是过度训练的表现；如果发现脉搏节律不齐，需采用心电图等方法进一步检查。

2）测量训练课前、后的变化。该脉搏差值可用来表示课的运动量：课后 5～10 分钟，脉搏已恢复到课前水平的属小运动量；较课前脉搏快 2～5 次/秒，属中等运动量；快 6～9 次/秒，属大运动量。

3）结合成绩定期检查在定量强度跑后的脉搏。如果跑后即刻的脉搏比前一次测得的减少，而跑的成绩提高，说明训练中运动量的安排是适宜的；如果脉搏比前一次增加，成绩下降，则可能是训练安排不当，运动量过大，或者是身体状况不佳。

（2）血压的变化

1）早晨血压。训练中如果早晨血压较平时高 20%以上，或收缩压经常保持在 135 毫米汞柱，舒张压为 88 毫米汞柱以上，则可能是过度疲劳的征象，应该调整运动量。

2）训练期间血压的变化与运动强度有关。一般有 3 种情况：①小强度训练后，收缩压上升 20～30 毫米汞柱，舒张压下降 5～10 毫米汞柱，多在运动后 3～5 分钟恢复到正常水平；②中等强度训练后，收缩压上升 20～40 毫米汞柱，舒张压下降 10～20 毫米汞柱，多在运动后 20～30 分钟恢复到正常水平；③大强度训练后，收缩压上升 40～60 毫米汞柱，舒张压下降 20～40 毫米汞柱，一般多在运动后 24 小时恢复到正常水平。

若训练后收缩压上升明显，舒张压亦上升，恢复时间延长，表明身体机能下降；若训练后收缩压上升不明显，舒张压上升，并出现一些异常反应（如无力等），恢复时间延长，则说明身体机能不良。

（3）心功能指数

心功能指数（就是收缩压与脉搏的比值）可用来评定训练期间的运动量和身体机能状况，方法是在运动后立即测量收缩压和脉搏频率。

如果脉搏上升明显，而收缩压上升不明显，甚至在训练中有逐渐下降的趋势，则心功能指数下降，说明机体已不能承担较大的运动负荷，心脏开始疲劳。

（4）血红蛋白

血红蛋白俗称血色素，是红细胞的主要成分，其主要功能是作为红细胞运输氧气和二氧化碳的载体，直接影响人体的身体机能和运动能力。

正常人血红蛋白含量男性为 12～15 克（120～150 克/100 毫升血液），女性为 11～14 克（110～140 克/100 毫升血液），运动员与正常人相近，或高于正常值。

当持续的激烈运动或运动员机能状态较差时，血红蛋白下降。这种由运动引起的血红蛋白下降称为运动性贫血。如果运动员血红蛋白持续下降超过 10%，就应该调整训练负荷或采取其他针对性措施，当运动员机能状况较好，身体对运动负荷适应时，血红蛋白值较高，训练和比赛可获得较好的运动成绩，因此，常用晨安静时血红蛋白值评定运动员的身体机能状态。此外，血红蛋白可反映体内缺铁状况，是评定运动员营养和健康状况的基本指标。

（5）尿蛋白

正常成人尿中蛋白质含量很少，其浓度在 2 毫克左右，日排出量不超过 150 毫克。运动员安静状态下，尿中蛋白质含量也很少，采用一般方法检查不出来，故称为尿蛋白阴性。运动会引起某些人尿液中蛋白质含量增多，称为运动性蛋白尿（是指运动量较大时，由于体内酸性物质增多，肾小球滤过膜孔隙变大，蛋白质溢出，并从尿中排出）。与病理性尿蛋白不同的是，运动性蛋白尿在运动后能迅速地消除。

当运动负荷明显增加时，尿蛋白排出量在运动后增多，并一直延续到次日晨或更长时间，这是机能不适应或疲劳未消除的表现；当运动后尿蛋白增多，4 小时后或次日晨完全恢复到安静的水平时，表示运动负荷对身体有较大刺激，但身体机能状况良好，能及时恢复。

（6）心电图

心电图是记录心肌发生电活动的图形，往往可以表现出运动员经过长期训练后的某些特征，如窦性心动过缓、房室传导阻滞等。这是迷走神经作用加强，心脏产生适应性的结果。但是，在运动量过大、训练过度、心脏功能不良时，心电图也会出现上述相类似的改变。所以，应当结合其他征象进行仔细分析判断。尤其是当心电图出现显著窦性心律不齐、期前收缩、长期存在的不完全右束支传导阻滞，以及 S-T 段降低、T 波倒置等假缺血性复极异常改变时，更要密切注意，因为上述情况很可能是过度训练心功能不良的表现。

3. 比赛期间的医务监督

学校运动队在进行比赛时，医务监督工作十分重要，不仅可以保证比赛的顺利进行，而且对运动员更好地发挥运动水平、赛后机能恢复有重要的意义。与此同时，对运动会期间参加比赛的普通学生也有指导意义。

（1）赛前的医务监督

1）赛前的体格检查。比赛之前应该对参加比赛的运动员进行体格检查，保证运动员能以其最佳状态投入比赛。

2）准备活动。运动员在正式比赛之前，应该做好充分的准备活动，以防止各种运动损伤。

3）应协助做好比赛程序的组织编排工作，避免和防止运动员连续参加比赛及不考虑性别、年龄的编组情况。

4）应对比赛场地、路线、器械设备和服装进行卫生检查。

（2）赛中的医务监督

1）协助做好赛期伙食的调配和管理工作，为运动员提供充足的营养。

2）建立赛期临场医疗急救站。

3）开展体育卫生宣传工作。

（3）赛后的医务监督

1）赛后的体格检查，根据比赛项目的特点和需要，有针对性地选择测定某些生理指标，从中发现是否有异常改变，以便及时处理。

2）消除比赛产生的疲劳，促进体力的恢复。

3）赛后应注意及时补充必要的营养成分。

三、女大学生的体育卫生

女大学生很多器官系统的形态和功能不同于男生，因此在进行体育教学、训练或比赛时要根据其特点进行计划安排，尤其在女子月经期更应因时、因人而异进行合理安排。

1. 女子的解剖生理特点与运动能力

（1）体形特点

女子骨盆较宽，皮下脂肪较厚（女子皮下脂肪平均厚度相当于男子的 2.73 倍）而致臀部较大，加之女子躯干较长，使其身体重心较低。女子下肢相对较短，肩部较窄，臂力较弱。我国学者调查 8～25 岁的男青年，其肩宽平均为 38.6 厘米，而同年龄女青年的肩宽平均为 35.0 厘米。男子的体形上宽下窄，比女子能承受较大的重力（但按肩宽/身高指数计算，女子肩并不窄）。由于女子骨盆相对的宽度比男子大（按骨盆宽/身高指数计算），因此女子重心低，稳定角大，有利于进行艺术体操、高低杠、平衡木及自由体操等项目。女子皮下脂肪较男子厚，有较好的保温作用，有利于进行游泳、滑冰和滑雪等运动。由于女子下肢短、步幅小，易出现疲劳，也影响跳的高度和远度。有人认为女子跑的能力为男子的 86%，跳跃能力相当于男子的 76%。由此可见，女子需要加强肌肉力量的训练。

（2）运动器官

1）骨骼。女子的骨骼比男子短且细，骨密质较薄，坚固度低，重量亦轻（约比男子轻 25%），抗压和抗扭曲的能力较差。

2）肌肉力量。女子全身肌肉重量相当于男子的 90%左右，而重量为男子的 70%～80%。其中上肢肌比男子弱 48%～63%（差异以肩带肌为最大），下肢肌比男子弱 27%。女子肌肉生理横断面小，肌肉在做动力性工作或静力性工作时力量均低于男子，易疲劳，且消除疲劳的时间延长。女子肌肉中慢肌纤维的比例高于男子（男子中长跑运动员为 51.9%，女子中长跑运动员为 60.6%），有助于长距离运动。

3）女子脊柱椎间软骨即椎间盘较男子厚，腰部活动幅度大，如"弓腰""下桥"动作较男子优越。

4）关节囊、韧带较薄，弹性及柔韧性好，关节活动幅度大，宜从事武术、体操及舞蹈等运动项目。

（3）心血管系统

少年时期男女间的差异不明显，青春期后差异则渐明显。女子的心脏体积、每分输出量均小于男子，常以增加心跳频率来弥补，所以安静时女子心率稍快于男子。由于女子心肌收缩力较男子弱，因此女子血压一般稍低于男子，在运动时其血压的增加不如男子明显，而恢复期延长。

（4）血液

女子的血液总量占体重的百分比较男子低，红细胞数量及血红蛋白含量均低于男子。加之女子心脏的每分输出量少于男子，因此女子最大摄氧量低于男子，这是制约女子运动能力尤其是耐力性运动能力的原因之一。

（5）呼吸系统

由于女子的胸廓、胸围及呼吸差均较小，呼吸肌较弱，因此女运动员以胸式呼吸为主。女子肺活量/体重指数与男子相比差异非常显著，女子约比男子低 20%。由于心肺功能密切相关，因此影响了女子运动能力的提高。

2. 女子月经期注意问题

（1）女子月经周期的一般卫生要求

由于月经期子宫内膜脱落出血、盆腔充血、免疫力下降，会在运动时带来诸多不便，但是适量的运动对女子各方面身体机能是有益的，但应注意经期的体育卫生。

1）经期应避免过冷或过热的刺激，如冷水浴、阳光曝晒等。特别是下腹部不宜受凉，以免引起痛经和月经失调。

2）在经期第一、二天应适当减少运动量及运动强度，运动时间不宜过长。

3）月经期不宜从事剧烈运动，尤其是振动强烈、增加腹压的动作，如疾跑、后蹬腿跑、高抬腿、跳跃、跳起扣球、跳起投篮、负荷过大的力量性练习等。以免造成子宫下垂或经血量过多。

4）月经期一般不宜下水游泳，以防止在生殖器官自洁作用降低时病菌侵入造成生殖器官感染。

5）有痛经、月经过多或月经失调者，月经期应减少运动量、强度及运动时间，甚至停止体育运动。

（2）月经期的训练和比赛

对于校内运动队中的女子运动员来讲，一般正常状态下经期不应停止训练。但应该考虑女运动员的运动年限、训练水平、个人特点和习惯。

1）运动年限长、训练水平高、经期反应小，可以参加训练和比赛，一般80%运动量和运动强度无任何影响。但要注意远期效果及影响问题。

2）运动年限短、训练水平低，经期不要参加大运动量训练和比赛，因为有时可导致痛经或月经失调。

3）要定期观察女运动员比赛前后的机能变化。

4）根据女运动员月经期的症状情况来决定其是否参加训练或比赛。

四、运动性疲劳和疲劳消除

运动性疲劳是运动人体科学和运动训练学领域十分引人注目的研究课题。随着体育事业的飞速发展，运动性疲劳与消除越来越受到人们的重视。适度的疲劳施以合理的消除手段，不仅可以促进人体机能水平的不断提高，而且有利于人体综合素质的提高，而过度的运动性疲劳和疲劳不及时消除会引起运动疲劳的积累，则可能造成运动损伤，甚至对健康造成损害，与体育运动的目的背道而驰。因此，了解运动性疲劳，掌握合理有效的防治措施，及时消除疲劳，对学校的体育课教学、训练和比赛和增进学生健康都有利。

1. 运动性疲劳

（1）运动性疲劳的概念

在1982年国际生物化学会议上将疲劳定义为：机体生理过程不能持续其机能在一特定水平上和/或不能维持预定的运动强度。

（2）运动性疲劳的分类

运动性疲劳根据其运动方式、产生部位、产生机制可以分为多种，其主要分类方法如下。

1）按疲劳发生的部位划分。

① 脑力疲劳，是指由于运动刺激使大脑皮层细胞工作能力下降，大脑皮层出现广泛性抑制而产生的疲劳。如在周期性耐力运动过程中，由于运动时的单调刺激，在体力尚未明显下降时，大脑细胞的工作能力已经开始下降，并引起整个身体机能下降，当改变刺激形式时，脑细胞及整体工作能力均有所恢复。脑力疲劳往往同时伴有心理疲劳，如长期从事大强度训

练或运动是一次强烈的不良刺激，都会给大脑皮层带来不良影响，从而影响身体工作能力。

② 体力疲劳，是指由于从事身体训练使身体工作能力下降而产生的疲劳。在体育运动中体力疲劳非常普遍，如剧烈运动后出现的肌肉酸痛、周身乏力、工作能力下降等均属体力疲劳症状。

2）按身体整体和局部划分。

① 整体（全身）疲劳，是指由于全身运动使全身各器官机能下降而导致的疲劳。

② 局部（器官）疲劳，是指以身体某一局部进行运动使该局部器官机能下降而导致的疲劳。

整体疲劳和局部疲劳存在着密切关系。一般来说，局部疲劳可以发展为整体疲劳，而整体疲劳往往包含以某一器官为主的局部疲劳。

3）按身体各器官划分。

① 骨骼肌疲劳，是指由于运动使骨骼肌机能下降而导致的疲劳，如力量训练后肌肉收缩能力下降、肌肉僵硬、肌肉酸痛等。在体育活动中骨骼肌疲劳最为常见。

② 心血管疲劳，是指由于运动使心脏、血管系统及其调节机能下降而导致的疲劳。心血管系统是机体对疲劳较为敏感的机能系统，不同强度和时间的运动都可能引起心血管系统疲劳。例如，运动后心电图 S-T 段下降、T 波倒置、心输出量减少，舒张压升高、心率恢复较慢等都是心血管系统疲劳症状。

③ 呼吸系统疲劳，是指由于运动中使呼吸机能下降而导致的疲劳，一般在运动中并不常见，多出现在长时间运动或憋气用力后，并伴随心血管系统疲劳。例如，剧烈运动时呼吸表浅、胸闷、喘不过气、肺功能下降等均为呼吸系统疲劳症状。

4）按运动方式划分。

① 快速疲劳，是指由于短时间、剧烈运动使身体机能下降而导致的疲劳。100 米跑运动员在不足 10 秒的时间内使身体机能下降，400 米跑运动员在不足 1 分钟的时间内造成机体极度疲劳等都属快速疲劳。快速疲劳产生快，消除也相对较快，一般出现在大强度运动中。

② 耐力疲劳，是指由于小强度、长时间运动使身体机能下降而导致的疲劳。马拉松跑、越野滑雪、长距离游泳等可产生耐力疲劳，耐力疲劳的发生较缓慢，但恢复时间也相对较长。

2. 疲劳消除

（1）疲劳消除的途径

1）用各种方法如整理活动、温水浴、蒸气浴、桑拿浴、理疗、按摩等使肌肉放松，改善肌肉血液循环，加速代谢产物排出及营养物质的补充。

2）通过调节神经系统机能状态来消除疲劳，如睡眠、气功、心理恢复、放松练习、音乐疗法等。

3）通过补充机体在运动中大量失去的物质，促进疲劳的消除，如吸氧、补充营养物质或用某些中药来调节身体机能等。

（2）疲劳消除的方法

1）整理活动。剧烈活动后进行整理活动，可使心血管系统、呼吸系统的机能仍保持在较高的水平，有利于机体及时有效地恢复。整理活动使肌肉放松，可避免因局部循环障碍而影响代谢过程。

整理活动应包括慢跑、呼吸体操及运动肌群的伸展练习。运动后做伸展练习可消除肌肉痉挛，改善肌肉血液循环，减轻肌肉酸痛和僵硬程度，消除局部疲劳，对预防运动损伤的发生也有积极的作用。

2）睡眠。睡眠是消除疲劳、恢复体力的良好方式。睡眠时大脑皮层的兴奋性降低，体内分解代谢处于最低水平，而合成代谢则相对较高，有利于体内能量的蓄积。

3）温水浴。运动训练后进行温水浴是最简单易行的消除疲劳的方法。温水浴可促进全身的血液循环，调节血流，加强新陈代谢，有利于机体内营养物质的运输和疲劳物质的排除。

4）按摩。运动后按摩，也叫恢复按摩，其目的是帮助运动员消除疲劳，恢复体力，一般在课的结束部分或课后进行，也可在洗澡后或晚上睡前进行。当十分疲劳时，需休息2～3小时后再进行按摩。

按摩部位应根据运动项目特点和疲劳情况而定，一般是按摩运动负担最大的部位，当极度疲劳时可采用全身按摩。

在进行局部按摩时，关节和躯干以推、揉为主，四肢肌肉以揉拿为主，先按摩大肌肉，后按摩小肌肉，一侧按摩后，再按摩另一侧。臀部、大腿后侧等肌肉丰厚的部位，可加大按摩的力量，使肌肉放松，消除疲劳。在环跳、委中、承山、阳陵泉、足三里、昆仑、三阴交等穴位（图16-1）处点穴也有助于消除疲劳，减轻肌肉的酸痛反应。搓、抖动、扣打等按摩手法，也有助于放松肌肉，消除疲劳。

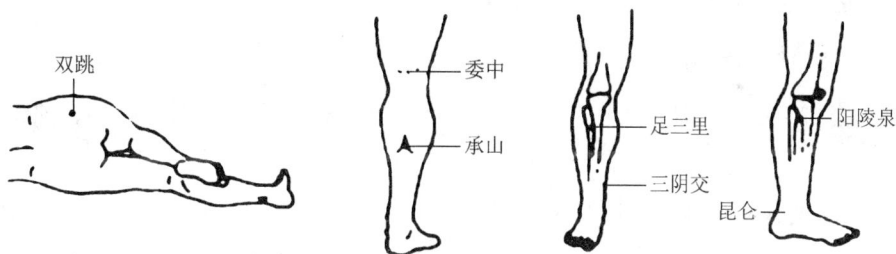

图 16-1　疲劳消除按摩穴位

在进行全身按摩时，一般在晚上睡前进行。按摩时间约需半小时，肌肉酸痛部位按摩时间可长些，一般先按摩大腿，后按摩小腿，再依次按摩腰背、上肢，必要时还可按摩头部。也可先按摩腰背，后按摩臀部，再依次按摩大腿、小腿、上肢。

5）理疗。利用光疗、蜡疗、电疗等作用于局部和整体，可促进血液循环，加速疲劳的消除及机能的恢复，同时具有治疗损伤的作用。

6）心理恢复。心理恢复通过调节大脑皮层的机能达到消除疲劳的目的。气功、意念、放松练习等都属于此类。

下面介绍一种心理恢复放松练习法：此法可在室内运动场上练习，也可在宿舍中练习，可由教练员或教师给予诱导语，也可制成录音带备用。

姿势：仰卧在平坦的床上或地板上，在头下及膝关节下面垫一个小枕头，勿垫肩部。两腿稍分开，两臂放在体侧。

室内环境：室内应当温暖、舒适，没有直射的阳光，尽量保持安静。

练习方法：随诱导语练习。先使身体某一部位紧张起来，然后放松。可逐步放松上肢、下肢、头部、躯干肌肉等部位。最后慢慢坐起来用双手擦面部，睁开双眼，伸伸腰。做完全套练习为20～30分钟，不要仓促进行（时间可因人而异），诱导语可因人而宜。

第二节 运 动 损 伤

一、运动损伤的概念及影响

运动损伤是指在体育运动过程中所发生的各种损伤。它的发生与运动训练安排、运动项目与技术动作、运动训练水平、运动环境与条件等因素有关。

运动损伤所造成的影响是严重的，它使运动员不能参加正常的训练和比赛，妨碍运动成绩的提高，缩短运动寿命，严重时还可引起残疾，甚至死亡。对在校大学生来讲，运动损伤将影响其健康、学习和工作，给其造成不良的心理影响，妨碍体育运动的正常开展。因此，运动损伤的预防比治疗更为重要。只有我们对预防运动损伤的意义有充分的认识，认真进行调查研究，及时总结经验教训，掌握常见运动损伤的防治措施，做好预防工作，就能最大限度地减少或避免运动损伤，从而保证体育教学和训练的正常进行。

二、运动损伤的分类

常见的运动损伤的分类方法有以下几种。

1. 按受伤的组织结构划分

如皮肤损伤、肌肉与肌腱损伤、关节损伤、滑囊损伤、骨损伤、骨骺损伤、神经损伤和内脏损伤等。

2. 按伤后皮肤或黏膜完整性划分

1）开放性损伤。伤处皮肤或黏膜的完整性遭到破坏，有伤口与外界相通，如擦伤、刺伤、裂伤及开放性骨折等。

2）闭合性损伤。伤处皮肤或黏膜仍保持完整，无伤口与外界相通，如挫伤、肌肉拉伤、关节扭伤、腱鞘炎与闭合性骨折等。

3. 按伤情轻重划分

1）轻伤。伤后能按原计划进行训练。

2）中等伤。伤后不能按原计划训练，停止患部练习或减少患部的活动。

3）重伤。完全不能训练。

4. 按损伤病程划分

1）急性损伤。这是指一瞬间遭受直接暴力或间接暴力造成的损伤。

2）慢性损伤。这是指局部过度负荷、多次微细损伤积累而成的劳损，或由于急性损伤处理不当转化而来的陈旧性损伤。

三、运动损伤的原因

1. 缺乏必要的预防运动损伤知识

运动损伤的发生与体育活动组织者、指导者、参加者缺乏必要的预防运动损伤知识有一定关系。由于缺乏基础知识，不善于对学生进行安全教育，不懂得采取各种行之有效的预防措施，在发生损伤后不会分析原因，总结经验教训，致使伤害事故时有发生。

2. 训练水平不够

一般身体素质训练、专业技术训练、战略战术训练及心理素质训练不足与运动损伤的发生有密切关系。

3. 教学、训练和比赛活动安排不当

1）准备活动的问题。如未做准备活动或准备活动不充分，就开始正式活动；准备活动量过大；准备活动过程违反循序渐进的原则等。

2）运动量过大。运动量安排不当，尤其是运动量过于集中，使局部负担量过大，是运动训练中造成运动损伤的主要原因。在一般体育教学课中，同样也存在局部负担量过重的问题。例如某一次体育课，安排的第一项是田径的推铅球，第二项为排球的基本技术训练、传球及封网练习，第三项是体操的单杠练习。当进行单杠练习时，不少学生已感到上肢疲乏，不能很好地完成动作，其中一位学生终因上肢无力而从杠上脱手摔倒，造成前臂骨折。从表面上看，这次课的内容丰富，运动项目多样化，但实际上所有内容对上肢肩带的负担都很重，造成局部负担过度，导致严重事故发生。

3）组织方法上有缺点。在组织教学、训练过程中，不遵循训练原则，不从实际出发；在运动安排上，不是从小到大、从简单到复杂，不是循序渐进、逐步提高。在教学和训练过程中，尤其在进行器械练习时，缺乏必要的保护。此外，运动场地条件差而没有明显的场地分区，教学时示范动作不正确，比赛路线的选择及项目的次序安排不当，比赛时间临时改变等，都可能引发运动损伤。

4. 运动参加者的生理、心理状态不良

运动前睡眠或休息不好，患病受伤或伤病初愈，疲劳和身体机能下降等不良的生理机能状态及心理状态都与损伤的发生有密切关系。

5. 其他因素

场地、器材、保护用具、服装不符合卫生要求及不良的气候等也会一定程度上引发运动损伤。

四、运动损伤的预防原则

1）积极开展预防运动损伤的宣传教育工作。

2）加强身体全面训练，提高机体对运动的适应能力。

3）合理安排教学、训练和比赛。合理的教学、训练计划的制订与实施，应严格遵循训练原则，避免运动量过大或运动器官局部负担过重。

4）认真做好准备活动，运动后及时消除疲劳。准备活动对预防运动损伤有重要的意义。在训练、比赛前，应充分做好准备活动。在训练或比赛后，消除疲劳非常重要，可防止疲劳的积累，对预防过度疲劳或慢性劳损性伤病的产生有明显的作用。

5）加强运动中的保护和自我保护。运动中适当的保护与帮助可加强运动的信心，避免一些意外事故的发生。另外，学生还应该学会自我保护的方法。

6）加强医务监督，建立和健全自我监督制度。严格实施场地、设备的卫生监督，场地、器械和防护用品要定期进行卫生安全检查，对已损坏的场地器械应及时维修，维修前一律禁止使用。禁止穿不合适的服装进行活动。

7）加强运动损伤后的管理和康复安排。运动损伤发生后，合理的安排治疗、康复及训练，对于运动损伤的治疗恢复、预防急性损伤转变成慢性损伤、预防进一步发生损伤，均具有重要意义。

第三节　运　动　处　方

一、锻炼性运动处方

1. 发展力量素质的运动处方

力量素质是人们发展各项素质和各项基本生活能力的基础。为了发展力量或局部肌肉力量，可以采用杠铃、哑铃、石锁、拉力器、沙袋等器材。根据不同的锻炼目的选择适宜的负荷强度，组合不同的重复次数和运动频度是十分重要的。例如，青年学生为了发展绝对力量（最大力量），可采用最大或大的负荷强度（初练需要同伴保护）重复 1 次，2～3 次为一组，次间休息 3 分钟，组间间歇 5 分钟。其作用是发展最大力量，但不增大肌肉体积；动作过程中有憋气时间，不适宜 50 岁以上人群。中老年人可采用中等负荷强度，连续重复 8～12 次，或采用最小负荷（30%以下），可连续重复 25 次以上。其作用在于发展力量速度（以最快速度完成动作）和力量耐力（重复次数多），可消耗脂肪，增大肌肉体积，使体形健美。发展力量以隔日锻炼一次效果最好。它同样适用于发展速度和速度耐力时的强度和数量的组合。强度与数量的组合关系如表 16-2 所示。

表 16-2　强度与重复次数组合关系

强度	100	95	90	85	80	75	70	65	60	55	50	45	40	35	30
重复次数	1	1	2	3	4	5	6	7	8	9	10	11	12	13	14

下面介绍几种发展局部力量的运动处方。

（1）发展上肢肌肉（肱二头肌、斜方肌、三角肌、大圆肌）力量的运动处方

1）实力推。身体直立，挺胸收腹，将杠铃杆（或根据个体情况，加挂杠铃片，重量要适中，可采用各种握距、站距）从胸前推至完全伸直；3～5 次为一组，做 3 组。

2）颈后推。身体直立（或坐立），挺胸收腹，将杠铃从颈后推起至两臂完全伸直。3～5 次为一组，做 3 组。

3）弯举。身体直立，两手正或反握杠铃，然后屈前臂举杠铃至胸前。可坐着练习，也可采用其他重物练习。做 20～25 次。

4）卷棒。两臂前平举，两手握棒，棒中系绳，绳上挂重物，向前或向后卷动，卷动幅度要大。

5）单杠引体向上。正（反）握杠，体悬垂，引体至下颌超过杠面，稍停，再还原。次数渐增。

6）拉力器。面向或背向拉力器，正握或反握拉力器铁环。可根据发展肌群部位采用下拉、平拉、外展内收拉、上举拉等不同方向运动。隔日 1～2 次，每次 5～8 分钟。

7）提肘拉。身体直立，两臂垂直，正握杠铃，然后提肘将杠铃贴身向上接至近下颌，稍停，再还原。5～8 次为 1 组，做 3～5 组。

8）俯立侧平举。上体前平屈，两臂下垂各持一哑铃，然后两臂平举，稍停，再还原。上体固定，不屈膝，也可俯卧在凳上练习，做 5～8 次。

（2）发展胸背肌肉（胸大肌、背阔肌、肱三头肌、斜方肌）力量的运动处方

1）俯卧撑。初练者可俯撑在某高物上，逐步降低高度到俯卧在平地或俯卧架上，屈臂将身体降至最低限度，再伸直两臂将身体撑起。伸臂时两肘夹紧，人体始终直体上下。力大者可用脚高头低或背上负重练习。两手可采用较宽或较窄的距离支撑。逐渐增加次数。姿势如图 16-2 所示。

2）仰卧推。仰卧在凳上，两手正握杠铃与肩同宽，先屈臂置杠铃于胸前，然后将杠铃从胸前推起至两臂完全伸直。上推路线要垂直，放回胸部时要慢些，最好有同伴保护。可选用不同仰卧斜度和不同握距练习。根据强度，逐渐增加次、组数。姿势如图 16-3 所示。

图 16-2　俯卧撑姿势　　　　　　　　　图 16-3　仰卧推姿势

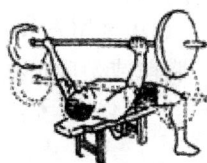

3）仰卧扩胸。仰卧在凳上，两手各持一哑铃上举，然后体侧放低，再上举。放低时可稍屈肘，充分扩胸，上举时臂伸直。可采用不同斜度练习。8～10 次为一组，做 3～5 组。姿势如图 16-4 所示。

4）俯立拉。上体前俯近 90°，抬头，正握杠铃，然后两臂从垂直姿势开始屈臂将杠铃拉至小腹后还原。上拉时肘靠近体侧，上体固定，不屈腕。可采用各种握距练习，也可采用各种器械练习。5～8 次为一组，做 3～5 组，间歇 5 分钟。姿势如图 16-5 所示。

5）双杠臂屈伸。支撑在双杠上做臂屈伸，将身体降低与撑起。屈臂时尽量降低身体，撑起时臂要完全伸直。腰上可吊着重物练习。初练者可由同伴在体后双手扶腰保护助力。姿势如图 16-6 所示。

图 16-4　仰卧扩胸姿势　　　　　图 16-5　俯立拉姿势　　　　　图 16-6　双杠臂屈伸姿势

（3）发展腰腹肌肉（腹直肌、髂腰肌、骶棘肌、股三弦肌、臀大肌）力量的运动处方

1）仰卧起坐。仰卧在凳上或斜板上或平卧，两臂靠体侧或抱头练习。腹肌力量强者可在头后加重练习。重复 3～5 次，做 3～5 组。姿势如图 16-7 所示。

2）坐举腿。坐凳上，两手在体后扶凳，上体不后仰。然后两腿并拢上举至极限，两腿

交替 （坐做上下摆动）练习。重复 3～5 次，做 3～5 组。姿势如图 16-8 所示。

　　3）弓身。身体直立，颈后负杠铃，腰背挺直，然后屈上体至最低限度，再还原。杠铃不要移动，可稍屈膝或坐着练习。姿势如图 16-9 所示。

　　图 16-7　仰卧起坐姿势　　　　　图 16-8　坐举腿姿势　　　　　图 16-9　弓身姿势

　　4）俯卧挺身。俯卧在凳上或鞍马上，上体前屈，两足固定，两手抱头，然后挺身展上体至最高点，稍停顿再还原。重复 3～5 次，做 3～5 组。姿势如图 16-10 所示。

　　（4）发展下肢肌肉（股四头肌、臀大肌、股三弦肌、小腿三头肌）力量的运动处方

　　1）负重半蹲、深蹲。身体直立，挺胸收腹，颈后或胸上负杠铃，可做各种角度的下蹲或半蹲起立练习，也可采用各种站距的蹲起练习，重复 5～8 次。姿势如图 16-11 所示。

　　2）箭步蹲。胸前或颈后负杠铃，前后弓箭步分腿，然后做蹲低和升高动作。练习者要挺胸、收腹、抬头，重复 3～5 次。姿势如图 16-12 所示。

　　图 16-10　俯卧挺身姿势　　　图 16-11　负重半蹲、深蹲姿势　　　图 16-12　箭步蹲姿势

　　3）负重侧蹲。颈后负杠铃，挺胸收腹，两腿呈"八"字分开，然后一腿做屈膝下蹲，腿向侧伸直，再还原。两腿交替练习，重复 3～5 次。姿势如图 16-13 所示。

　　4）负重提踵。身体直立，颈后负铃，两脚掌踏在垫木上，然后提踵站立，稍停再还原，重复 15～20 次。姿势如图 16-14 所示。

　　图 16-13　负重侧蹲姿势　　　　　　　图 16-14　负重提踵姿势

2. 发展速度素质的运动处方

各项发展速度的练习过程中都要突出一个"快"（即强度）字，重复次数少，间歇时间要充分，心率要恢复到 120 次/分以下，才能进行下一次练习，以达到发展机体无氧酵解和 ATP—CP 供氧能力，提高肌纤维的兴奋性和快肌纤维的体积及收缩力，发展动作或移动强度。可选用以下手段进行练习。

1）高抬腿跑。原地高抬腿跑 3～5 次，每次快速练习 10～15 秒，次间休息 3～5 分钟；行进间高抬腿跑每次练习 30～40 米，做 3～5 次，次间休息 3～5 分钟。

2）踏格跑。练习者在画有间格的跑道上进行练习，一步一格，每格间隔小于正常步长，练习者以最快步频完成 30～40 米或 30～50 米。做 4～6 次，次间休息 2～3 分钟。

3）80～100 米（或 30～60 米或 120～150 米）行进间计时加速跑。

在跑道上画出一条起跑线和一条终点线，两线间隔 80～100 米（或 30～40 米或 20～150 米），练习者在起跑线前 10～20 米处开始逐渐加速，跑到起跑线时达到最大速度（120～150 米用站立式起跑），保持最大速度跑完 80～100 米（或 30～60 米或 120～150 米），练习 2～3 次，次间休息 5～10 分钟。

3. 发展耐力素质的运动处方

发展耐力素质的各项练习一般距离较长，持续时间也较长，保持中等强度，或采用距离较短的练习，重复次数 3～5 次，次间休息在心率尚未恢复到 120 次/分时，即进行下一次练习。以促进机体有氧代谢，达到增强心和呼吸机能能力，提高耐力素质和腿部力量。可采用以下手段进行练习。

1）慢跑步。慢跑步是一项很好的有氧运动，特别适合初练者、体质较弱者、脑力劳动者及中老年人群。但初练者必须量力而行，可先从走步开始，距离由近到远，速度由慢到快，循序渐进。跑步一般先慢跑 5～10 分钟，身体逐渐发热后，再稍加快速度，时间为 15～20 分钟，先后共用 20～30 分钟。每周练 3～5 次。练习强度：青年学生一般可控制在 125～150 次/分，最大可达 165 次/分；中老年人可控制在 110～125 次/分，最大不超过 135 次/分。

2）长距离慢跑。可在操场、花园、马路边、田间小路甚至庭园内进行；跑距应根据个人情况而定，以跑 2000～6000 米为宜，跑完以不感到难受、心情顺畅为好。练习后不要立即停下来，应缓缓步行或原地踏步，直至身体恢复常态为止。运动强度：以中等强度（心率：青少年学生为 120～140 次/分，中老年人为 110～130 次/分）为宜；运动频度：每周 5～6 次，亦可隔天练习，每次练习 20～30 分钟。练习时间以清晨或下午 4 点以后为佳。

3）越野跑。越野跑是在公路、树林、草地、山坡等场所进行跑的练习（雨、雪、雾、大风天气，交通高峰期不宜进行越野跑），跑距为 4000～6000 米；运动强度控制在 50%～60%（心率：青年学生为 110～135 次/分，中老年人为 100～120 次/分）；运动频度：每周 3～5 次，亦可隔日进行，每次练习 20～30 分钟。

4）爬山。爬山不宜选择太陡的路线，山峰不宜过高，爬山速度不宜过快。爬山要领：上山时身体稍前倾，步子要小些，脚前掌先着地，山坡较陡时，膝盖要抬高些，注意不要憋气。下山时，身体要直或后仰，坡度不大时，步子可以放大些，用脚后跟先着地，膝盖略弯曲，降低重心；如山坡较陡，可侧身，脚横着走下山，或可采用"S"路线迂回而下，下山万不可跑，以免发生危险。爬山健身一般不超过 2 小时。运动强度：控制心率在 120～140

次/分。运动频度：每周可爬 1～2 次，每次 10 分钟～1 小时，中间休息 2～3 次。爬山可以增强心肺功能，提高耐力素质和腿部力量，增添生活乐趣。

5）骑自行车。用普通自行车或山地自行车结合上下班骑车健身时，要注意身体放松，精力集中，掌握车速，如距离 10 公里可用 35 分钟，5 公里用 15 分钟即可。运动心率应在 110～130 次/分。以自我感觉不太疲劳为宜，如用节、假、周休日，结伙搭伴骑车远游，到青山绿水、风光宜人的郊外，既能欣赏美丽的大自然及田园风光，又能达到锻炼身体的目的。结伴人多时可采用轮流领骑的方法，如一人领骑 10～20 分钟，再换另一人领骑，其他人尾随其后。这样既加快了车速，又增添了无穷的乐趣。运动强度：控制心率在 120～150 次/分为宜。如产生心悸、头晕等感觉，可放慢速度或下车休息片刻。运动频度：结合上下班每天锻炼两次。春、夏、秋季，在节假、周休日可安排 1～2 次骑车远游，骑车速度要求在 20 公里/小时以上，但要注意交通安全。

4. 发展灵敏素质的运动处方

灵敏素质是以上诸素质的综合运用，通过各种活动性游戏、球类游戏的练习，均可发展全身或局部机体的动作速度、移动速度和动作快速转换的灵活性。可采用以下手段进行练习。

1）穿梭跑。全队成一路纵队，绕球场慢跑，听到信号后，后面的队员迅速穿绕过每个人跑到前面。要求全速穿梭跑，紧贴前面队员穿过，两队员之间不超过 1 米，全队穿梭一次为一组，重复 3 组。

2）拍背。两人一组，相对站立，距离 1 米。一攻一守，攻者利用身体的动作摆脱对方，用手拍其后背，拍到后立即交换攻守。守方利用滑步等动作进行防守。要求主动进攻，积极防守。每次练习 2 分钟，间休 30 秒，重复 4 组。

3）过人。在直径 3 米的圆内，两人各站半圆，一人进攻，另一人设法利用晃动、躲闪等假动作摆脱防守者，进入对方防守区，交替进行。要求不准撞人、拉人。每次练习 2 分钟，重复 4 次。

4）胯下抛接球。将球自胯下向后抛出，反弹起来后，迅速转身追上并接住球；或将球自胯下直接传到墙上，反弹回来时，迅速转身接住球。25 秒为 1 组，重复 4 组。

5. 发展柔韧素质的运动处方

发展柔韧素质的主要目标是发展各关节（肩、髋、膝、踝）韧带和肌肉的伸展性及弹性，增大各关节的活动幅度。锻炼前应先进行热身活动，待身体发暖后，再进行压、拉练习，以避免损伤。

1）压肩。手扶肋木（或树干、墙壁），两脚分开，体前屈。向下振胸压肩。或两人面向成分腿立，两手扶对方肩上，体前屈向下振压肩。每组上下振胸压肩 10～15 次，练习 3～5 组，组间休息 1～2 分钟。

2）拉肩。两人背向站立，两臂上举互握，左（右）前出一步，同时振胸拉肩；或两腿前后开立，两臂上举，由同伴在其后一手扶其肩背，另一手握其双方做拉肩。每组 10～15 次，练习 35 组，组间休息 1～2 分钟。

3）体前后屈。分腿站立，臂上举。同伴位于左侧，一手扶其背，另一手握其臂肘做体前后屈，幅度尽量大一些。每组 10～15 次，做 3～5 组，组间休息 1～2 分钟。

4）正压腿、侧压腿、后压腿。正压腿：前举腿比腰稍高放在把杆（矮墙）上，支撑腿要直，两脚尖正对前方（或勾脚尖），上体挺胸向前下压，如图 16-15 所示；侧压腿与压腿方法相同，唯支撑腿脚尖外转，上体不得前倾后仰，如图 16-16 所示；后压腿时，也可由同伴肩抗后举腿顶压，两腿交换练习，每组 10～15 次，做 3～5 组，组间休息 1～2 分钟。

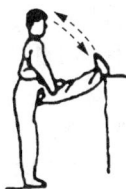

图 16-15　正压腿　　　　　　　　　　　　　　　图 16-16　侧压腿

二、治疗康复性运动处方

1. 肥胖症及其运动处方

（1）肥胖症的含义

单纯性的肥胖症是由体内脂肪沉积过高引起的。人吃进的食物所含的热量，若长期超过机体的需要，那么多余的热量就会以脂肪的形式贮存起来。当人体的脂肪量占机体 10%～15%的体重时，就称为理想体重。按计算公式所得的平均体重称为标准体重。

我国青年学生的标准体重可参《标准》中有关身高标准体重表内的数值。

（2）肥胖症的类别

1）单纯肥胖症。患者自幼肥胖，脂肪细胞肥大并分布全身。出生后，由于营养过剩，加以遗传倾向，引起脂肪细胞肥大。

2）继发性肥胖。下丘脑病变所致，包括头部损伤、脑炎或其他疾病引起。胰岛素分泌过多，脂肪合成旺盛，也可能引发肥胖。

肥胖首先影响美观和健康，易使青年人的精神受到压抑。肥胖症者患疾病的可能性比正常人高 2 倍。据统计，轻度肥胖的人要减少 4 年寿命。肥胖可引起人体生理、心理及功能的一系列变化，胖人的需氧量比正常人要多。心脏所承受的工作量增大，容易引发心脏衰弱、高血压、冠心病等心血管的疾病。

3）肥胖症的运动处方。现代减肥的方法多种多样，而适当控制饮食、结合参加体育锻炼是效果最佳的方法。可用公式表示为：适量的运动＋适当的控制饮食＋生活方式的改变。

通过运动能使血液循环加快，心输出量增多，使整个血管系统得以改善，对神经系统也具有良好的调节作用。同时，运动时需要大量的热能，使体内积存的多余脂肪得以消耗。

运动强度从消耗能量的角度，强度中等的运动项目（如长跑等）可以持续较长的时间，总能量消耗就多，而且中等强度运动除了糖以外，脂肪是供能的重要来源。据此道理，时间长、中等强度的运动对减肥效果最好。

制订减肥目标和计划，必须采取理智和稳妥的方法：一周内减体重不应超过 0.45 千克。

（3）减肥运动处方举例

示例一：

1）运动目的：减轻体重、防止肥胖；保持和增强体力，预防肥胖并发症。

2）耐力运动项目：如长距离步行或远足、自行车、游泳等。

3）运动强度：中等负荷，控制心率在 120～130 次/分（老年人 100～120 次/分）。

4）运动时间和频度：每次 30～45 分钟，每周 3～4 次。

5）锻炼方法：①准备活动 5 分钟，可做些腰、腹、髋关节的轻微活动；②慢走与快走交替 20 分钟，如步行由慢—快—慢，用 10 分钟走完 1200 米，速度 2 步/秒，再用 10 分钟走完 1300 米；③基础体力练习 15 分钟，仰卧起坐 20 个（手抱头或不抱头均可），俯卧撑 20 个，俯卧抬起上体 20 个，提踵 50 次，立卧撑 20 次，蹲跳起 20 次；④整理活动 5 分钟，放松的走和体操。以上全部内容锻炼 45 分钟，共消耗热量 300 千卡（相当于 90 克大米或 3 个煎鸡蛋）。

6）注重事项：锻炼时轻松或过于吃力，可稍调节内容和次数；以锻炼后第二天不感到疲劳为宜；每周可适当增加运动量；严寒、酷暑或身体不适时，应停止锻炼。

示例二：

1）运动项目：步行、慢跑、自行车、游泳、滑冰或太极拳（套路）、乒乓球、羽毛球、网球、迪斯科、健身操等。

2）运动强度：慢跑速度开始由 100～110 米/分，逐渐增加到 120～130 米/分。

3）运动心率：20～40 岁心率为 140 次/分，50 岁心率为 130 次/分，60 岁以上心率为 100～120 次/分。

4）运动时间：30～40 分钟。

5）运动频度：每周 3～5 次。

6）力量性锻炼：应根据肥胖者脂肪蓄积的部位选择。①脂肪蓄积在腹部者，主要进行仰卧起坐，双腿伸直抬高及抗阻性抬腿运动等，每个动作做 20 次；②脂肪蓄积在肩、胸、臂部者，可做哑铃操及拉力器等练习。高血压和冠心病患者，不要做等长（静力）运动，以免引起心率过快和血压升高。

7）注意事项：①锻炼前应做医学检查，判定心功状况有无心血管系统并发症，有并发症者可分别按冠心病、高血压、糖尿病等运动处方处理；②力量锻炼主要是锻炼躯干和四肢大肌肉群，用力程度逐渐增加。

2. 消瘦者及其运动处方

（1）消瘦的含义

一般认为正常体重±10% 为正常范围，低于标准体重 15%～20% 为营养不良，低于 20% 以下者即为消瘦。消瘦者多体质较差，软弱无力。消瘦的原因大致有以下几个方面。

1）各种慢性病及器质病变，如腹泻、消化性溃疡、结核、贫血、寄生虫等。

2）在遗传、内分泌等因素的影响下，某些家族成员比较瘦，但没有器质性疾患，属于无力型。其特点是身体瘦高，颈细长，垂肩，胸廓扁平，胸骨剑突下角小于 90°，精力也很充沛，完全能胜任学习和工作，但易患各种慢性疾病。

3）由于情绪因素，精神焦虑，生活不规律，过度劳累，睡眠不足，身体消耗多于摄入。

4）饮食不调，缺乏体育锻炼。缺乏营养尤其缺乏蛋白质成分。

（2）消瘦者的运动处方

针对消瘦者的不同原因和情况及消瘦程度，采取增加营养和参与体育运动相结合的措施。例如，改掉不良嗜好（如吸烟、喝酒），使吃饭、睡觉、工作、活动、休息规律化，并培养多种兴趣爱好，参加有益的文体活动，保持心情舒畅。

首先要有的放矢地增加营养，改掉偏食和吃零食的不良习惯，保证足够的蛋白质和热能的供给。食物中动物性蛋白质和豆类蛋白质要占蛋白质总量的 1/3～1/2。而为了刺激食欲，尽可能使菜肴美味可口，并适当增加进餐次数，如每日增加 1～2 次甜点心和水果更为理想。一个正常人，每天每千克体重大约需要从食物中摄取 1 克蛋白质。一个体重为 60 千克的人，每天至少要摄入 60 克蛋白质。其次要坚持参加体育锻炼，体育锻炼是一种最廉价的"长肥"方法，只要坚持 3～6 个月锻炼，同时增加营养，就可达到健身壮体的目的。体育锻炼可使瘦弱者发胖，其基本原理是体育锻炼能促进机体的新陈代谢和调整生理功能。

初参加体育锻炼的瘦弱者，以步行、慢跑和适量的力量练习为宜。步行不仅是人体的基本活动，还是体弱者和老年人的一种最佳锻炼手段之一，是一种不受时间、地点限制，动作缓和、不易受伤，简便易行、效果显著的有氧锻炼方法，被誉为"百练之祖"。

1）步行运动处方。

① 运动强度：速度每分钟走 100 米为限。

② 运动距离：1000 米×2=2000 米，间歇 5 分钟。

③ 运动频度：每日或隔日 1 次，每次 2 分钟以上。

④ 注重事项：零零碎碎地走，对健身几乎没有效果，要对身体形成代谢刺激，至少需要持续 20 分钟以上的运动，一日之内步行应不少于 60 分钟或做到"日行万步"；步行姿势以上体稍前倾、大步流星地走为宜。

有时也可进行长距离（10 公里以上）的远足，但要控制好心率（即强度为 120～140 次/分）。不同速度走 10 公里所需的时间如表 16-3 所示。

表 16-3　不同速度走 10 公里所需的时间

步行方式	每分钟步数	速度/（公里/小时）
很慢	60～70	2.5～3
慢速	70～90	3.1～4
中速	91～100	4.1～5.6
快速	121～140	5.7～6.4
很快	140 以上	100～110 分钟走 10 公里

在步行运动的基础上可进一步按慢跑运动处方进行锻炼。

2）慢跑运动处方。慢跑或称健身跑，是现代健身的跑步方法，比较安全而省时间，健身效果好而见效快，运动负荷容易控制，也便于终生坚持锻炼，故有"有氧代谢运动之王"之美称。它有别于中长跑，而是一种随意的，轻松自如的，不至于气喘吁吁的跑步。强度大于步行，属中等强度，适宜中老年和有较好基础的瘦弱者与慢性患者。

慢跑的运动负荷由强度与时间的乘积所决定。其中又以强度为主要因素，时间起调节作用，可根据个人的身体情况恰当地选择跑步的强度、时间和距离。慢跑的缺点是下肢关节受力较大，容易引起膝关节疼痛。宜先进行步行锻炼、走跑交替锻炼，基础体力提高后再进行慢跑，使其有一个适应过程。周走跑交替运动处方如表 16-4 所示。

表 16-4　周走跑交替运动处方

周次	运动形式	距离/米	时间/分	每周次数	得分
1	走	3200	34	3	12.2
2	走	4000	42	3	16.3
3	走	4800	50	3	20.4

续表

周次	运动形式	距离/米	时间/分	每周次数	得分
4	走跑交替	3200	25	4	26.4
5	走跑交替	3200	24	4	28.0
6	慢跑	3200	22	4	31.6
7	慢跑	3200	20	4	36.0
8	慢跑	4000	26	4	43.7
9	慢跑	4000	25	4	46.0
10	慢跑	4800	21	4	53.7
11	慢跑	4800	29	4	57.6
12	慢跑	4800	27	4	61.3

① 运动负荷强度：控制心率在 110～140 次/分。

② 负荷量：初练体弱者，一般先走 1 分钟，慢跑 1 分钟，交替进行，重复 8～10 次，3～5 周后可进行间歇健身跑。

间歇健身跑：一般慢跑 30 秒，行走 30～60 秒，逐渐加长跑的距离，以提高运动负荷。重复 10～20 次，总时间在 12～20 分钟。间歇健身跑可从 50 米开始逐渐增至 100 米、150 米、200 米、400 米。速度一般为 30～40 秒跑完 100 米，每 3～7 天增量 1 次，达到 1000 米时不再增量，而以提高跑速来增加运动负荷。

常规健身跑：根据个人的体力情况而进行的长于 1000 米的慢跑。先从 1000 米开始，待适应后，每月或每两周增加 1000 米，一般增至 3000～5000 米即可。速度先掌握 6～8 分钟跑 1000 米。

③ 运动频度：每日或隔日进行一次，如表 16-5 所示。

表 16-5　运动频度

年龄	30 岁以下				30～39 岁				40～49 岁				50 岁以下			
周次	距离/米	时间/分秒	每周次数	每周得分	距离/米	时间/分秒	每周次数	每周得分	距离/米	时间/分秒	每周次数	每周得分	距离/米	时间/分秒	每周次数	每周得分
1	1600	15.00	5	5	1600	17.30	5	5	1600	18.00	5	5	1600	18.30	5	5
2	1600	14.00	5	10	1600	15.30	5	5	1600	16.00	5	5	1600	16.30	5	5
3	1600	13.45	5	10	1600	14.15	5	10	2400	24.00	5	7.5	1600	15.00	5	5
4	2400	21.30	5	15	2400	14.00	5	10	2400	22.30	5	7.5	2400	24.30	5	7.5
5	2400	21.00	5	15	2400	21.15	5	15	3200	31.00	5	10	2400	23.00	5	7.5
6	2400	20.30	5	15	2400	21.15	5	15	3200	20.00	5	10	2400	22.30	5	7.5

④ 注意事项：一是一般在锻炼后有微汗、轻松愉快、食欲睡眠良好；虽稍感疲乏，肌肉酸痛，但休息后可以消失；次日感觉体力充沛，有运动欲，表明运动负荷适当。可按表 15-5 中计划进行。二是如锻炼后大汗淋漓、头晕眼花、胸闷气喘、非常疲劳，倦怠、易激动、睡眠不佳、食欲减退；脉搏在运动后 15 分钟内仍不能恢复正常；次日周身乏力，缺乏运动欲，表明运动负荷过大，应退回按上一周的计划进行锻炼。三是瘦弱者在按以上计划顺序进行锻炼时，可在每次的准备和整理活动中有计划地选用各项素质的动作练习，特别是力量素质的锻炼。如可在上肢、胸背、腰腹、下肢力量练习的手段中各选 1～2 个动作，多次重复进行。在阴雨、大雾天气，也可单独组成素质锻炼课进行活动。四是肥胖者也可按表 16-4 中的 9、

10 周次计划进行。

3. 儿麻后遗症及其运动处方

（1）儿麻后遗症的含义

儿麻后遗症，临床上称脊髓前角灰质炎，俗称小儿麻痹后遗症，系由脊髓灰质炎病毒引起的，损害脊髓前角的一种神经系统的急性传染病，一般 6 个月～5 岁小儿多发。临床表现典型者分 5 期：前驱期、瘫痪前期、瘫痪期、恢复期和后遗症期。前驱期可有发热、头痛、腹痛、腹泻、全身不适等一般症状；瘫痪前期可有某个肢体的疼痛或痉挛等；瘫痪期为本病的高峰期，一般持续 3～5 个月后逐渐转入恢复期；如肢体瘫痪 3～6 个月仍不能完全恢复，则可能留有不同程度的后遗症，则为小儿麻痹后遗症期。

（2）儿麻后遗症的运动处方

由于患者肢体活动受限，不宜参加剧烈的活动，因此建议主要采用气功练习等方法进行锻炼。主要通过动静功的练习，如放松功、周天功、站桩功、禅密功、六字诀、太极拳运动等，以调动人体内的调节机能和部分器官的代偿能力为目的，使内脏功能和神经中枢功能得到提高。

1）站桩功练习法。一般根据个人体质、伤残程度来选择不同的练习方法，其基本姿势以双腿微分，高位半蹲式或立式（部分患者扶拐）。练习时间以患者的耐受时间、程度不同而定。最初，可练习 5～10 分钟，每天两次，上、下午各一次；练功 3～6 个月后，一般可坚持 0.5～1 小时。练功 1 年后，一般可坚持 90～100 分钟，以身体不感到劳累为宜。练习时，要求尽量在草坪、花园、树林等环境较好的地方，尽量避免在风沙、灰尘、烟雾、人多杂乱的环境中练习。

2）其他练习法。儿麻后遗症患者由于身体条件所限，必然带来生活上、心理上的障碍。因此，通过合理、有益的体育锻炼，不但可改善、恢复肢体的功能，而且可以增强生活的勇气和信心。如可根据自身情况选择乒乓球、羽毛球、排球、散步、引体向上、俯卧撑、仰卧起坐，甚至游泳等运动项目。

3）注意事项。

① 像其他参加体育锻炼的人一样，运动前要充分做好准备活动，练习时运动负荷不可过大，严防意外事故发生。

② 加强医务监督，随时注意练习时是否出现疲劳现象（如头晕、疲乏、反应迟钝等）及运动器官的局部反应（局部肌肉是否酸痛、僵硬、关节有无疼痛等）。如有不良反应，应立即停止练习。

③ 练习者运动后，应采用日记形式记录当天练习的"自我感觉"和"客观材料"，作为下次及以后练习的依据。自我感觉包括运动后的身体、心理状况，如食欲如何、是否疲劳、是否失眠等；客观材料包括脉搏（早晨、运动前、运动后）、体重、呼吸频率、血压等。同时也要记下每次练习的强度、重复次数、持续时间、间歇时间等。

总之，儿麻后遗症患者参加体育运动，是一种积极、健康向上的生活态度，练习时只要遵循因人而异、循序渐进、持之以恒的锻炼原则，不仅可以收到健身、康复的效果，而且可以树立起热爱生活和创造生活的勇气与信心。

4. 高血压及其运动处方

凡血压持续地超过 21.328/12.664 千帕（160/95 毫米汞柱）的列为高血压。高血压仅仅是某些病症的一种症状，医学上称为继发性高血压，一般原发病治愈了，血压便可随之变为正常。它是初期以血压增高，继而引起心、脑、肾脏等重要器官损害的独立的全身性疾病，是反复的精神过度紧张或强烈的精神情绪激动所导致大脑皮层和神经血管的调节失调，使小动脉痉挛所引起的。其病理为中枢神经系统功能失调，使全身小动脉长期处于收缩状态而造成心搏血液阻力增大，致血压上升。

运动处方主要适用于轻症高血压或第 I、II 期高血压。对第Ⅲ期高血压病人降压效果有反复，运动处方要谨慎，有严重心率不齐、心动过速、明显的心绞痛或心功能失代偿者，禁忌进行运动。也不宜做悬挂及大重量的推、举（闭气）动作。

（1）运动目的

1）作用于大脑皮质和皮质下血管运动中枢，使血压下降。

2）调整自主神经系统的功能，降低对肾上腺素的反应性，通过有氧训练可降低血管平滑肌细胞对运动的反应（即降低对儿茶酚胺等物质的反应性），能使血管平滑肌放松，血压因而下降。

3）改善血流动力学反应，从而提高对体力活动的适应性，提高活动能力。

4）改善情绪，改变不良性格。

（2）运动处方举例

示例一：

1）运动项目：气功、太极拳是治疗高血压的重要手段，配合步行、慢跑、爬山等。

2）运动负荷：气功每天一次，每次练功 20～30 分钟；太极拳练习，每天 1～2 次，每次可根据情况打完一整套或选其中若干动作重复 8～12 次。

步行、慢跑应从轻松的散步开始，速度掌握在每分钟 120 步左右。随着血压的下降和心肺功能的改善，逐渐增加步速，每天一次，每次 30 分钟左右。慢跑时要控制速度（100 米/分），3～5 周适应后，可稍加长距离或提高速度。此外，还可进行按摩和不费力的爬山、游戏等。3～5 次/周。

示例二：

1）运动项目：①快走与慢跑，速度 120 步/分（约 7 公里/小时，约 2 米/秒）；②缓慢蹬上自家楼梯或蹬自行车。

2）运动强度：心率为 120 次/分或最大体力的 50%。

3）运动数量：每日 1 次，每次 30 分钟；或隔日 1 次，每次 60 分钟；或交替进行，周计量为 180 分钟。

4）运动频度：3 次/周，持续 20 周。

5）运动总量：累计运动时间达 1000 分钟以上。

5. 冠心病及其运动处方

在儿童和青少年中，常见的有风湿性心脏病和先天性心脏病。在青年人中，由于心脏神经官能症引起的心动过速也较多见。在中老年人中，则以冠状动脉硬化性心脏病为多见。

心脏病患者除了有心脏杂音外，还常有心脏机能不全的征象。冠心病典型的劳累性心绞痛、自发性心绞痛发作史，心电图有异常改变，伴有心率失调。其症状有心慌、气急、活动能力下降、下肢浮肿等。

（1）运动目的

1）加速冠状动脉侧支循环的形成，使心肌毛细血管密度增加，改善心肌本身的功能及供血。

2）改善心脏的泵血功能，提高心输出量，不同程度地改善心衰症状。

3）调节血压，降低心率，增加心射血指数。

4）改善精神状态，增强自主神经系统对心血管系统、内分泌系统和新陈代谢的调节功能。

5）提高血液的纤维蛋白和溶解酶活性，抑制血小板凝聚，防止动脉粥样硬化，降低血脂等，有助于防止冠心病的发生。

6）改善肺的血液循环和通气功能，从而有利于心肌供氧，减轻心脏的负担，预防肺炎，并有助于减少心肌耗氧量。

（2）运动处方

1）步行定量法。冠心病患者的运动可以从步行开始，选择平坦的路面，根据各自情况，每天步行 300～1000 米，速度为 50 米/分左右，然后逐步提高步行速度或走跑交替。

2）间歇步行法。在平路上走 800～2000 米，以 3～4 分钟走 200 米的速度进行，每走完 200 米休息 3～4 分钟。

3）步速定量法。首先行走 2 分钟，步速 55 步/分左右，待适应后逐渐增加步速，可达 100 步/分，每日 1～2 次，每次 10～30 分钟。

4）游泳运动法。①水中体操运动法：在水池中反复进行上肢划水运动和水平位下肢蹬水运动，每日 1～2 次，每次 20～30 分钟；②距离定量法：用侧、仰、抬头蛙泳等姿势游 25～50 米，往返 8～10 次，每次 10～15 分钟，每日 1 次或每周 3 次。

5）气功放松法。可采用强壮功分 3 段进行。第一段用呼吸法：端坐式，全身放松，吸气时膈肌下降，腹肌外凸；呼气时膈肌上升，腹肌内凹；每日 1～2 次，每次 10～20 分钟。第二段用静坐法：静坐时要注意守丹田（脐下 5 厘米），排除杂念，做时不过分留意，而要似守非守，若即若离，松静自然，恰到好处；每日做 1～2 次，每次 30～40 分钟。第三段收功法：以意领气从肚脐开始画圈，自左往右画 21 圈，再以同样方法从右往左画 36 圈，然后离座。

有时还可骑自行车，爬山，打乒乓球、羽毛球，以及选择针对性强的太极拳等项目进行锻炼。

6. 腰肌劳损及其运动处方

腰肌劳损就是骶棘肌疲劳损伤，是长期做固定姿势工作造成的，分为以下几种。

1）慢性腰肌劳损。经常腰部不适或轻度疼痛，久坐及持续弯腰或腰部活动时疼痛加重，一侧或两侧腰段骶棘肌有压痛，腰椎活动度稍受限。

2）慢性腰骶劳损。下腰部经常不适或轻度疼痛，久坐或持续弯腰疼痛加重，局部有轻度压痛，腰部活动受限。

3）慢性骶髂肌劳损。骶髂部不适或轻度疼痛，有时向臀部或大腿后部放散。久坐或久弯腰时疼痛加重，局部有轻度压痛。

4）腰椎间盘突出症。腰有外伤史，向一侧或两侧下肢放散至小腿或足背外侧，活动或腹压增加时加重，卧床则减轻，可有脊柱侧弯畸形、腰部活动受限、压痛及扣击痛，多在腰骶棘突旁。两侧或一侧下肢放散痛，可有大小便、性功能及马鞍区感觉障碍，马尾受压严重者可有两下肢感觉丧失及瘫痪。

5）椎管狭窄症。多继发于腰椎间盘突出症、骨性关节炎症，多有间歇性跛行，蹲下或卧床可缓解。

6）腰部有扭伤史或劳损史，单侧或双侧有酸胀、疼痛，有时向臀部、骶尾部放散痛，但不过膝，重者脊柱活动受限。

（1）运动目的

加强腰背肌、腹肌、臀部肌肉的张力，维持脊柱内外平衡；改善腰背肌的血液循环，消除肿胀，促进炎症吸收。放松肌肉，解除对神经的压迫，有些运动能对脊髓和神经根起到牵拉作用，有利于预防或分离粘连，增加神经系统的营养代谢功能，可使病人养成合适的姿势习惯，促进脊柱迅速恢复正常生理功能，促使有错位的关节自然复位，巩固疗效，防止复发。

（2）运动处方

1）腰背徒手操运动法。

① 转体法。两脚分立，略宽于肩，两手叉腰立位，向左右转体时，同侧手臂伸直向外后上方摆，眼视掌心，腰尽量后转，每个动作重复8～12次，每日1～2次早晚做。

② 腰部前屈后伸法。两脚微开立，双手叉腰做前屈后伸运动，或两脚开立宽于肩，做模仿劈柴动作，双臂尽量从两下肢之间后伸；动作幅度由小到大，达最大限度，并注意腰肌放松。重复8～12次，每日1～2次。

③ 腰部侧屈回旋运动法。两脚微开立，双手叉腰，上体正直，做左右体侧屈运动，幅度由小到大，达最大限度，重复8～12次；然后还原做腰部左右环转运动，范围由小到大，每日1～2次，每次做20～30次。

2）床上运动法。

① 剪式交叉运动法。仰卧位，两腿同时直腿举起呈45°，做剪式交叉运动3～4次，缓慢放下。

② 蹬腿运动。仰卧位，两腿伸直，两手置于身旁或枕后，两下肢轮流做屈髋、屈膝、背、屈踝关节，而后用力伸膝、伸髋，并逐渐增高蹬腿角度。每日1～2组，每组5～8次。

③ 下肢外展运动法。侧卧位，交替外展下肢，膝关节要直，逐渐增加外展角度，可增强臀中肌。每日1～2组，每组5～8次。

④ 下肢内旋运动法。俯卧位，双臂置于前额下，足跟和膝一起向外旋转，足跟分开，然后用力夹腿，使大腿向内方旋转，足跟靠拢，可增强梨状肌。

⑤ 后伸腿运动法。取俯卧位，交替后伸下肢，可锻炼臀大肌。每日1～2组，每组5～8次。

3）腰背肌力运动法。

① 背肌运动法。鲤鱼打挺（两头翘），每日3～5组，每组3～5次。

② 腰负重屈伸运动法。利用滑车装置或双杠进行腰部屈伸锻炼，负重量逐渐加大至最大负荷。对增强躯干肌力和韧带弹性作用较大，又能对脊髓和神经根起牵拉作用，有利于分离粘连，增加神经根的营养代谢作用。每日1～2组，每组5～10分钟。

③ 俯卧、侧卧位放松法。可在睡眠时使用，每日1～2组，每组20～30分钟。

（3）注意事项

1）在诊断清楚腰痛病因的基础上，根据病情和体力情况，选用上述运动方法。急性期要减少或停止运动，以减少筋膜出血、水肿、渗出，利于炎症吸收。如急性腰扭伤、腰椎间盘突出或急性梨状肌损伤，应绝对卧床休息。急性期一般为 2 周左右。在急性期内可适当做些肌肉的伸缩活动，以防止形成粘连性后遗症。

2）老年人、体弱并伴有心血管疾病者不要注重闭气运动。

3）同其他运动一样要严格遵循循序渐进的原则，并注意姿势和要领，保持脊柱的正常曲度，动作要缓慢，幅度由小到大，逐渐增加负荷。

腰部运动锻炼的作用范围比较广泛，除增强腰背肌力外，还可增强腹肌力、臀肌力、椎间韧带，伸展绳肌，娇正脊柱畸形等。因此，它不但能治疗腰痛，而且有重要的预防作用。

7. 慢性支气管炎及其运动处方

慢性支气管炎多因经常患伤风感冒，或长期吸入有刺激的灰尘和气体，或大量吸烟等引起。其主要症状是长期反复咳嗽、痰多，冬季加剧。久病严重者可发展为肺气肿。肺气肿除上述症状加重外，还伴有胸闷、气短等症状，致使呼吸机能减弱，体重减轻，劳动能力下降。胸部 X 线检查早期无异常，病史长及反复发作者可见两肺纹增粗、紊乱，呈网状、条索状或斑点阴影，以肺下部较明显。

（1）运动目的

1）增强体质，提高免疫功能，减轻支气管炎症，改善气道的通畅性。

2）纠正不合理的呼吸方式，恢复平静的腹式呼吸，建立有效呼吸。

3）改善呼吸功能，保持肺组织的弹性及胸廓的顺应性，防止早期出现肺组织的退行性变。

4）放松所有紧张的辅助呼吸肌群，减少呼吸氧耗并反射性地缓解细支气管的痉挛，对气短、气急症状能控制发作。

5）可增加辅助呼吸肌的力量和呼吸深度，使膈肌活动增加，提高肺活量，减少肺泡内的残余气量，有效地改善肺通气量，改善胸腔的血液循环。

（2）运动强度

症状轻者可从事一般性的体育活动，如慢跑、打羽毛球、打太极拳、游泳等；症状重者以做呼吸锻炼及呼吸体操锻炼为主，结合户外散步等。

1）呼吸锻炼法。

① 静力性腹式呼吸法。取坐位，腹式呼吸是靠腹肌和膈肌收缩而进行的一种呼吸。吸气时，膈肌收缩，位置下移向腹腔施压，腹壁隆起，同时由于膈肌收缩，胸腔体积扩大，能容纳吸进去的大量空气。呼气时则相反，膈肌松弛，恢复原位，同时腹肌收缩，腹部凹陷。在仰卧位时下腹布置 5～10 千克沙袋，效果更好。每日 1～2 组，每组 5～6 分钟。

② 动力性呼吸运动法。坐位，自然呼吸，呼气时屈体前倾，双手自然下垂。每日 3～5 组，每组 3～10 分钟。

③ 抱膝呼吸运动法。坐位，两手侧平举吸气，吸气末双手抱一侧膝关节处尽力向腹屈曲，而后呼气。每日 3～5 组，每组 3～5 分钟。

④ 吹气运动法。通过玻璃或塑料管向水中吹气，吹气要逐渐延长。每日 3～5 组，每组 2～3 分钟。可提高支气管内压力，有助于气体的呼出。

2）呼吸操运动法。

① 压胸呼吸法。站立位，深呼吸，呼气时用双手压迫胸廓两侧，加强呼吸。每日 3～5 组，每组 3～5 分钟。

② 压腹呼吸法。站立位，深呼吸，在呼气时用双手压迫上腹部加强呼吸。每日 3～5 组，每组 3～5 分钟。

③ "托天"呼吸法。直立位，双手置胸前，手心向上进行呼吸，翻掌上举过头顶呼气。每日 3～5 组，每组 3～5 分钟。

④ 蹲站呼吸法。立位，两脚开立与肩同宽，两臂外展与肩平，手心向上，深吸气时头微上仰，深呼气时做深膝蹲，同时两手放于胸前，再呼气将完时稍加力压腹部，改善呼吸功能。每日 2～3 组，每组 3～5 分钟。

（3）注意事项

消除精神紧张，提高疾病治愈信心；预防感冒，不要运动后马上洗澡。当有上呼吸道感染时，暂不进行运动，要长期坚持有规律的运动锻炼，养成健康的生活习惯，戒除吸烟。

活动时的呼吸动作：鼻吸气，口呼气，多练腹式呼吸。为了加强呼气，可按节拍专门延长呼气时间，吸气与呼气时间的比例按 1：3、1：4，逐渐延长呼气时间，呼气时主动收缩腹壁，可做弯腰呼吸或压腹呼吸。专门性呼吸操每天做 1～2 组，每组 5～10 分钟，最好与一般健身活动配合进行。

气功宜采用强壮功，它对改善气急症状和膈肌活动有良好作用。

8. 肩周炎及其运动处方

肩周炎在中老年人中多见，多继发肱二头肌腱鞘炎或上肢创伤。症状多肩痛，有放散痛，夜间加重，局部有压痛，上肢活动受限，以上臂外展、上举、内旋明显；三角肌萎缩，患侧肌力减退；X 光检查可显示有骨质疏松，关节间隙变窄及骨质增生，软组织钙化。

（1）运动目的

通过运动促进肩部的血液循环，改善肌肉、韧带的营养供应，消除炎症，缓解肩痛，提高肩部肌肉力量，防治肌肉、关节韧带萎缩，改善肌肉的痉挛状态，加强代谢，牵伸粘连和挛缩组织，防治肩周炎。

（2）运动处方

1）顺水推舟法。立位，双手握拳，拳心向上置于肋下，然后手变立掌，掌心向前，向正前方推出，两手交替进行，连续进行 6～10 次。

2）肩臂旋转法。两脚开立，比肩稍宽，一手叉腰，另一手臂下垂做前、后环转各 5～8 次；然后屈肘握拳前、后环转各 5～8 次；也可两臂同时做，幅度逐渐加大。

3）太极拳云手法。下肢不动，两膝关节随着前臂的旋转做左右屈伸，重心移动，旋转范围由小到大，直至最大限度，重复 5～8 次。

4）双肩扩展法。坐位或站位，双手十指于枕后交叉，首先两肘尽量内收，而后双肩尽量外展，重复 3～5 次。

5）绕身传球法。立位，一手托篮球或排球绕腰腹到腰骶部，另一手在腰骶部接球，反复进行，连续做 2～3 分钟。

6）木棒运动法。①立位，取一根 1 米长的木棒，双手握木棒的两端，两臂用力经体前上举，缓慢放下，重复 5～8 次；②两臂用力向左右方向摆动，重点是向患侧摆动，摆幅逐渐加大使健侧肢用力推动患侧肢上举，重复 5～8 次；③立位，身后双手握棒，两臂重复用力后举，后举幅度逐渐升高，重复 5～8 次；④双手体后握棒，健侧上肢手握木棒上端，患侧手握下端，将木柱平行于脊柱，健侧上肢用力上拉，带动患侧上举，幅度逐渐加大，重复 5～8 次。

7）肋木牵伸法。双手握肋木，躯干重心逐渐下移，使肩部受到轻度牵伸，然后两上肢用力将躯体拉起，重复 3～5 次。

8）俯卧撑法。手扶墙壁、桌、椅或肋木，按俯卧撑要领做臂屈伸。每日 1～2 次，每次 5～10 个。保持次数，逐渐降低高度。

9）哑铃运动法。根据自身情况，选用 2 千克、5 千克、10 千克的哑铃，做双臂前平举、侧平举及各种屈伸动作。每日 1～2 次，每次 3～5 分钟。

10）拉力器举拉法。利用拉力器做各种方向的举拉练习。每日 1～2 次，每次 5～8 分钟。

（3）注意事项

1）运动中如出现轻度疼痛反应，一般不应停止运动，但要动作缓慢，逐渐加至最大负荷、最大幅度。

2）肩周炎急性期，负荷量要小，主要缓解疼痛，保持关节活动度，防止粘连形成。

3）必要时应配合药物治疗。

9. 神经衰弱的运动处方

神经衰弱多是由精神负担过重，生活不规律或大脑等持久情绪紧张或脑力活动持续过度疲劳所引起的大脑皮层机能暂时失调的一种疾病，但不是器质性损伤。它与个人性格、精神状态等内在因素有一定的联系。一般来讲，缺乏体育运动或体力劳动的人，易患此病。

神经衰弱的症状主要是头晕、失眠、多梦、精神不振、注意力分散、记忆力减退、情绪不稳，有些人会出现多汗、耳鸣、心慌等症状。

运动处方因病人不同情况而有所不同：太极拳是治疗神经衰弱等的有效手段，对精神萎靡不振者可采用步行、慢跑、健身运动等处方（见步行运动处方和慢跑运动处方）；身体健康、性格开朗的人可参加球类活动，但应注意控制运动负荷，一般以中等负荷为宜，不要过度劳累；体力较好的患者，可参加爬山、划船、游泳等活动，也可在室外做些适当的体力劳动。

主要参考文献

陈宝珠，2008．形体训练与形象塑造[M]．北京：清华大学出版社．

陈雁杨，李娜，2007．高职体育理论教程[M]．北京：高等教育出版社．

程嘉炎，2004．球类运动竞赛法[M]．北京：人民体育出版社．

高鹏革，蔡军，2011．体育与健康[M]．北京：冶金工业出版社．

胡小明，虞重干，2004．体育休闲娱乐理论与实践[M]．北京：高等教育出版社．

李鸿江，2006．田径[M]．北京：高等教育出版社．

裴竟波，胡文烨，2004．游泳[M]．北京：北京体育大学出版社．

佩特·肖尔，2008．网球：从入门到实战[M]．花勇民，葛艳芳，译．北京：北京体育大学出版社．

谭华，2005．体育史[M]．北京：高等教育出版社．

体育院校教材编审委员会武术编选小组，1989．武术[M]．北京：人民体育出版社．

亚历克斯·摩尔，2007．摩登舞者的圣经：摩登舞[M]．10版．马莉，田文斌，译．北京：北京体育大学出版社．